国家社科基金项目（编号 16BZZ067）阶段性成果

近现代法国德育：
人物及思想研究

上官莉娜 等 著

武汉大学出版社

图书在版编目(CIP)数据

近现代法国德育:人物及思想研究/上官莉娜等著. —武汉:武汉大学出版社,2017.11
ISBN 978-7-307-19844-9

Ⅰ.近… Ⅱ.上… Ⅲ.思想家—思想评论—法国—近现代 Ⅳ.B565

中国版本图书馆 CIP 数据核字(2017)第 276573 号

责任编辑:唐　伟　　　责任校对:汪欣怡　　　版式设计:汪冰滢

出版发行:武汉大学出版社　　(430072　武昌　珞珈山)
（电子邮件:cbs22@whu.edu.cn　网址:www.wdp.com.cn）
印刷:虎彩印艺股份有限公司
开本:720×1000　1/16　印张:16.25　字数:289 千字　插页:1
版次:2017 年 11 月第 1 版　　2017 年 11 月第 1 次印刷
ISBN 978-7-307-19844-9　　定价:43.00 元

版权所有,不得翻印;凡购我社的图书,如有质量问题,请与当地图书销售部门联系调换。

内 容 简 介

　　法国德育思想源远流长，博大精深。本书撷取近现代以来具有代表性的八位思想家，对其德育思想进行了较为深入的研究。蒙田是文艺复兴后期法国杰出的人文主义思想家，是承上启下的标志性人物；卢梭是18世纪法国启蒙运动中最卓越的代表人物之一；孔多塞被誉为启蒙运动时期"百科全书派"最后一位思想家，也是法国大革命时期杰出的革命家，有法国大革命"擎巨人"之称；孔德出生于大革命结束后，是法国19世纪著名的社会学家、哲学家和思想家，实证主义和社会学的创始人，被称为"社会学之父"；托克维尔是19世纪法国伟大的自由主义思想家，著名的政治家、历史学家、社会学家；涂尔干是法国19世纪社会学家和教育家，与马克思·韦伯、卡尔·马克思齐名，共同被誉为19世纪西方三大社会学家；列维纳斯是法国犹太文化的思想家和哲学家，被誉为"20世纪最后一个道德学家"；布迪厄作为当代欧洲社会学界的三大代表人物之一，是具有世界影响力的法国社会学家。本书简要介绍了他们的生平及著作，对其德育思想产生的时代背景和理论渊源、德育思想的主要内容与特点、德育思想的评价及启示等进行了较为全面的研究。本书结构严谨、脉络分明，引用资料翔实准确，具有较高的理论与实践价值。

目　　录

导论 ·· 1

第一章　蒙田道德教育思想 ··· 13
　第一节　蒙田道德教育思想产生的背景 ··································· 13
　第二节　蒙田道德教育思想的主要内容 ··································· 17
　第三节　蒙田道德教育思想的特点 ··· 27
　第四节　蒙田道德教育思想评价及现实意义 ····························· 29

第二章　卢梭"归于自然"儿童德育思想 ································ 40
　第一节　卢梭的自然主义教育思想 ··· 40
　第二节　"归于自然"德育思想的内容与实现途径 ····················· 49
　第三节　"归于自然"思想的评价及现实意义 ··························· 54

第三章　孔多塞公民教育思想 ·· 60
　第一节　孔多塞公民教育思想产生的背景和理论基础 ·················· 60
　第二节　孔多塞公民教育思想概述 ··· 69
　第三节　孔多塞公民教育思想的特点 ······································ 79
　第四节　孔多塞公民教育思想的评价及启示 ····························· 81

第四章　孔德道德教育思想 ··· 89
　第一节　孔德道德教育思想产生的背景及理论渊源 ····················· 89
　第二节　孔德道德教育思想的主要内容 ··································· 95
　第三节　孔德道德教育思想的主要特点 ································· 105
　第四节　孔德道德教育思想的评价及启示 ······························ 107

第五章　托克维尔公民教育思想 ……………………………… 117
　　第一节　托克维尔公民教育思想产生的背景 ………………… 117
　　第二节　托克维尔公民教育思想的内容及特点 ……………… 122
　　第三节　托克维尔公民教育的培育体系 ……………………… 128
　　第四节　托克维尔公民教育思想的启示 ……………………… 136

第六章　涂尔干道德教育思想 ………………………………… 140
　　第一节　涂尔干道德教育思想产生的背景 …………………… 140
　　第二节　涂尔干道德教育思想的主要内容 …………………… 146
　　第三节　涂尔干社会群体依恋理论 …………………………… 156

第七章　列维纳斯哲学思想的道德意蕴 ……………………… 172
　　第一节　列维纳斯哲学思想的形成与发展 …………………… 172
　　第二节　列维纳斯哲学思想的道德意涵 ……………………… 182
　　第三节　列维纳斯德育思想的主要特点 ……………………… 188
　　第四节　列维纳斯德育思想的评价及启示 …………………… 190

第八章　布迪厄场域理论视域下的德育思想 ………………… 195
　　第一节　布迪厄场域理论的含义及要点 ……………………… 195
　　第二节　德育场域的内涵及其发展动力 ……………………… 211
　　第三节　德育场域的反思与优化 ……………………………… 224

参考文献 ………………………………………………………… 234

后记 ……………………………………………………………… 253

导　　论

德育，有广义和狭义之分①，不论是广义还是狭义，都是自人类社会产生以来就存在，并随着历史发展和社会进步而不断成熟。法国道德教育立足本土，受法国社会历史文化的影响，博大精深、自成一体，本书通过对代表性人物思想的挖掘与融会，窥一斑而见全豹，观滴水可知沧海，力图以"树木"见"森林"，描绘出法国近现代德育发展的思想谱系，勾勒出较为清晰的理论脉络。近现代以来，法国不断经历着经济与社会危机，同时也经历着认知与道德危机，不断探索重构权利与义务的平衡、重建个体与共同体的关联，涵育维护共同福祉所必需的个人美德与公共道德。

一、近现代法国德育思想的研究意义

本书通过对法国近现代德育思想的梳理，有助于加深人们对法国德育思想的理解和把握，弥补国内学界研究的不足；对代表性人物德育思想的内容、特点、方法等进行深入分析，可以为我国德育实践提供启发，促进道德教育科学化发展。

（一）丰富国别研究内容，完善我国德育理论体系

从学界现状来看，关于法国德育的相关成果不够充沛，加强对法国道德教育思想的研究可以填补这一领域的空缺，有利于从整体上丰富西方尤其是法国道德教育研究的内容，促进法国德育思想研究体系的进一步完善。在研究过程中，我们选取了具有代表性的人物，不仅对其德育思想的产生、形成和发展进行整体性把握，而且通过精细化挖掘，以期把握理论精髓。我们注重对话和交流，通过沟通进行理解，为比较德育研究找到新的理论增长点。本书选取具有

---

① 狭义上的德育是指道德教育，即依据一定的伦理思想和道德规范而在做人的品德方面进行的教育；广义上的德育不仅包括道德教育，而且包含思想教育、政治教育等与人们思想道德相关的教育。文中的德育是指广义上的德育，并且侧重对德育思想的分析。

代表性的人物进行德育思想研究，不仅因为人物本身在历史上所占据的地位，更重要的是人物背后思想理论的价值及其社会贡献。书中法国思想家的理论本身具有独特性和开创性，对蕴含其中的德育思想进行深度挖掘，或者以其理论为分析工具对道德教育进行多维阐释，具有积极的开拓价值，对完善我国德育理论体系具有一定的意义。

卓有成效的道德教育应当是根植于特定民族历史和社会文化的土壤之中，是特定历史文化积淀的产物，只有符合自身独特的民族性和文化性，才能对社会发展的需求做出有效回应。全球化视野下的信仰危机和道德危机蔓延以及各国对道德教育的反思，逐步凸显了道德教育在全部教育中的基础性与重要性。无论是自然主义德育思想、国家主义公民教育思想、德育世俗化思想，都或多或少地影响着法国的学校道德教育，可见具有指导性的思想不仅仅作为理论存在，同时也作为方法发挥着价值。

（二）拓展德育实践视野，启发我国德育发展新思路

学校德育是德育思想在实践层面最直接的呈现，从法国学校德育的发展历程及最新动态来看，他们努力在公民教育和道德教育之间寻找平衡点。当社会寻求变革，呼唤新的道德力量的时候，道德教育总是受到责难批评，在教育实践中被否定甚至取消；而当社会风气日趋保守，社会价值观念多元无序，道德观念沦丧的时候，人们又往往举起道德教育的旌旗，提倡和加强学校德育。当前法国政府采取的解决方案是引入"世俗道德"（morale laïque），它不仅是非宗教的，也是非国家主义的，这样一个维度加剧了与其他国家比较而言的政教分离程度。2015年，法国中小学复设世俗道德教育课程，不仅要告诉学生如何正确看待宗教，而且明确世俗道德也并非国家道德，它反对独断主义，提倡个人意识和判断的自由。法国教育部门选择那些公众普遍认同的价值观念作为教学内容，使之超越政治派别与宗教之争，向来自不同族群、宗教、阶层及家庭的学生传递社会"共同价值观"；同时以开放包容的态度对待其他价值观，介绍、描述非主流的文化形态和价值观念，允许多种价值取向并存，引导学生独立分析、辨别和评判，从而做出自主的价值选择，遵循普遍的行为规范。

学校德育的任务之一是培养人们建立价值判断的准则，而这些判断准则难免具有个人的主观色彩，如人们对善恶、美丑的看法是基于价值观念基础上做出的判断，该特点决定了道德教育不能采取笼统的、抽象的方式，必须有具体的内容。在具体教学法上，立足于鲜活的生活图景，着眼于社会现实和日常生活的方方面面，力图在青少年身上创建使他们在面对人与事物时能够确定自身行为的道德意识和道德能力。以历史为网，以人物为节点，以法国为镜鉴，拓

展德育实践视野，有助于对德育现象和德育问题做出更深刻、更具说服力的描述、剖析和解释，启发我国德育发展新思路。

二、近现代法国德育思想的发展脉络

对人物及其思想的考察必须放到特定的历史时代和社会情境中去，以历史唯物主义思想为指导，才不致曲解和误读。1789年法国大革命的爆发冲破了天主教会控制下的封建主义道德藩篱，法国成为最早实施公民教育的西方发达国家，公民教育逐步兴起。与此同时，在打破旧制度的过程中，德育世俗化引起了人们的关注且得到重视，通过费里法案逐步走向制度化。至此，德育世俗化赢得了国家权威和主流社会的认可，成为法国德育实践鲜明的特点，法国学校德育机制则实现了集中领导与灵活发展的动态平衡。

（一）自然主义德育思想（16世纪中期至18世纪中后期）

自公元5世纪法兰克人征服高卢建立王国到大革命前期，法国道德教育一直都处于教会控制之下，德育具有鲜明的宗教色彩，宗教教育覆盖了道德教育，属于封建主义道德教育的范畴。文艺复兴、宗教改革和启蒙运动对民众思想的冲击和解放，推动了道德思想领域的斗争，为冲破封建主义桎梏积蓄动能，在某种程度上也为资产阶级革命起到了动员和鼓舞的作用。罗马对高卢的影响根深蒂固，并进一步渗入法兰克王国而延续至今。"罗马留给高卢一个非常突出的遗产继承者：天主教会，这是罗马文化和罗马语言的承载者。"[1] 法兰克王国建立之初，天主教便在法国取得了统治地位，教会控制着教育，并通过墨洛温王朝的推动，加洛林王朝的发展，卡佩王朝的整合，天主教主导下的道德教育得到了蓬勃发展，尤其是17世纪天主教改革在法国大获成功，天主教的地位得到了更多人的肯定。

但是在这种繁荣发展的景象下也蕴含着深刻的社会思想矛盾，文艺复兴使得这种矛盾的斗争更加激烈：一方面，"天主给国王以绝对的权力，但是永不承认在天主之下有一个地位更高的人"[2]；另一方面，"国王们加在他们身上的许多世俗和行政义务事实上常使他们不能专心履行他们的宗教职责"[3]，这里的"他们"指的是教士。王权与神权的冲突加剧，宗教改革呈山雨欲来之

---

[1] ［法］乔治·杜比：《法国史》（上），商务印书馆2010年版，第199页。
[2] 郭华榕：《法国政治思想史》，人民出版社2010年版，第3页。
[3] ［法］乔治·杜比：《法国史》（上），商务印书馆2010年版，第265页。

势，在森严的封建等级制度下，不同教派之间的冲突升级，产生了宗教迫害的倾向，宗教战争中不断加剧的暴力侵扰在16世纪中后期达至顶点。这使得部分有识之士开始反思或者质疑原有的信仰，冲破宗教道德束缚的社会诉求愈加强烈，正如有学者指出"1515年到1589年，主要的难题是宗教改革带来的问题以及宗教改革引起的政治和宗教对抗"①。在这样的背景下，蒙田的怀疑论思想应时而生，他以随笔的形式呈现了丰富多彩的思想内容，提出了道德教育居于首位的观点。蒙田一生中并没有系统论述道德教育思想的著作，但他的德育思想却散发着理性的光芒，具有独特的魅力。蒙田的道德教育思想具有针对性和现实性，他直指当时法国社会的教育弊端，抨击只重视知识灌输，轻视学生综合能力的培养，尤其是轻视道德素质提高的教育现实；提倡突出道德知识的主导地位，重视塑造健全的人格，培养满足社会发展需要的"绅士"；关注教师的主导作用，重视学生独立性、自主性的培养和发挥，明确了实施道德教育的主要内容（学习哲学、历史和自然），别出心裁地提出了强调特殊性和灵活性相结合的德育方法。蒙田的道德教育思想历久弥新，散发着浓郁的现代气息，闪烁着真知灼见的智慧火花。

在文艺复兴和宗教改革的推动下，自然科学得到极大的发展，至十七、十八世纪，天主教会的很多理论观点不攻自破，新兴资产阶级力量又使得法国封建制度遭遇空前危机，启蒙运动惊涛骇浪般掀起，而"启蒙时代的欧洲是法国的欧洲"②，法国成为启蒙运动的中心，理性主义、浪漫主义、自然主义、唯物主义等各种思潮不断涌现，思想家们以权利自由对抗封建专制和宗教压迫，以自然神论和无神论来反抗天主教的权威，以卢梭为代表的法国启蒙思想家为打破旧秩序，建立新秩序进行了积极的探索。1762年，作为论述儿童自然主义教育思想的《爱弥儿》一经出版发行，便在被封建专制和宗教神权阴霾笼罩下的欧洲引发了巨大的轰动，卢梭也因此被誉为"教育上的哥白尼"。"归于自然"是卢梭自然主义教育思想的核心，是指教育要按照儿童的自然本性展开，尊重个体天性，真正地让儿童不受传统的束缚，能够自由率性地成长。简而言之，教育必须按照儿童的内在自然秩序，以儿童需求为基准，通过恰当的符合自然规律的教育方式，使其身心得以积极健康的发展。

（二）国家主义公民教育思想（18世纪末至19世纪中后期）

思想启蒙推动了资产阶级革命的进程，革命的爆发又推动了法国德育思想

---

① [法]乔治·杜比：《法国史》（上），商务印书馆2010年版，第579页。
② [法]勒费弗尔：《法国革命史》，商务印书馆1980年版，第63页。

的发展。1789年至1794年的法国大革命是继17世纪英国革命和18世纪美国独立战争后的一次更彻底、更深刻的资产阶级革命。统治了法国一千多年的封建制度从根本上被推翻，资产阶级民主代替了封建专制，《人权宣言》以"人权"和"法治"为核心，通过法律的形式确定了国家权力，取代了封建国王的特权。孔多塞在革命中严厉抨击了法国封建等级制度和宗教神学观，要求在法国建立民主共和制度，他不遗余力地宣扬启蒙思想，希望能通过教育把公民从愚昧中解救出来。孔多塞的政治、社会和公民教育思想集中于其代表作《人类精神进步史表纲要》和《公民教育计划纲要》中。孔多塞还主张废除传统的宗教教育，倡导公民权利和义务教育，其公民教育思想是一种国家主义的教育思想。《人权宣言》不仅成为公民教育的重要参考素材，而且在这种精神的鼓励之下，公民教育被纳入了国家战略计划，"孔多塞提倡国家开办和管理教育，主张建立具有权威性的国家教育行政机构，并使它具有统一性和权威性"①。

德育思想作为上层建筑的重要组成部分，取决于其所处的经济基础，大革命结束后，生产关系发生了根本性变化，封建制度被打破，资本主义制度逐渐建立起来，为了维护新生的资产阶级共和国，就必须找寻社会秩序重建的路径。孔德从人性论出发主张"爱人类"的道德教育目的，强调道德教育的阶段性，重视道德教育实践，具有明显的"秩序情结"和"集体主义"倾向。孔德在《实证哲学教程》中提出，人类思辨发展是三个相互联系的阶段，即神学阶段、形而上学阶段（玄学阶段）和实证阶段。孔德认为，与人类思辨发展过程相似，道德也要经历这三个发展阶段。在神学阶段的拜物教时期，也就是人类思想发展的最早期，感性生活比理性生活发达，此时适当的道德状态尚无法到来；在形而上学阶段，孔德认为此时的道德提倡自私理论，只关心个人救赎，但也有一些观念，如"良心自由说"、"主权在民说"、"平等说"等使得人们对社会的道德状况持有高度关注，孔德也强烈谴责这个时期新教的道德罪恶，认为新教允许离婚破坏了家庭道德和社会道德；在实证阶段，道德方面才强调爱他人，通过爱自己到爱他人再到爱社会，实证道德得以发展完善。

托克维尔关注如何强化公民的政治认同，增强其社会归属感，培养民主共和精神。如何才能制约国家权力的肆意扩张，保障公民的自由权利，他将目光投向大洋彼岸并提炼出"美国经验"，即发挥公共生活的作用，通过地方自治制度以实现地方自由与结社自由，通过公民的政治参与等方式培育公民精神。

---

① 王学，刘春梅：《外国教育思想发展史》，中国物价出版社2003年版，第97页。

托克维尔并不排斥宗教教育,他还从理念和制度两个层次阐释了宗教对净化人的心灵,维系公共道德、保障人的自由和稳定社会秩序的积极作用。可以看出,托克维尔重视宗教在民主社会中的作用。①

(三)德育世俗化思想(19世纪末至21世纪初期)

法国大革命结束后,法国并未迎来渴望已久的平静,历史的发展依旧曲折跌宕。大革命建立了法兰西第一共和国,但是大革命结束不到十周年,第一共和国便被法兰西第一帝国取代,十年后又出现波旁王朝复辟和"百日王朝"等,随之是短暂的七月王朝、法兰西第二共和国、法兰西第二帝国、法兰西第三共和国、维希政府、法兰西第四共和国。虽然在维希政府之前,法兰西第二帝国因普法战争的失败而倒台,巴黎公社被镇压后出现了相对稳定的法兰西共和国政权,即法兰西第三共和国;但是受国际国内环境的影响,直至戴高乐总统就职,法兰西第五共和国建立,法国才真正进入一个相对稳定的发展时期。在这样的背景下,法国德育思想呈现出多样性甚至迥异的特征,但总的趋势是重视公民教育,以制度保障道德教育世俗化。从法兰西共和国所经历的失败中,有识之士认识到无法单靠利益上的革命来建立共和国,而需要相关意识的教育,"共和民主"需要教导与教育,而教导教育则需要传承共同价值观,只有它能保障个体自由与个人尊严的共存,以及涵育维护共同福祉所必需的个人美德。

涂尔干的道德教育思想与当时法国整个教育界去宗教化活动有关。19世纪后期,费里改革明确了教育世俗化的方向,确定初等教育免费、义务与世俗化三原则,并通过法律制度的形式固定下来,推进法国教育世俗化、教育民主化和教育国家化的进程,同时给予学校和地方一定的自主权。费里改革方案并不完全是个人思想的呈现,而是汲取了众多思想家的智慧,正如有学者指出的那样"实证主义学说在法国具有相当重要的意义,它直接影响了义务的、世俗的和免费的公立学校的创立者朱尔·费里,间接影响了机会主义和激进主义思潮,这两种思潮都促进了公立学校的建立"。② "在法国近代史中,学校世俗化被多次提及,最终转变为1882—1887年费里主持教育部工作时相继制定的关于义务的、免费的公立学校的基本法律所确定的制度"。③ 从当时教育改革背景出发,涂尔干道德理论的主要观点包括"以理性化道德教育取代宗

---

① 林国基:《论托克维尔的平等观与宗教观》,《社会科学战线》1999年第4期。
② [法]路易·勒格朗:《今日道德教育》,教育科学出版社2009年版,第24页。
③ [法]路易·勒格朗:《今日道德教育》,教育科学出版社2009年版,第50页。

教的道德教育是近代德育演变的必然趋势；非宗教的道德教育并不意味着否定历史形成的道德传统；非宗教道德教育不等于理性化道德教育"。① 可见，涂尔干道德教育思想明显倾向于世俗化，他认为世俗道德与宗教派生出来的道德存在区别，是只对理性适用的观念、情感和实践的总和。这种"非宗教化"不仅从表面形式上把宗教教育与道德教育相分离，而且把潜藏在宗教概念中的道德实体与世俗生活中的经验性道德实体进行了区分和甄选。

列维纳斯经历了两次世界大战和经济危机，拜师胡塞尔和海德格尔，注定一生充满着传奇色彩。列维纳斯道德教育思想产生在伦理贫乏的20世纪，殖民主义、帝国主义、资本主义、法西斯主义都是哲学追求"总体"与"同一"暴力指导下的结果。列维纳斯认为懂得尊重与责任、学会对他者关怀、明白怎么爱人是衡量一个人成熟与否和道德水平高低的关键要素。列维纳斯强调他者，他者具有完全的他性，是不同于"我"的特殊存在，因此"我"对他者的爱始于差异性。列维纳斯的道德十分具体，就是"我"实际上成为每个人的兄弟，愿意把面包分给饥饿者，愿意对每一个人负责，并且愿意比其他人更有责任和担当。当我们都变得更有道德感的时候，正义就能够建立起来。虽然列维纳斯是唯心主义的代表，但是其道德教育思想充满人道主义色彩，主张给予他人的行为以宽宏与善意，懂得谦逊、敬畏、宽容、亲近、担当，爱身边的人甚至爱陌生人，爱生活、爱和平、爱自然，把享受与奉献，自为与为他贯穿起来。

布迪厄是具有世界影响力的法国社会学家之一。自布迪厄提出"场域理论"以来，"场域"这一研究范式得到许多学科的关注和认可，成为跨学科的理论工具，在社会学、人类学、政治学、教育学、文学等诸多领域得以广泛应用。借助布迪厄场域理论的核心概念——"场域"、"资本"、"惯习"、"语言"，以德育"惯习"、德育"资本"、德育"话语"及其实践维度对德育场域进行全面系统的解读，具有较强的理论与实践意义。

法国近现代德育思想和学校道德教育之间的关系相对复杂，既有疏离排斥阶段，也有互构耦合时期。两个世纪以来，法国公民教育是一个相对持续稳定的系统，深受国家主义和实证主义的双重影响。法国学校公民教育一直力图对社会危机做出反应，而且这种教育一直被视为可能的潜在补救措施。第二次世界大战之后，道德教育因有倾向性之嫌，不符合中立性原则，逐渐被取消。

---

① 陈桂生：《略论迪尔凯姆关于"理性化"的道德教育的见解》，《杭州师范学院学报》2002年第4期。

1882年至1969年，在法国小学教育阶段还存在"道德教育"以及"公民训导"课程，1970年被取消，直至1985年才重新开设；初中阶段，1985年开设了"历史、地理、公民教育"；高中阶段一直没有传统意义上的公民教育，因此2000年在普通高中开设的"公民教育、法律与社会"，职业高中开设的"公民教育"课程被视为重要的革新举措。近年来，"公民教育"逐步向健康教育、性教育、环境教育、消费教育、安全教育等领域延伸。在法国学校公民教育中，其政治维度一直较为突出，公民教育的核心概念始终围绕着"公民资格"，有学者甚至认为进行公民教育，就是为政治恢复地位。在1948年5月10日的高中公民教育文件中，出现的就是"公民和政治教育"这样的用词，同时提出其他学科应该为公民教育提供支持，这种状况一直延续到20世纪70年代，法国社会开始对是否仍然采行"公民教育"产生质疑，1978年以后，初中和高中都停止开设公民教育课程。1985年公民教育再次复课，其目的是希望回归某些价值观。虽然近年来公民资格的内涵经历了"去政治化"（dépolisation de l'éducation civique）的过程，但是道德教育仍未引起足够的重视，对于道德教育在法国中小学中的"缺席"，有学者甚至称其为共和国的"领土丧失"。

法国的教育长期被教会严格掌控，直到1881年法兰西第三共和国时期才通过了著名的《费里法案》，宣布世俗性为法国教育的根本特点之一。此后，神职人员不再担任教师，宗教内容从教材中被剔除。随着社会发展，"世俗性"逐渐延伸为"中立性"。所谓中立性，就是教育不受任何宗教信仰和政治倾向的控制。然而几百年来，在法国历史上宗教与道德具有千丝万缕的联系，以至于它们之间的关联不可能是外在的和表面上的，要把它们彻底分开也绝非易事。从宗教教条中提取的道德价值，如诚实、节俭、守信、慷慨、爱国、忠诚、尊重公益、尊重生命，都受到不同程度的质疑。因此，法国传统学科教学对浸入道德和政治抱有抵触情绪，世俗教育更为关注真理的主导地位。有学者指出，学校的世俗化是一种"工具性的中立"，可以归结为价值与思想的缺失，只有工具性的智力教育。① 人们发现，法国课程根本不含"道德"课程，这不仅与过去的课程相反，也与其他国家的课程规定有所不同。我们的冷漠和智力主义的症候，以及对"教育"和"民主"等到处都适用的概念模糊的危险，在学科课程中四处可见。② 教育世俗化是一个从道德生活中排除宗教信仰

---

① ［法］路易·勒格朗：《今日道德教育》，教育科学出版社2009年版，第56页。
② ［法］路易·勒格朗：《今日道德教育》，教育科学出版社2009年版，第122页。

的过程,也是道德理性化的过程,然而学校单纯求助于惟理教育,忽略了价值观的意义。此外,实证主义在法国的滥觞,也对德育产生了冲击。实证主义对难以被科学证明的主观价值观和事实做了激进的二分,价值观可能因为时空差异而引致不同的判断和解释,因而被视为仅是情感的表达而非客观事实,而包含价值观在内的所有知识都被看做是相对的、变化的、情境性的,确定价值观的基础性原则始终处于摇摆状态,从而否定了在学校中进行道德教育的合法性。在法国特殊的历史文化语境中,道德—公民性(le moral -le civique)、个体—公民(la personne -le citoyen)是对应的范畴,道德领域中个体是自主自立的,注重知识传递与价值引导合而为一;而公共领域则是公开辩论、观点交锋的场合,"公民性"是公民教育的核心,即培养合格公民应当掌握的政治知识和参与技能,公民应当具备整体观念,优先考虑共同利益,由此学校"道德教育"与"公民教育"的目标、旨趣有着显著的差异。

全球化与多元文化发展凸显出道德教育的迫切性,而法国学校德育的合法性却一直面临着学校教育"世俗性"的挑战与质疑。"政治性"的公民教育与"世俗化"的道德教育都曾被采纳,但二者的发展是非均衡的,公民教育独大、道德教育薄弱是一直困扰着法国学校教育的现实问题。2015年秋,法国中小学复设"世俗道德教育"课程,强调向学生传递"共同价值观",这体现出法国学校教育试图重返意义世界、复归价值引领的一种努力。

三、本书的内容安排

本书选取了八位重要的法国思想家,对其德育思想进行了较为系统的分析,以期对法国近现代德育思想有整体把握。

除导论外,本书余下八章,以时间为轴谋篇布局。每章围绕特定人物的德育思想进行分析,从时代背景、主要内容、特点、评价及启示四个方面做精细化研究。时代背景一般包括生平简介、代表著作、具体时代或者社会背景、理论基础或思想渊源等;思想内容部分包括德育地位、德育目的、德育原则、德育内容、德育实现途径及方法、德育环境等;特点部分主要是对该人物德育思想呈现出的特征进行概括;评价及启示部分,则结合中国的现状和实践,对法国德育思想进行评述,归纳可资借鉴的启示。本书的基本内容安排如下。

导论,梳理了法国近现代德育思想发展的历史脉络,将之分为自然主义德育思想、国家主义公民教育思想、德育世俗化思想三个主要阶段。法国近现代德育思想和学校道德教育之间的关系相对复杂,既有疏离排斥阶段,也有互构耦合时期，本书初步探讨了法国近现代德育思想对学校德育的影响。本书对丰富国别研究内容，完善我国德育理论体系；拓展德育实践视野，启发我国德育发展新思路；促进对德育现状反思，提升国民道德素质等都具极强的理论与实践意义。

第一章，蒙田道德教育思想。蒙田是本书开篇人物，其道德教育思想产生于特殊时代，文艺复兴运动、宗教改革运动以及自然科学技术的发展对蒙田道德教育思想产生了重大影响，人文主义与怀疑主义奠定了蒙田道德教育思想的理论基调。面对旧经院教育只重知识而轻视道德的弊端以及世风日下的法国社会，蒙田发出了"道德教育第一"的呼喊，指出"我希望世界是我学生的教科书"，通过"既严厉又温和，而不是遵照习惯的做法"，毫无功利地去实施美德，实现塑造健全人格的目的。这些思想对我国道德教育内容更富"人性化"，实现道德教育方式方法"生活化"，营造"三位一体"道德教育环境具有重要的现实意义。

第二章，卢梭"归于自然"儿童德育思想。卢梭是法国启蒙运动的重要代表人物之一，在其代表作《爱弥儿》中提出了自然主义教育理论，其核心是"归于自然"，并贯穿到他的整个德育理念中。卢梭以"人性本善"为出发点、以培养"自然人"为目的，在德育理念上，卢梭主张"教育要适应儿童天性的发展"，即教育者要顺应儿童身心发展的客观规律，遵循自然法则，尊重儿童个体需求，使儿童在受教育的过程中不仅能够自由率性地发展，还能真正让儿童不受传统陈旧思想的约束；在德育方法上，卢梭推崇"自然后果法"，即反对外界涉入进行惩罚，而是通过儿童与大自然的实践接触，体会犯错的后果，取得教训，吸取经验，从而深刻体会到自己所犯错误带来的后果；在德育环境上，卢梭主张为儿童保持自然的环境，使儿童在自然状态下成长。

第三章，孔多塞公民教育思想。孔多塞是"百科全书派"最后一位思想家，是法国大革命的积极拥护者和实践者，其公民教育思想以法国资产阶级政权的建立和启蒙思想的传播为社会文化背景，他通过演说宣传、著文立说、政治参与、课程教育等途径开展公民教育实践。孔多塞提出公民教育的目标是培养拥有独立人格和自主意识、充满才智且服务社会的公民，实现公民自我完善和促进国家发展的有机统一；指出公民教育内容应包括爱国主义教育、共和观念教育、权利义务教育和宪法法制教育等。孔多塞公民教育思想展现出社会性与实用性、统一性与权威性、渗透性与融合性、世俗化与普及化的特点，创新了1791年宪法教育思想，丰富了法国启蒙思想体系，深刻影响了法国近代的教育改革。

第四章，孔德道德教育思想。孔德是实证主义社会学的创始人，19世纪法国动荡的政治时局和新兴的工业社会是其思想产生的时代背景。针对当时法国社会出现的思想道德混乱状况，孔德突出强调道德教育的社会价值，主张对大众进行普遍持续的思想道德教育以推动整个社会秩序的重建，展现出鲜明的实证主义特色，具有世俗性和宗教性的双重特征。在德育内容上，孔德从实证主义人性论出发，对"利己心"和"利他心"做了辩证分析，为道德教育寻找到了合理定位，指出道德是"第七科学"，即最后的实证科学，道德教育要以社会学为基础，也要涵盖相关的人文社会科学知识，充分利用美育、宗教等隐性教育，营造良好的家庭、学校和社会环境，并通过实践实现德育的目的。

第五章，托克维尔公民教育思想。托克维尔的公民教育思想围绕着法国和美国公民教育而展开，集中体现在《论美国的民主》这本书中，他深入探讨了公共精神和"正确理解的利益"行为准则，强调政治实践教育；体现出公民教育与政治权利行使相结合，重视经验和实践教育，注重心灵和精神净化相统一的特点。托克维尔基于美国民主经验的总结，提出公民教育应以乡镇自治为基础，以结社为平台，以合理的宗教信仰为保障，充分发挥女性教育和家庭教育作用。这启示我们应引导公民教育回归实践本性、突出公民教育的主体参与性、明确公民教育的价值导向性、增强公民教育的渗透性。

第六章，涂尔干道德教育思想。涂尔干阐述了道德的三大核心要素，即纪律精神、群体依恋精神和知性精神。其中，围绕着群体依恋精神形成了一个相对完整的道德教育体系，逻辑起点是世俗道德，首要因素是纪律精神，次要要素是自制精神（又被称为对群体的依恋或牺牲精神），第三要素是知性精神；在理论内容上，涂尔干从道德行为与道德原则出发回答了道德是什么，从社会存在与个人本性的关系、集体意识与个人意识的关系出发回答了道德教育如何展开以及道德教育的目的何在，最后从家庭、国家（政治群体）和人类三种社会群体形式道德趋同的特点出发回答了道德教育展开的方式方法。涂尔干认为在儿童德育中，要重视儿童身上的利他精神，充分发挥儿童对环境依赖的特点，重视发挥儿童高模仿能力的优势，为儿童创造良好的集体生活环境以培养其集体责任感。

第七章，列维纳斯哲学思想的道德意蕴。列维纳斯被誉为"20世纪最后一位道德学家"，其道德教育思想内容丰富，围绕"他者"理论，形成了包含人性差异与尊重他人的教育，以自由、责任、博爱、公正等为核心的具体道德教育内容，教育人们懂得谦逊、敬畏、宽容、亲近、担当，懂得爱身边人、爱陌生人、爱生活、爱和平、爱自然等。这既为丰富道德教育内容提供了素材，也为道德教育实践提供了一种新的进路,即在德育中应提倡尊重他人、维护他者生命的教育,加强情感教育,养成积极的生活态度。

第八章,布迪厄场域理论视域下的德育思想。"场域"作为一种研究范式,自布迪厄提出以来被广泛地运用于诸多领域,本书在阐述布迪厄场域理论的基础上,将其引入道德教育中,提出"德育场域",以期对德育有一个新的认识。在布迪厄场域理论中,其核心观点包括"场域"是结构化的关系空间;以"惯习"为自主性的性情倾向系统;以"资本"为权力化的博弈资源;以"语言"为场域的符号权力。将其运用到德育中就需要关切受教育者的德育要求,整合德育力量形成合力,解构传统惯习、塑造德育主体的"新"惯习,建构基于信任的教育者符号权力,充分展示出教育者的魅力和吸引力,最终实现德育的目的。

第一章　蒙田道德教育思想

米歇尔·德·蒙田（1533—1592年）是文艺复兴后期法国杰出的人文主义散文作家、教育家、思想家，同时也是启蒙运动以前法国的一位知识权威和批评家，人文主义和怀疑主义的典型代表人物之一。蒙田博学多才，思想睿智，开创了随笔这一文学创作形式的先河，他的随笔如他自己所说，是"世上同类体裁中绝无仅有的"。① 蒙田的道德教育思想也主要集中在《蒙田随笔集》中，内容丰富，承前启后，在当时极具开创性，并为后世所推崇。

第一节　蒙田道德教育思想产生的背景

蒙田的道德教育思想产生于特殊的社会历史时期，文艺复兴和宗教改革运动成为孕育蒙田道德教育思想的沃土，人文主义与怀疑主义则奠定了蒙田道德教育思想的理论基石。面对旧经院教育只重知识教育而轻视道德教育的弊端，以及世风日下的法国社会，蒙田发出了"道德教育第一"的呼喊。

一、蒙田的生平及著作

1533年，蒙田出生于法国阿奎坦地区，是法国贵族后裔，家境殷实，生活富裕。当时法国社会中的贵族崇尚从军征战而轻视学问，但同样生活在贵族家庭的蒙田并没有受到这种社会氛围的影响，他不仅接受了良好的家庭教育，还接受了良好的学校教育。蒙田在咿呀学语时就开始了拉丁语的学习，在当时法国名气卓著、人文主义氛围浓厚的居耶纳学校接受了早期启蒙教育，这段学习历程对他产生了深远的影响。此后，蒙田又相继学习了哲学和法律，成为了一名精通拉丁语和法语，擅长法学的博学多才的学者。

---

① ［法］蒙田：《蒙田随笔集》，译林出版社2005年版，第2页。

近中年时，蒙田继承了父亲在乡下的田产，此后在相当长的时期内深居简出，闭门读书思考，过起了隐居生活。究其原因，这其实是蒙田为逃避社会现实，对一直向往的自由、闲暇、恬适生活的追求。蒙田将自己退隐田园作为享受晚年的开始，但是这种所谓的"享受晚年"其实并不是为了安逸，在长达二十年的岁月里，他始终保持着一种积极向上的生活态度，不仅埋头做学问，还积极著书立作，1572年蒙田父亲去世，蒙田开始了《蒙田随笔集》的撰写。

蒙田在归隐田园期间，熟读塞涅卡、普鲁塔克、贺拉斯、塔西佗等名人大家的著作，对他们的思想精髓了然于胸。1580年，《蒙田随笔集》前两部出版之后，蒙田游历了德国、意大利、瑞士等国，此次旅游见闻后来也被添进了第三部《蒙田随笔集》当中。1581年，蒙田在非自愿的情况下被任命为波尔多市长，虽然此时的蒙田已进入"知天命"之年，并且患有肾结石，对市长之职毫无热情，但是他忍受着患病的痛苦，对工作尽职尽责。于此，他曾想要做到世界上最难做到的事——"过自己想过的生活，享有自由，而且变得越来越自由"的梦想破灭了。1585年，蒙田的故乡鼠疫盛行，他被迫离开了自己的城堡。1587年，蒙田重回故居，并续写《蒙田随笔集》，直至1592年秋在城堡里因喉水肿去世，享年五十九岁。随后，蒙田晚年修订的《蒙田随笔集》经他人整理编辑于1595年出版。

自1572年开始到1592年逝世，蒙田在长达20年的时间里，断断续续地完成了他的随笔。他以敏锐的眼光，在浮躁与肤浅的社会里书写了自己的人生智慧和感悟，为后代留下了宝贵的精神财富。《蒙田随笔全集》共107章，字数过百万，文章长短各异，结构随意自然，内容极为丰富，涉及日常生活、旅游见闻、传统习俗、人生哲理等诸多方面，其中还包含丰富的儿童教育思想和道德教育思想，书中语言平实易懂，文风简朴流畅，富有生活情趣，受到了狄德罗和伏尔泰等众多名家的赞誉，他们称赞他的作品文风朴实无华、行文流畅自然、富有哲理并"精于心理分析"。法国伟大的启蒙思想家孟德斯鸠曾经高度赞誉《蒙田随笔集》："在大多数作品中，我看到了写书的人；在本书中，我看到了有思想的人。"

《蒙田随笔集》是对16世纪法国各种思潮和各种知识的汇总，散发着理性的光芒，具有独特的魅力，被世人赞誉为"生活的哲学"。蒙田在书中征引古代著名作家的论述，进行了深刻的自我剖析，将自己追求自由、顺应自然、敢于怀疑、崇尚宽容的精神融于文章之中，从其思想和感情来看，人们似乎可以把他看成是生活在那个时代的"现代人"。《蒙田随笔集》不仅是文学史上随笔式作品的先河之作，更是一位深沉的人文主义学者智慧光芒与思想火花交相辉映而成的人文百科全书,从书中我们能感悟到蒙田执著追求真理、崇尚美德、博爱仁慈、善于思考人生、富有宽容的精神世界。

二、蒙田道德教育思想产生的时代背景

16世纪后期的欧洲正处于历史性大变革的时代,文艺复兴运动和宗教改革运动席卷欧洲,强烈冲击了西欧的封建制度和天主教会。蒙田作为法国最重要的人文主义思想家之一,不仅亲身经历了这场变革,而且以敏锐的眼光和洞察力探明了变革的实质,并逐渐形成了具有强烈的人文主义和怀疑主义色彩的道德教育思想。

(一) 蒙田道德教育思想产生的社会背景

蒙田所处的时代正值欧洲文艺复兴运动的后期和宗教改革运动时期,新兴的资产阶级伴随着自身经济实力的壮大,积极谋求政治上的权利,开始反对封建制度和宗教神学,主张挣脱"神"的束缚使个体的"人"得到解放,向封建秩序下的天主教会的独裁统治和传统权威发起了挑战。

16世纪后期的法国,保守派的封建贵族与强调万流归宗的天主教会沆瀣一气,残酷镇压新兴资产阶级、新教派和新思潮。1562年至1593年,法国先后经历了八次宗教战争,这历时30年的内战实质上是法国天主教势力同新教胡格诺派之间进行的一场带有浓厚宗教色彩的内战。法国人民长期生活在水深火热之中,饱受苦难、暴力和恐惧的折磨,蒙田自己也对战争生活深感厌倦,他不满教会对人们宗教信仰的钳制和压迫,对异己教派之间相互迫害征战深感痛苦。面对天主教派与新教胡格诺派之间的厮杀与争斗,蒙田不禁提出自己的疑问"人们中间有谁能够了解上帝的意图呢?或者有谁能想到上帝的意志是什么呢"?在蒙田看来,无论是天主教派神学,还是胡格诺派(加尔文派)神学都是值得怀疑的。保守派贵族和天主教会的压制和禁锢引起人们更加强烈的反抗,而后,新兴资产阶级和新思潮终于突破了封建势力的防线,人文主义思潮愈加兴盛,在文学、艺术和思想学术等领域同封建顽固势力展开了激烈的斗争,经院主义教育的顽固堡垒也终被攻破。蒙田逐渐认识到了法国封建势力的腐败枯朽,看到了天主教会的伪善以及经院主义教育的戕生害命,他引经据典、针砭时弊,对当时法国社会进行了强烈的讽刺。在宗教改革运动和文艺复兴思想影响下,蒙田的道德教育思想逐渐形成并发展,带有强烈的人文主义和怀疑主义色彩,可以说,蒙田及其道德教育思想"同时是文艺复兴运动和宗教改革运动的产儿"。

与此同时，自然科学领域获得了蓬勃发展，近代自然科学诞生。在航海探险领域，哥伦布和麦哲伦在西班牙王室的支持下进行远洋航行，分别开辟了通往美洲的新航路并完成了环球航行，推动了生物、天文和气象等学科的建立；在天文和气象领域，哥白尼提出了日心说，出版了《天体运行论》，沉重打击了宗教的宇宙观；在生物领域，近代人体解剖学创始人比利时医生维萨里出版了《人体构造》一书，打破了上帝造人、女人是由男人肋骨创造的宗教神话；在物理学领域，牛顿创立了经典力学体系；在信息传播和机械制造领域，印刷机的发明极大促进了科学技术和新兴文化的传播普及。自然科学挣脱了封建神学的束缚，打破了由神、幻想、形式和偏见构成的枷锁，"人性"重新获得释放。然而就在人的自然本性欢畅淋漓地进行宣泄的同时，科学的理性精神却尚未建立，人们渴望本性的自由宣泄却又无章可循，由此变得放荡不羁、道德沉沦、信仰缺失。面对物欲横流的社会，"人"与"道德"又重新获得了更多关注，众多人文主义学者开始寻找适宜社会需要的"道德"，并努力探寻合适的道德教育方法。在如此深刻的时代背景之下，蒙田以人文主义和怀疑主义为基调的道德教育思想就此产生。

（二）蒙田道德教育思想产生的理论背景

蒙田的道德教育思想是在继承早期人文主义和怀疑主义理论的基础上形成和发展的。早期人文主义是新兴资产阶级不满教会对人们精神世界的控制，主张把人从中世纪的神学枷锁下解放出来的运动。它反对神的权威，宣扬个性解放，崇尚理性，主张以"人性"反对"神性"、用"人权"反对"神权"，要求一切以人为本，提出了"我是人，人的一切特性我是无所不有"的口号。早期人文主义发源于意大利，而意大利拥有较多的古希腊罗马典籍，攻读古希腊罗马文化典籍成为了法国和西欧人文主义者追捧的新潮流，为早期人文主义的兴起创造了条件。早期人文主义者通过研究古代作家的著述，以复兴古希腊罗马文化的形式来表达新兴资产阶级的思想文化，推动了后期人文主义的发展和升华。

蒙田对古希腊罗马典籍进行了刻苦钻研，可谓古希腊文化思想的继承者。最为直接的体现是蒙田在其著作中对苏格拉底、伊壁鸠鲁、塞涅卡、西塞罗、卢克莱修、维吉尔、贺拉斯等古代作家著述的旁征博引，引文达两千条之多。当然，蒙田作为法国后期人文主义者，他关注的焦点不仅仅是古希腊罗马文化典籍对后人的启示价值，更多的是联系当时法国社会的现实问题进行思考和解析。他在继承早期人文主义思想的基础上，更多地关注现实社会、思考现实问题，以其新颖的思维方式对个体的"人"进行探讨和思考，"人"成为蒙田思考、探讨和分析的焦点。自然而然地,蒙田的道德教育思想也将关注的焦点放在了"人"上,注重个体的道德品质,主张顺应人的自然本性,采用既严厉又温和的教育方式培养品德健全的人。蒙田道德教育思想中对"人"的关注,使他力求能够深刻地剖析人自身,努力探寻能够实现个性解放、塑造良好品德的有效途径。由此可见,人文主义对蒙田的道德教育思想产生了举足轻重的影响。

除早期的人文主义以外,支撑蒙田道德教育思想的另一大理论基础是怀疑主义。怀疑主义学派的开山鼻祖是古希腊思想家皮浪,而蒙田对怀疑主义思想的汲取却主要来自赛克斯都。赛克斯都继承了皮浪的观点,确定了怀疑主义学派的基本原则,即"每一个命题都有一个相等的命题与它对立"。怀疑主义学派的批判精神对蒙田的道德教育思想产生了深刻影响,蒙田认同赛克斯都"最高的善就是不作任何判断,随着这种态度而来的就是灵魂的安宁"的观点,主张用怀疑和批判的精神揭露人的本性,让人意识到"观察你自己,发现你自己,包藏你自己,召回你正在别处消耗的精神和意志于你自身"①。除此之外,蒙田的怀疑主义还受到那个时代科学发展的影响。16世纪自然科学获得巨大突破,特别是"日心说"、解剖学和力学等学科的发展对传统神学观点提出了质疑,向宗教发起了挑战,使得许多旧的知识和思想观念被颠覆。可以说,古代怀疑主义和当时新怀疑主义对蒙田及其道德教育思想均产生了重要影响。他质疑道德与宗教相联系的说教,认为人的道德应比神的道德得到更多的重视,以泯灭人性的方式来取悦神的善行是一种"奇怪的嗜好"。蒙田对基督教统治的权威产生了怀疑,在绝对服从权威和完全废除权威两种选择之间,他甚至极端性地倾向于后者。怀疑精神已经成为蒙田生活和思考的一种态度,成为支撑蒙田道德教育思想不可或缺的理论基石。

第二节 蒙田道德教育思想的主要内容

蒙田以怀疑主义的哲学观作为批判旧经院教育的武器,直指当时法国社会的教育弊端,抨击只重视知识灌输、轻视学生综合能力的培养,尤其是轻视道德素质提高的教育现实;提出了新的道德教育思想,提倡突出道德知识的主导地位,塑造健全的人格,培养满足社会发展需要的"绅士";关注教师的主导

---

① [英]罗素:《西方哲学史》(上),商务印书馆1987年版,第304页。

作用，重视学生独立性和自主性的培养；明确了道德教育的主要内容（学习哲学、历史和自然），别出心裁地强调具有特殊性和灵活性的道德教育方法。蒙田道德教育思想在文艺复兴这样一个信仰断裂的时代为人们通往精神家园开辟了道路，指明了方向。

一、道德教育的地位

道德教育在教育体系中所处的地位不同，所培养人才的特性和素质必然不同。在蒙田看来，旧的经院式教育所培养的"人才"只知读书，"只注重让记忆装得满满的，却让理解力和意识一片空白"①，缺乏动手动脑的能力，造就的只是一些无用的"人才"。经院教育已与社会需要严重脱节，并未明确道德教育在整个教育体系中的重要地位；在经院教育的模式下，许多人也可能接受了博大精深的知识，但却没有一点儿自己的思想，造成了"最伟大的学者不是最聪明的人"。

蒙田提出"对于那没有道德的知识人，一切知识都是有害的"，他认为道德教育的重要地位之所以没有被明确，主要有两方面的原因。一方面，与旧的经院式教育有关。"按照现行的教育方式，如果说学生和先生尽管饱学书本，却并不聪明能干，这是不足为怪的"②，他所讲的"现行的教育方式"正是经院教育。另一方面，与人们落后的教育观念相关。"我们的父辈花钱让我们受教育，只关心让我们的头脑装满知识，至于判断力和品德，则很少关注"③，明确指出了当时偏重知识而轻视道德的教育观念。蒙田还举例说，当学者、好人和满腹经纶的人共同受到民众关注的时候，人们更乐于打听满腹经纶的人，问及的内容也只停留在他的学识上，对于他是不是变得更优秀或更有头脑了却不去打听，这是最重要的一点，却总是被忽视。

那么，要想打破原有经院教育和落后教育观念的禁锢，培养出能够适应社会需要，既有广博知识、聪明头脑，又有高尚品德的人才（蒙田称之为哲人），就需要形成一种新的正确的教育指导思想。按照蒙田的观点，首要的任务就是明确不同教育内容在教育中的地位，理清教育活动中传授和掌握一般知识和道德知识的主次关系。蒙田提醒道，"尽管学问和判断力都不可或缺，两

---

① ［法］蒙田：《蒙田随笔集》，译林出版社 2005 年版，第 24 页。
② ［法］蒙田：《蒙田随笔集》，译林出版社 2005 年版，第 23 页。
③ ［法］蒙田：《蒙田随笔集》，译林出版社 2005 年版，第 23 页。

者应该并存，但事实上，判断力要比学问更宝贵。学问不深，凭判断力照样可以断案，但反之却不行。"① 由此可以判断，在蒙田的眼里，道德知识应居于首位，比一般知识的传授更为重要。蒙田因此憎恨迂腐的学问，认为依靠一般知识是远远不能达到培养哲人的目的，凭借他人的知识可以成为学者，但要成为哲人只能靠我们的智慧。学问的职责不是为盲人提供视力，而是训练和矫正视力，但视力本身必须是健康的，"如果我们的思想不健康，判断力不正常，我宁可让我的学生把时间用来打网球。"② 学问是良药，但任何良药都可能变质，只有道德知识才是成人之本，只有掌握了道德知识才能成为一个健康的人，"一个人如果不学会善良这门学问，那么，其他任何学问对他都是有害的。"③ 因此，在蒙田看来，道德知识应该处于教育内容的首位，道德教育处于教育体系的核心。

蒙田明确了道德教育的地位，提出了道德第一、德育首位的观点。这一观点既是对古希腊罗马文化重视道德教育的传承，又与当时的社会发展状况密切相关。古代先哲，无论是亚里士多德、柏拉图还是德谟克利特都十分重视人性的道德教育。在古代的教育理论中，道德教育也被看做是后天教育的重要内容，是培养良好人格的重要途径。文艺复兴运动后期的法国社会道德滑坡现象严重，社会发展与社会道德背道而驰，道德的沉沦促使蒙田开始审慎地分析社会现实，他指出了当时法国社会的道德问题，希望通过改良道德风气来拯救社会。

二、道德教育的目的

蒙田强调"我们的教育仅仅不使人变坏那是不够的，应该使人变好。"④ 其道德教育思想的核心就是培养和塑造人，塑造健全的人格是蒙田道德教育思想的根本目的。

蒙田认为，传授广博的知识给学生固然重要，但最根本的是要教会学生做人的道理，道德教育的目的就是要将学生培养成具有健全人格的"绅士"，而避免将学生培养成埋头书本、盲目贪求知识的"学究"。在蒙田看来，"学究"

---

① ［法］蒙田：《蒙田随笔集》，译林出版社2005年版，第29页。
② ［法］蒙田：《蒙田随笔集》，译林出版社2005年版，第26页。
③ ［法］蒙田：《蒙田随笔集》，译林出版社2005年版，第30页。
④ ［法］蒙田：《蒙田随笔集》，译林出版社2005年版，第28页。

只是不断地将自己的脑袋填满，死记硬背，将他人的甲胄穿在自己的身上作为装饰，却从未将他人的思想变为自己的东西，遑论将它们付诸实践。而真正的"绅士"，更注重理性、行动和个人经验，讲求身心合一。蒙田理想中的健全人格不仅仅表现为健康的心灵，还表现为强健的体魄，"不光要锤炼他们的心灵，还要锻炼他们的肌肉。心灵若无肌肉支撑，孤身承担双重任务，会不堪重负。"① 在《蒙田随笔集》中蒙田现身说法：我娇柔敏感，心灵要做多大努力，才能承受身体的压力。在蒙田看来，仅仅拥有"坚定、信念、真诚、廉耻、节制"等良好的品德还不足以塑造健全的人格，还要有"钢筋铁骨之躯"加以支撑。"我们造就的不是一个心灵，一个躯体，而是一个人，不应把心灵和躯体分离开来"，② 健康的心灵和强健的身体如同两匹合力拉车的马，只有相互配合方能并驾齐驱。

蒙田道德教育思想所追求和塑造的健全人格，其核心是道德品质问题。他认为，良好的道德品质可以通过后天的教育和学习进行培养。"人在幼年时，有什么爱好还显得嫩幼脆弱，若明若暗，前途尚未确定，因此很难做出可靠的判断"③，只有道德教育才能担负起塑造良好品质的责任，培养健全人格是道德教育的根本目的。蒙田所憧憬的"绅士"形象与希腊历史学家色诺芬的教育观点不谋而合。色诺芬推崇波斯人的教育方式，"波斯人注重培养孩子们的勇敢精神，正如其他民族重视文化知识教育一样"④，注重塑造儿童良好品德的教育行为正是蒙田和色诺芬都十分认可的。无独有偶，柏拉图也曾以波斯太子继承王位为例，对这一教育方式进行了描述：太子一出生便交给最德高望重的太监看管，太监们负责将太子的身体训练得优美茁壮，七岁时教他骑马打猎，十四岁时被交到四个人手中，"即国内最贤达的人、最公正的人、最节欲的人和最勇敢的人。第一个教他宗教信仰，第二个教他永远真诚，第三个教他控制欲望，第四个教他无所畏惧"。⑤ 这种独特的教育方式可以造就贤达、公正、节制、勇敢、坚定、真诚等许多优秀的道德品质，为塑造健全的人格奠定基础。对蒙田来讲，健全的人格是精神与身体合二为一，用强健的肌肉来分担心灵的重负，用良好的品德来指导自身行为，从而达到品德高尚、身体力行的

---

① ［法］蒙田：《蒙田随笔集》，译林出版社 2005 年版，第 43 页。
② ［法］蒙田：《蒙田随笔集》，译林出版社 2005 年版，第 57 页。
③ ［法］蒙田：《蒙田随笔集》，译林出版社 2005 年版，第 38 页。
④ ［法］蒙田：《蒙田随笔集》，译林出版社 2005 年版，第 31 页。
⑤ ［法］蒙田：《蒙田随笔集》，译林出版社 2005 年版，第 31 页。

统一，促进人的发展。

三、道德教育的原则

普罗泰戈拉曾振臂高呼"人是万物的尺度"，但同为人文主义者的蒙田却提出异议，认为普罗泰戈拉编造了一个难以置信的故事，把人当做万物的尺度，却从来没有衡量过自己。"世间万物都是以其本身价值来评价，唯独我们人除外"，① 应当有一个人之所以为人的标尺来衡量自我。在蒙田眼中，任何人都扮演着多元的角色，在不同场合有不同的表现和特征，在华丽舞台上展现出的是风光体面，而在台下可能只是个为了名利而非良心刻意显摆的人。由此可见，道德素养不能仅仅关注他在人群中、在舞台上的表现，还要观察独处时是否仍然可以顺从"良知"这把人性的标尺，保持良好的道德水准，而不是为了名利惺惺作态。追求美德并非为功利目的而是真正出自良心，是由内而外的一种体现。

蒙田所坚持的道德教育原则即道德教育去功利化，让美德成为伴随人左右的生命中的一部分，道德教育就是要让人出于自己的良心和善念去追求美德，而不是出于浮夸的功利。"为了光荣而实施美德，美德也就成了十分无聊低俗的事。我们应该毫无功利目的地去实施美德，赋予它特殊地位，不与命途沾边。"② 蒙田认为美德纯洁而又高尚，处于生命中特殊的地位，追求美德与实施美德都应该抛弃世俗的名与利。同样，在道德教育过程中，鼓励追求美德是为了让人们拥有纯洁、善良而又高尚的心，并且出于良心去践行美德。道德教育让人们收获美德，不是以此去追逐名利、财富和荣耀，让人始终保持一颗良善之心，拥有自己的判断力。在蒙田看来，人生中往往有做了千百件好事仍未被人注意的时候，但是人们仍然要有一颗"良心"，不可为了浮夸的功利背信弃义，在鱼龙混杂的人群中要做一个绅士，在独处时能够正己，即使在穷困的境遇中仍然能够散发德性的光芒，这才是真正的美德。蒙田说，我们的心灵并不是为了炫耀而尽自己的职责，而是为了心灵自身，个中奥妙只有自己的双眼才能窥透。美德不是自我炫耀的资本，而应是不断反躬自省的参照，是审视自

---

① ［法］米歇尔·德·蒙田：《蒙田随笔全集》（第一卷），上海书店出版社 2009 年版，第 237 页。

② ［法］米歇尔·德·蒙田：《蒙田随笔全集》（第一卷），上海书店出版社 2009 年版，第 287 页。

己心灵的重要标准。

蒙田认为去功利化的原则应该贯穿于道德教育的整个过程，这不仅仅是因为人们在缺乏束缚的情况下更倾向于功利，需要加以矫正，还因为去功利化的道德教育能使人的身心获得更自由的发展。身处大千世界，与形形色色的人打交道，在面对各种诱惑的时候，"良心"的天平难免会发生倾斜，往往无法抵制功利的诱惑，舍弃道德而选择功利的现象并不少见。要摆正人们"良心"的天平，在功利与道德之间保持平衡就需要去功利化的道德教育加以矫正，在缺少束缚的情形下个体仍然能够独善其身、独善其行。蒙田虽然提倡去功利化原则，反对抛弃道德一味追逐功利，但并没有否定通过道德获得功利的合理性和正当性。在他看来，道德与功利二者可以兼得，而非水火不容的关系，只不过此时的功利是通过美德自然而然获得的。"谁是好人，只是因为大家认为他是好人，并且在知道后觉得他更值得器重；谁要是只为了让大家知道而去做好事，这样的人大可不必对他有多少期望。"① 在蒙田看来，个人具有美好的德行去行善，即使开始并没有人知道，可是时间久了当大家知道后，这个人美好的德行就会被赞扬，也会获得认可和器重，虽然他行善的目的是非功利性的，名利、荣誉、赞赏却作为伴生物自然而然获得了。相反，若一个人开始就是出于功利目的，为了名利去做好事，即使一时有所收获，时间久了也必定让人心生厌恶。蒙田主张以自己的"良心"作为善行的出发点，不图回报，不去关心自己的善行他人是否知道，也无需在意他人的看法和评论，这样的德行挣脱了世俗功利的束缚，不加掩饰而又单纯自在，人的身心能够自由全面地发展。去功利化原则对道德教育的实施具有良好的引导作用，对提高社会整体道德水平具有重要价值，体现了蒙田对道德教育的深层次理解。

四、道德教育的内容

"这个大千世界是一面镜子，我们应该对镜自照，以便正确地认识自己；有人还把它分门别类，使之更加五彩缤纷。总之，我希望世界是我学生的教科书。"② 在蒙田眼中，世界是一面自我审视的镜子，是一本包容着形形色色的特性、宗教、见解、看法、法律和习俗的大书，教会人们如何正确地认识自

---

① [法]米歇尔·德·蒙田：《蒙田随笔全集》（第一卷），上海书店出版社 2009 年版，第 283~284 页。

② [法]蒙田：《蒙田随笔集》，译林出版社 2005 年版，第 47~48 页。

己、判断自己，道德教育的所有内容无一不被包含在这本大书之中，其中，哲学、历史和自然界是道德教育的主要内容。

哲学被蒙田视为道德教育的主要课程——哲学无处不在的独特禀赋有利于培养良好的判断力和习惯。蒙田认同贺拉斯的观点："无论是孩童和老叟，谁忘了哲学谁就要吃苦头"①，他认为一切有用的哲学都能够适合生活中的实例，哲学如同规则，是人类行为必须涉及的，它指明了人生的发展方向。那些给哲学蒙上苍白可憎的假面具，将其描绘成"双眉紧锁、高傲冷峻"的可怕模样，而让孩子们无法接受的行为更是大错特错的。真实的哲学不仅是轻松愉快的，而且对促进人的身心健康大有裨益——"心灵装进了哲学，就会焕发健康，应该用精神的健康来促进身体的健康。"② 哲学"通过自然而具体的推理"让内心获得平静，燃起人们对快乐欢笑的渴望。人们追寻美德，而美德正是哲学的宗旨，美德并非"生长在荆棘丛生、崎岖难觅的高山之巅"，而是"栖身于肥沃丰饶、百花盛开的平原"，哲学恰是那条通往美德的"绿树成荫、长满奇葩异草"的道路。哲学成为蒙田道德教育内容中不可替代的课程，他甚至反问自己："既然哲学教给我们生活的学问，既然人们在童年时代和在其他时代一样，能从中得到好处，那么，为什么不教给孩子哲学呢？"③ 在具体的教学过程中，蒙田并不赞成将哲学的所有内容传授给学生，而是认为对待不同的教育对象要选择合适的哲学内容，正如他所言"哲学既有适合老叟的论述，亦有适合孩童的道理。"④ 例如，他在谈及儿童的哲学教育时强调，应将繁难的诡辩论从辩证法的教育中删除而教授简单的哲学论述，因为让孩子们接受浅显易懂的哲学道理显得更为合理恰当。蒙田对于哲学智慧的重视，源于他对生活的理性思考，从哲学中汲取营养从而过一种理性的生活，是获得人生幸福、达到超拔境界的有效途径。

历史也是道德教育的重要内容，蒙田认为在历史书中与最杰出的世纪伟人进行交往必定大有裨益。为师者不光要教授历史故事，更要教会学生如何判断，历史事件发生的年代和日期不应让学生死记硬背，伟大历史人物的美德才是学习的重点，用他们的智慧来完善自己的大脑，从伟大历史人物的身上认识自己，明白什么才是死得其所，活得有价值。正所谓读史使人明智，学习历史

---

① ［法］蒙田：《蒙田随笔集》，译林出版社2005年版，第57页。
② ［法］蒙田：《蒙田随笔集》，译林出版社2005年版，第52页。
③ ［法］蒙田：《蒙田随笔集》，译林出版社2005年版，第54页。
④ ［法］蒙田：《蒙田随笔集》，译林出版社2005年版，第55页。

要勤于思考、善于判断，要将历史人物的道德品质与典范行为联系起来，弄懂道德品质是典范行为的先决条件，从古人身上学习美德并不断提高自身的道德修养和道德水平。

自然界同样被蒙田视为道德教育的重要内容之一，他强调人要向自然界学习。"只有像在一幅画中那样，看到大自然那威严无比的形象，从我们这位母亲的脸上观察到瞬间万变的千姿百态，并且从中发现，不仅是我们自己，而且整个王国有如一个精美无比的圆点，我们才能对事物的大小做出正确无误的判断。"① 在蒙田看来，人要对自然之母始终保持一颗敬畏之心，在对大自然的无限威力做出判断时必须怀有更多的敬意，对人类的无知与软弱有更深的认识；开阔自己的眼界而不是只注意眼皮底下的事，更不可在大自然面前夜郎自大；道德要遵从自然法则，人类道德标尺也要以自然为旨归。概言之，人要向自然学习、顺应自然并以自然为镜，从而克服不良习气，形成良好的道德品质；进而在自然的大环境中做出正确的道德判断，对事物洞若观火、了然于心。

古希腊名言云：人不是受事物本身，而是受自己对事物的看法所困扰。蒙田对此十分认同，"我们对同样的事物有不同的看法，清楚说明事物进入我们内心经过重新组合。纵使有一人接受了事物真正的本意，还是有千人会给予它一个新的相反的歧义。"② 由此可见，关于道德教育的内容，无论是哲学、历史还是自然，人们在接受时总有一个自我理解、自我调整和自我内化的过程，内化效果在较大程度上取决于个人的意识和善恶评价标准，个体差异往往会导致学习和内化效果迥异。蒙田指出，在学习、接受和自我转化的过程中，既然人的意识和信念可以评价善恶，可以选择性地接受道德教育的内容，那么同样可以充分发挥人的主观能动性，自己选择向善抑或向恶——既可以选择成为圣人，也可以选择成为禽兽。蒙田肯定了在学习和转化过程中个人信念和意识的重要性，同时指出这种评判善恶的个人主观意念并非绝对自由的，"仅凭个人的浅见去判断真伪那就是狂妄"，仍然需要为其设立一杆标尺，这杆标尺便是"良知"。良知的评判应该始终保持不偏不倚，以实事求是为原则。"要评判事物伟大高尚，必须有一个同样的心灵，否则我们把它们看成是卑微的，这卑微

---

① ［法］蒙田：《蒙田随笔集》，译林出版社 2005 年版，第 47 页。
② ［法］米歇尔·德·蒙田：《蒙田随笔全集》（第一卷），上海书店出版社 2009 年版，第 41 页。

来自我们自身。"① 人要获得"良知"就需反躬自省，真正的人性道德并非摇摆不定，弄明白如何去做才是遵从善良和正义，才是符合人性道德的。

蒙田关于道德教育内容的论述，划定了主要的学习框架，也充分阐释了个人意识和信念在道德教育中的重要作用，强调个体学习和内化过程中要重视"良知"的培养和塑造。蒙田对道德教育内容的阐述展现了一个思维的"我"，是当时道德教育思想的一大突破。

五、道德教育的方法

在道德教育方式方法上，蒙田提出了自己独特的见解和主张。道德教育应该采取既严厉又温和的教育方式，要敢于打破常规，根据学生的能力和习惯进行教育，要适应学生的本性，而不是遵照习惯的做法。

蒙田将教育和抚养孩子视为人类最重要和最困难的学问，他还打了一个恰当的比方："正如种田，播种前的耕作可靠而简单，播种也不难，可是播下的种子一旦有了生命，就有各种抚育的方式，就会遇到种种困难；人也一样，播种无甚技巧，可是人一旦出世，就要培养和教育他们，给予无微不至的关怀，为他们鞍前马后，忙忙碌碌，担惊受怕。"② 在蒙田看来，道德教育要在人出生时就做好"培养和教育"的准备，选择一种正确合理的教育方式至关重要。蒙田对以往的习惯做法进行了批判，认为那只是让"人们不停地往我们耳朵里灌东西，就像灌入漏斗里，我们的任务只是鹦鹉学舌，重复别人的话。"③ 这种教育方式是不利于学生学习的，他十分赞同波斯人的教学方式，"要学生对人及其行为发表看法，如果对这个人或这件事持批评或赞同的态度，就要说出理由，通过这个方式，共同来学习法律和提高判断力"。④ 依照蒙田的观点，道德教育不应是教师单方面的说教，而应该更加重视学生的看法，鼓励学生阐发自己的见解并能解释评判的理由，教师的职责则是对学生的看法做出合理的评价，告诉学生什么是合乎法律和道德的。道德教育的主要方式不是通过听课和传授箴言警句，而是通过"实例和劳作"让学生直接去实践，并从中获得

---

① ［法］米歇尔·德·蒙田：《蒙田随笔全集》（第一卷），上海书店出版社 2009 年版，第 57 页。
② ［法］蒙田：《蒙田随笔集》，译林出版社 2005 年版，第 37~38 页。
③ ［法］蒙田：《蒙田随笔集》，译林出版社 2005 年版，第 39 页。
④ ［法］蒙田：《蒙田随笔集》，译林出版社 2005 年版，第 31 页。

教育。

　　蒙田打破了原有经院教育单纯说教的做法，对教师的素质也提出了更高的要求，"老师应让学生在他前面小跑，以便判断其速度，决定怎样放慢速度以适应学生的程度"。① 他建议教师放下架子，善于配合学生的步伐，不强迫学生做超越其本性的事。要把教学内容与生活相联系，把真实的事例拿给学生，让学生自己去思考和评判，摆脱思想的奴役和束缚，大胆地发表自己的想法和见解，而不是让老师自己一个人想、一个人讲。教师最主要的职责就是引导，让学生在案例分析中明白何为善、何为恶、何为美德，要让学生的言谈浸染着道德和良知；坚持以理性作为指导，将诚实与判断力作为孜孜以求的重要道德品质，培养学生独立思考、分析和解决问题的能力；教会他们独立欣赏、分辨和甄选事物，从而形成自己独到的见解，促进良好品德的养成。蒙田反对用暴力和强制的方法对学生进行教育，主张宽严结合，反对一切形式的体罚，他认为体罚只能让学生变得麻木，而对廉耻心和德性的养成毫无益处。道德教育理应在和谐自由的氛围中进行，教室里应该充满着欢乐，铺满了鲜花和绿叶，而不是鲜血淋淋的柳条鞭！蒙田建议"寓教学于游戏和联系之中"，激发学生的求知欲，要在和风细雨和自由自在中涵育心灵，而不能用严厉和束缚的手段，"他们收获的地方，也应该是他们玩乐的地方"。②

　　此外，实践也是蒙田倡导的道德教育的重要方式。蒙田认为学生学到的道德知识，重要的不是口头上说，而是行动上做；拥有良好的道德认知并不意味着同样拥有了良好的品德，知行合一才是最重要的。对个人道德素质的评价不能仅仅停留在弄懂了多少道德知识，还要关注他们是否身体力行，"付诸实践的人比只知不做的人受益更多"。③ 蒙田建议应该让学生多与人交往，经常旅行和参加劳动，这些都是实践的重要形式。与形形色色的人进行交往，无论是泥瓦工、放牛人还是路人，都可以从中习得他人的长处和美德，在人际交往中锻炼和提升道德判断力，即使他人的愚蠢和缺点，对学生来讲也不无教育意义。经常旅行，可以拓宽眼界，接触到不同国家的文化和民风，可以"用别人的智慧来完善我们的大脑"，有助于学生汲取新知识，学会入乡随俗和礼貌，提高道德的理解力。让学生远离父母，不受父母的溺爱，多参加体育操练和体力劳动，让他们习惯于劳作，习惯于吃苦，这些都有利于培养其吃苦耐劳

---

① ［法］蒙田：《蒙田随笔集》，译林出版社2005年版，第39页。
② ［法］蒙田：《蒙田随笔集》，译林出版社2005年版，第58页。
③ ［法］蒙田：《蒙田随笔集》，译林出版社2005年版，第60页。

的品质，因为"劳动能磨出耐痛的茧子"。无论是与人交往、旅行还是劳动都体现了蒙田道德教育思想对实践环节的高度重视，诚如他所言"美德的价值在于实行难，难实现的德操愈美好"，对"践行美德"的重视体现出蒙田宽广的视野和超强的洞察力。

第三节　蒙田道德教育思想的特点

蒙田的道德教育思想涵盖了德育地位、目的、内容、方法、原则等诸多内容，是在当时特殊的时代背景、理论背景下，基于生活体验逐步形成的，他以独特的文学随笔形式向世人阐发，彰显出与众不同的个人色彩。

一、浓厚的人文主义和怀疑主义色彩

人文主义与怀疑主义不仅是蒙田道德教育思想的两大理论基石，也是其道德教育思想最为鲜明的特点。文艺复兴和宗教改革在蒙田身上打下了深深的烙印，人文主义与怀疑主义的色彩在其道德教育思想中表现得淋漓尽致。

"人"始终是蒙田关注的焦点，他时时刻刻关注人的个性解放与现实需要，关注个人的价值判断与道德追求。在蒙田眼里，"人性"远远高于"神性"，道德教育的目的就是培养人性中的善，塑造完美的绅士，他对"人性"屈从于"神性"的旧式经院教育不屑一顾。可以说，蒙田所主张的道德教育都是围绕"人"展开的，在德育地位问题上，将道德教育放在所有教育的首位；对于德育内容，主张根据人的现实生活需要来确定；在德育方法上，反对填鸭式教育和体罚，提倡寓教于乐、寓教于生活，采取既严厉又温和的教育方式；在德育评价中，把人的道德思想和道德行为作为评价的有效维度，讲求知行合一。同时，蒙田道德教育思想中的怀疑主义基调也相当鲜明。随着资本主义经济发展和科学技术的进步，许多传统观念被颠覆。面对无休止的宗教战争，蒙田发出惊天一问："我知道什么？"他开始怀疑宗教的权威，怀疑宗教道德高于人性道德的说教。蒙田指出虽然教师的权威对于学生来讲是至高无上的，但是这种权威在大多时候不利于学生的学习，教师要敢于放下架子，学生要有怀疑权威的胆量和勇气，蒙田将怀疑精神贯穿于道德教育的整个过程之中。

蒙田的道德教育思想质疑神的道德，提倡人的道德，主张人性道德反对宗

教道德，赞扬人性道德的真善美，嘲讽宗教道德的虚伪造作，这些都是人文主义和怀疑主义的生动演绎。

二、道德教育置于最高位置

坚持道德教育第一、德育首位，蒙田在西方道德教育史上第一次明确将道德教育置于所有教育中的最高位置，极具开创性和前瞻性。在西方教育史上许多著名的道德教育思想家，无论是苏格拉底、德谟克利特、柏拉图、亚里士多德还是西塞罗、昆体良、维多利诺和托马斯·莫尔，他们都是古代西方不同历史时期道德教育家的典型代表。他们当中有些人与蒙田生活在同一时代，有些人甚至早于蒙田2000多年，尽管他们对道德教育同样重视，但从未明确阐述道德教育在众多教育中的地位。蒙田提出的"德育首位"思想可谓前无古人，极具独创性。这一重要观点并不是凭空产生的，主要基于蒙田对旧经院教育偏重知识灌输而忽视道德教育这一弊端的深刻反思。蒙田在《论学究气》一文中写道："人们不是为生活，而是为学校教育我们。"在蒙田看来，旧的经院教育只是为教育而教育，已经与社会需要、人的现实需要严重脱节，这种扭曲了的教育方式对人的发展是有害而无益的。要想扭转这种局势就要重视培育道德，让人们认识到精神健康、道德完善才是最重要的，道德教育不仅应再次受到重视，还要进一步明确它在教育体系中第一的位置。

蒙田将德育的地位推上了教育的山巅，大有"一览众山小"之势。道德教育为何处于教育的最高位置？蒙田的论述鞭辟入里、发人深省。首先，蒙田开门见山地提出了个人道德品质的重要性，指出"没有良好的品德，所学的一切其他知识都是有害的"，而道德教育正是培养良好道德品质的最重要和最有效的途径；其次，蒙田将道德知识与一般知识，道德教育与一般教育进行了比较。对于道德知识与一般知识、道德教育与知识教育孰轻孰重、孰先孰后的问题上，蒙田明确指出道德知识是成人之本，永远要比一般知识重要，因此道德知识要先于一般知识、道德教育要重于知识教育。

蒙田倡导根据社会问题和现实需要以道德教育为先，取代以往与人的现实需要相背离的知识灌输，并将道德教育置于所有教育的最高位置。优先实施道德教育的思想在当时可谓一反常规，是对旧经院教育模式的挑战，也是面对世风日下的社会道德困境，为重拾人性道德而发自内心的呼吁。

三、道德教育彰显宽容精神

富有宽容精神是蒙田道德教育思想的显著特点之一，主要来源于他的人文主义思想，来源于对"人性"的理解和尊重。宽容精神体现在两个方面：其一，宽容精神内涵于师德，良好的师德应包含宽容精神；其二，教师也应采用宽容的教育方式方法。

宽容精神是良好师德的应有之义。教师对学生要有一颗宽容之心，特别是在对儿童的道德教育上，更要多一份包容和谅解。要允许学生有自己独到的想法和见解，对学生的不同看法应秉持宽容的态度，对于正确的言论应顺势启发引导，以期达到思想的升华；对于不正确的见解，要包容学生的错误观点，有效纠偏，提高学生的判断力。蒙田将宽容精神内含于良好的师德，要求教师既要包容学生新颖独特的想法和见解，又要对学生的错误观点保持一颗宽容之心，循循善诱，加强引导。在具体的教育方式方法上，蒙田强调宽严结合，同样彰显了宽容精神。他反对体罚学生，反对暴力和强制的教育方式。面对当时学校盛行的体罚教育方式，蒙田呼吁："假如能多一点宽容，孩子受到的危害也许可以少一点。"① 要允许学生犯错误，犯错误并不可怕，可怕的是学生的心灵在暴力和体罚的阴影下变得麻木，变得娇弱胆怯、缺少求知欲。宽容的教育方式更能顺应人的自然本性，更能营造一种宽松和谐的学习氛围，从而让学生能够乐于学习、善于学习。

第四节 蒙田道德教育思想评价及现实意义

早期国内学界对蒙田道德教育思想的关注内含于他的教育思想研究之中，未独立析出，后逐步转向专题研究，并呈现出精细化的研究态势，但整体观之尚不够系统完善，进一步研究的空间较大。诚然，蒙田德育思想存在教育实践基础欠缺、系统性概括和学理论述不足等局限性，但其积极意义不容忽视。

---

① ［法］蒙田：《蒙田随笔集》，译林出版社 2005 年版，第 58 页。

一、蒙田道德教育思想的评价

蒙田道德教育思想重在阐述一种与时代契合的德育理念，无论是它的积极意义还是局限性，都是特定社会历史背景下的产物。当我们重新检视蒙田道德教育思想时，应该始终站在历史发展的角度，给予公正客观的评价。

（一）蒙田道德教育思想的积极意义

1. 涵盖范围广泛，内容丰富

蒙田道德教育思想涵盖范围广泛，剖析问题深刻，教育观点明确，直面社会现实，结合生活经验提出了自己的见解，涉及道德教育的诸多方面，对道德教育的地位、目的、内容、方法、原则、评价等都进行了阐述。蒙田极力结合生活中的现象或者实例进行阐释，针对当时轻视道德教育的弊端，提出了道德第一、德育首位的思想观点，明确了道德教育的重要地位；针对教育培养的人才与社会需要严重脱节的现象，提出要培养品格健全的绅士，并划定了大体的道德教育内容框架，重视哲学、历史和自然的学习；面对当时学校教育盛行体罚，倡导严厉又温和的教育方法，讲求宽严结合；针对当时社会人们的表里不一，将道德作为自身装饰的现象，提出了去功利化的道德教育原则，并主张要根据人性"良心"的标尺和个人的言行来进行道德评价等。

蒙田的道德教育思想体系涵盖内容广泛丰富，有理有据，实在而不空洞。其德育观点围绕社会现实需要展开，将当时法国社会的教育问题、社会道德危机现象甚至个人家庭教育、成长经历、游历见闻和生活经验都作为阐述道德教育思想的鲜活素材。蒙田道德教育思想源于生活又高于生活，涉及广泛，在侃侃而谈中阐明道德教育之真理，务实而不虚空，具有很强的实用价值。

2. 承前启后，富有开创性

蒙田诠释的道德教育思想是一种人文主义道德观，虽然是文艺复兴时期的产物，但与古代西方道德教育思想一脉相承，具有承前启后的特征。在当时的法国社会极具开创性，对后世道德教育理论的发展也产生了重要影响。

在蒙田生活的时代，人文主义思潮盛行，研读古希腊罗马典籍成为人文主义者中间的一股潮流。蒙田尤其热爱、刻苦研读，在《蒙田随笔集》中随处可见其对古希腊罗马文化典籍的引用；从他提出的道德教育思想中，可以清晰看见古希腊罗马时期德育思想家的影子。苏格拉底被誉为西方伦理道德教育史上第一个道德教育家，提出了"美德即知识"，"美德可以通过后天的教育而获得"等观点，第一次阐明了一般知识与道德知识、道德行为的关系以及后天教育对塑造良好德行的重要意义。苏格拉底的学生柏拉图又将人的美德定义为"智慧、勇敢和节制"三种,在此基础上可以造就第四种美德,即"正义"。柏拉图将具有智慧、勇敢、节制和正义等美德的人认定为有德之人,认为道德教育的任务就是要激发人的潜能,发展人的才能。亚里士多德在继承前人理论成果的基础上,又对道德教育的目的、内容、任务、方法等进行了全面而系统的论述,提出了道德教育要顺应人的本性,把培养德、智、体、美和谐发展的人作为道德教育的目标和任务。昆体良是古罗马时期著名的修辞学家和教育家,提出了因材施教、寓教于乐、反对体罚的主张。整个古希腊罗马时期的道德教育极其重视美好德行的培养,强调人的自然本性,尊重自由,具有人文主义的萌芽色彩。从上述比较中可以看出,蒙田的理念在很多方面深受古希腊罗马道德教育思想的影响,不仅继承了重视道德知识和良好德行的思想观点,还继承了强调顺应人的自然本性和反对体罚的教育理念。蒙田在继承前人的基础上,发展了自己的道德教育思想,将道德教育与社会现实相结合,将道德教育与人的现实需要相结合,将人文主义和怀疑主义的精神引入德育思想体系之中,使道德教育紧紧围绕"人"展开,道德教育即为培养人、服务人,道德教育也更加彰显"人性"。蒙田人文主义道德教育观的提出与当时法国社会崇尚"神性"的宗教道德教育观形成了对立,蒙田毫不妥协与之抗争。

蒙田道德教育思想产生的影响超越了国界,对十七、十八世纪的自然主义德育思想也产生了重要影响。捷克著名教育家夸美纽斯和法国著名教育家卢梭所倡导的道德教育要"归于自然"、尊重儿童天性等思想,与蒙田提出的德育应寓于生活、要向自然学习、遵从人的本性等观点如出一辙。英国著名教育家洛克提出的"绅士教育"与蒙田倡导的"重视判断力养成,培养品格健全的绅士"理念不谋而合;洛克道德教育思想中的很多观点,例如反对体罚、培养判断力、重视德行的地位等也和蒙田的道德教育思想关联颇深。

蒙田道德教育思想对后世的影响无疑是深远的,很多观点仍然可以作为当代道德教育关注的范畴;不屈从于权威、敢于怀疑和强烈的批判精神,在当今价值观念多元化的时代尤显可贵。

(二)蒙田道德教育思想的局限性

1. 缺乏系统性和理论性

蒙田道德教育思想的论述主要集中在《蒙田随笔集》中,其风格轻松自在,随心所欲,文章素材皆源于现实生活或文学作品,重在阐发个人的思想观点和人生感悟。《蒙田随笔集》耗时近20年、是穷尽人生经验与感悟而创作的文学巨著;全集共有三部,达107章之多,每个章节之间无必然的联系,题材的选取恰如信手拈来，不拘章法。蒙田对道德教育思想的阐述就散落于这一百多个章节之中，其中诸多主题，有的集中在一个章节之中，有的则在多个章节中都有阐述，还有的章节甚至对多个道德教育问题同时进行了论述。由此可见，蒙田并未对其德育思想单独进行阐发，也未形成系统的道德教育专著。

蒙田的道德教育思想涵盖范围广泛，内容也相当丰富，但是不得不承认其论述尚缺乏系统性和理论性。他的思想观点好似一颗颗光彩夺目的珍珠散布于广袤的海滩之上，要想穿成一串项链，就需要在海滩之上仔细探寻和搜集。蒙田的道德教育思想就是这些零零散散的珍珠，散布在他的随笔当中，缺乏系统、完整、理论性的概括。蒙田与以往的道德教育思想家不同，蒙田首先是一名作家，而后才是德育思想家，他采用的是一种文学的表达方式，写作的初衷并非要建构道德教育的理论体系，而是重在表达自己认同和倡导的德育理念。

2. 缺乏一定的教育实践基础

蒙田结合生活经验和家庭教育经历，基于对当时法国社会道德教育弊端的反思阐发自己的德育思想，他本人并未参加过任何教育实践活动。换句话讲，蒙田的道德教育思想并不是在具体的教学实践过程中归纳总结而来，某种程度上缺乏一定的德育实践基础，不可避免地具有浓厚的个人主观色彩。正所谓"实践是检验真理的唯一标准"，蒙田道德教育思想在理性分析的层面是极具合理性的，是否具有可行性和可操作性，还需要道德教育实践的验证。此外，蒙田道德教育思想也带有资产阶级局限性。蒙田是法国的穿袍贵族，是典型的新兴资产阶级代表，他所提出的道德教育思想也是为少数人服务的，对于广大劳动人民的道德教育问题则很少提及。

综上，蒙田的道德教育思想虽存在一定不足，但在那个时代是难能可贵的。蒙田汲取了人文主义和怀疑精神的有益元素，提出了具有开创意义的道德教育思想，对后世道德教育理论的发展也产生了重要影响。

二、蒙田道德教育思想的现实意义

随着改革开放的深入推进和社会主义市场经济的不断发展，我国正处于大发展大变革的历史时期。在取得巨大社会进步的同时，也产生了道德失范问题。蒙田道德教育思想对推动我国道德教育的开展具有一定的理论和实践价值，值得进一步深入开掘。

（一）道德教育内容更具"人性化"

德育内容是道德教育的基础和前提，决定着道德教育的目标和效果。蒙田主张道德教育内容要符合个人和社会发展的需要，内容的选择和确定要依从人的本性。这一观点对于我国当代道德教育内容设置的科学化具有现实启发意义。

1. 内容的选择要依从人的"本性"，处理好私德与公德的关系

道德教育的目的在于培养全面发展的人，蒙田最为鲜明的观点就是道德教育要依从人的本性，要选择与人性发展相适应的德育内容，关注人的精神健康，道德教育内容的选择要更加注重人性化。马克思在《关于费尔巴哈的提纲》中指出："人的本质不是单个人所固有的抽象物，在其现实性上，它是一切社会关系的总和。"① 人既具有自然属性又具有社会属性，其中社会属性是人之所以为人的本质属性，因此我国当代道德教育要在充分尊重人性的基础上，格外重视人性中的社会性，既要做好公民的个人道德教育，也要做好社会公德教育，选择合适的私德和公德教育内容，处理好私德与公德的关系。

蒙田坚持道德教育要依从人性，对我国当前状况而言，归根结底就是要坚持以人为本的教育理念，充分理解人性、尊重人性，将内容的选择建立在"现实的个人"基础之上。在当代中国，对"现实的个人"的道德教育就是对个人品德的教育，即对私德的教育。人的品德（私德）直接决定人们"怎样做人和做什么样的人"，因此当代个人道德教育的内容要包括"知、情、意、信、行"五个方面，即要将道德认知、道德情感、道德意志、道德信念和道德行为作为主要教育内容，培养具有美好情操、健康情趣、良好习惯和健康身心的人。个人道德教育的最终目的是要培养良好的德行，即培养良好的私德。而人的社会属性决定了人在社会交往中必定产生联系，必将形成和遵守一定的公共道德，即社会公德。现阶段，"爱祖国、爱人民、爱劳动、爱科学、爱社会主义"是我国社会公德教育的主要内容，是维系人们共同生活需要的公共准则，也是人民群众生活中的一般道德要求。

无论是私德教育内容，还是社会公德教育内容，都应依从人的本性，重视道德教育的心理调适，符合个人身心发展的规律。新形势下的道德教育要注意私德与公德教育内容的相互衔接和协调，处理好两者之间的关系。一方面，把个人的道德品质修养和人格完善作为道德教育的重点，将个人道德教育的内容与公德教育的内容结合起来，积极促进公德私德化，将社会公德内化为私德，提高广大人民群众遵守社会公德的自觉性和践行社会公德的积极性。另一方面，积极促进私德的发展，普遍良好私德的形成必定极大促进社会公德的发

---

① 《马克思恩格斯文集》第1卷，人民出版社2009年版，第501页。

展。蒙田所推崇的道德教育内容要依从人的本性的观点，启发我们在德育实践中要重视人性，根据人性的要求合理选择道德教育的内容，使社会公德与私德教育耦合、互动，提高道德教育的有效性。

2. 道德教育内容要密切联系实际，重视现实需要

道德教育的内容要与社会现实相联系，内容的选择要适应社会发展的需要，蒙田将脱离社会发展实际的道德内容视为无用的、不合时宜的。道德教育的内容必须密切联系实际，根据社会发展的现实需要及时做出调整，这是做好道德教育的重要前提。

我国当代道德教育内容，既要继承和发扬中华民族的优良传统，又要符合当代中国社会主义现代化建设的需要。道德教育是我国社会主义道德建设的重要内容，是社会主义精神文明建设中的关键环节，是中国社会主义现代化建设的重大任务。因此，德育内容的选择和确定必须紧紧围绕中国特色社会主义现代化建设这个中心环节，密切联系实际，革除我国道德教育中存在的教育内容与社会发展不相适应的弊端。道德教育内容，应根植于国家和民族特定的文化道德传统，丰富和完善于社会政治、经济、文化建设的方方面面。

首先，必须充分挖掘中华民族传统美德的时代价值，将其作为当代中国道德教育的重要内容。中华民族传统美德根植于历史悠久的华夏文明，是中华民族历久弥新的文化传统和宝贵的精神财富，具有鲜明的民族特色。中华民族传统美德具有丰富的内涵，既包含"国家兴亡，匹夫有责"、"鞠躬尽瘁，死而后已"的爱国主义传统，又包含"海纳百川，有容乃大"、"厚德载物"的宽容仁爱、崇尚团结的精神；既包含"仁、义、礼、孝"、"和为贵"的伦理思想，又包含"天行健，君子以自强不息"、"奋发向上"的进取精神；既包含重视"修身养性"、追求高尚道德的人生信条，又包含"勤能补拙"、"言必信，行必果"等倡导吃苦耐劳和诚实守信的高贵人格等。传统美德的丰富内涵是中华民族优秀文化的积淀，它有利于激发强烈的民族自豪感和民族自信心，增强中华民族的文化认同感，形成民族价值观；有利于凝聚人心，增强民族团结，促进个人品德修养的提升。在新的历史时期，我们须秉承批判继承的态度，深入挖掘中华民族传统美德的时代价值，将其作为当代中国道德教育的重要内容。

其次，我国当代道德教育内容的选择与确定，必须与社会主义市场经济相适应。蒙田强调道德教育内容一定要与社会发展相适应，在《蒙田随笔集》中曾不止一次地批判当时法国道德教育内容与现实脱节的问题。反观我国道德教育现状，随着社会主义市场经济的不断发展和完善，加强新形势下的道德教

育，选择和确定与社会主义市场经济相协调、相适应的道德教育内容是现实要求。针对我国社会政治、经济、文化发展的新变化、新情况，党中央颁布的《公民道德建设实施纲要》明确指出，要大力倡导"爱国守法、明礼诚信、团结友善、勤俭自强、敬业奉献"的社会主义基本道德规范。把握人的思想品德形成规律与把握市场经济发展规律结合起来，找准道德教育的切入点，选择和确定与社会发展相适应的道德教育内容，将其内化为人们的道德良心，践行于人们的实际生活中。

最后，我国当代道德教育内容的选择和确定，必须与马克思主义中国化的理论成果相结合。无论是蒙田道德教育思想体现的怀疑主义精神还是批判精神，其实质都是渴望道德教育不断向前发展，不断丰富和完善道德教育内容并使之与现实相贴近。马克思主义中国化的理论成果是结合中国实际、符合中国国情的伟大理论成就，其中包含的社会道德理论观点对开展道德教育、选择和确定道德教育内容具有重要的指导意义。我国当代道德教育内容与马克思主义中国化的理论成果相结合，其着力点包括，要把以"富强、民主、文明、和谐，自由、平等、公正、法治，爱国、敬业、诚信、友善"为基本内容的社会主义核心价值观、以弘扬爱国主义为核心的民族精神和以弘扬改革创新为核心的时代精神纳入当代中国道德教育的内容体系。

(二) 道德教育方式方法更加"生活化"

道德教育方式方法的有效性将直接影响道德教育实效，合理的方式方法对提高道德教育的有效性具有积极的作用，反之则会阻碍道德教育的实施，甚至削弱道德教育的效果。因此，选择和确定合理的道德教育方法显得尤为重要。当今社会价值多元化的倾向愈加明显，单纯依靠传统的灌输方式已无法满足现实社会的需求，急需开拓新的道德教育方法和途径。蒙田倡导的"既严厉又温和"的教育方式和道德教育要内在于生活的教育方法，启发我们应重视道德教育方式方法的"生活化"。

1. 道德教育要采取"宽严结合"的教育方式

蒙田主张既严厉又温和的道德教育方式，反对使用暴力胁迫，认为妄想运用体罚的手段培养良好品德是徒劳的。蒙田倡导的道德教育方式就是要在"严厉"和"温和"之间寻找平衡点，既不能过于严厉苛责使人丧失廉耻之心，也不能过于宽松使人失去对道德的敬畏之心。

道德是文化的积淀，是人们逐渐形成并获得广泛认可和遵守的行为规范。道德教育强调培育人们对道德的认同感和归属感，倡导自觉践行美德，最终目的是培养具有良好德行的人。道德教育历来是一种重视艺术性和说理性的教育，因此更适合采用"温和"的教育方法，以和风细雨、润人心田的方式，动之以情、晓之以理、教育人和感召人。如果道德教育采取暴力的方式，依靠打压"非道德"言行和强制遵循"道德"，不仅不能起到应有的作用，反而还会引起反感，不利于道德教育的施行。总之，道德教育首先要反对简单粗暴的打压和强制方式，重视营造一种宽松的环境氛围，运用语言的艺术，采用温和的教育方法，此乃德育方式之"宽"。然而，道德教育仅仅依靠"宽"是不够的，还必须"严"。所谓"严"，就是要树立道德的权威性，使人们不敢轻易违反道德，培育对道德的敬畏之心。我国的道德教育要实现"严"，应格外重视以下两个方面。一方面，道德教育要善于运用社会舆论的力量。正确引导社会舆论，对社会中严重违反道德的言行予以强烈的谴责和抨击，使公民因为畏惧社会谴责的压力而不敢轻易违背道德。另一方面，道德教育要充分运用法律的力量，与法制教育结合起来。虽然道德对人的行为具有约束作用，但道德不同于法律，不具备强制约束力，单单依靠个体的自觉性和社会舆论的压力，其力度和效果是远远不够的。道德重在治本，法律重在治标，道德与法律相结合有利于标本兼治。法律应该重视道德的基础性作用，将必要的道德要求和规范纳入法律体系之中，运用法律特有的权威性、强制性和惩戒性规范公民行为，提高公民道德素质，推动整个社会的道德进步。

2. 道德教育要重视内在于"生活"的隐性方法

蒙田将自然比喻为一本大书，将自然和生活作为道德教育的重要场所和学习内容，认为人可以从生活的方方面面进行学习，道德教育要内在于生活、内在于实践之中，内涵着道德教育回归生活世界的理念。

教育与生活要紧密结合，要求教育返璞归真、回归生活的呼声也日益高涨。道德孕育于生活，成长发展于生活，同时又服务于生活，道德教育与生活存在着千丝万缕的联系。道德教育一旦脱离生活，就脱离了道德教育发展的正确轨道，成为无水之源和无本之木。道德教育要回归现实生活，内在于生活的道德教育理应成为我国当下的道德教育的重要方法和途径。

道德教育要回归生活，重视内在于生活的隐性教育，就是要把道德教育与生活互融，充分挖掘现实生活的德育价值。生活作为道德教育的重要途径，本身也具有德育的功能和价值。首先，生活与人融为一体，内在于生活的道德教育更加生动和具体，对激发人的道德情感、培养良好的德行具有更直接的作用；其次，生活是其他道德教育方式必须经过的环节，无论何种道德教育方式终究依靠生活才能发挥其应有的作用；最后，内在于生活的道德教育方式具有非强制性、无意识性、隐蔽性等特点，它通过社会生活环境因素对人产生潜移默化的影响,让人在毫无意识的情况下接受了道德教育。道德教育内在于生活,渗透到生活的方方面面,更能引起人们的情感共鸣,取得较为理想的效果。道德教育内在于生活,同时还要坚持"还原社会本来面目"的原则。现实生活的复杂性决定了其表现形式的多样性,意味着现实生活既有健康积极的一面,也有消极堕落的一面。道德教育要还原现实生活的真实情况,对现实生活中的积极面,要倡导人们崇尚美德,用美德提升生活;对现实生活中的消极面,要重视培养人们的判断力,弃恶扬善,增强自觉抵制和消除不道德行为的能力。总体来讲,道德教育要格外重视展示现实生活中积极向上的一面,给人良好的道德指引。道德教育内含于生活的理念还强调道德教育要重视生活实践,重视在劳动实践、与人交往和游历中进行道德教育。对此,当下的道德教育应予以合理借鉴,鼓励和引导人们积极参与社会生活实践,不断提高人们的道德认识、道德觉悟和道德素养,努力培养道德品质高尚的人。

(三)重视"三位一体"道德教育环境建设

良好的道德品质都是在一定的环境氛围中形成和发展的,社会环境对道德品质的养成具有重要影响,道德教育活动的开展离不开良好教育环境的有力支撑。蒙田格外重视良好道德教育环境的营造,重视家庭、学校和社会"三位一体"的德育环境建设。

1. 营造"以父母为表率,注意家教艺术"的家庭德育环境

家庭是社会生活的基本单位,父母是子女的第一任德育老师,家庭德育环境对道德品质的培养具有潜移默化的熏陶作用。蒙田提到家庭教育时,流露出对父母的感恩之心,尤其提到父亲对他幼年教育的重视。蒙田曾经举例说明,为了教授拉丁语,他的父亲不仅专门请了拉丁语老师,还要求父母家人以身作则,全部用拉丁语与蒙田交流,就是为了营造良好的家庭教育环境;他的父亲采取了"寓教学于游戏和联系之中"的方法,让蒙田在快乐的生活中学习知识,学习做人的道理。蒙田肯定了家庭教育的重要影响,肯定了良好的家庭环境对教育的重要作用。

随着我国经济的发展,人民生活水平不断提高,家庭教育越来越引起人们的重视。人力、物力、财力的大量投入,极大地促进了家庭道德教育环境的建设和改善。首先,家长对道德教育要引起足够的重视,明确家庭道德教育是父母责无旁贷的义务,在子女良好品德的培养上投入更多的精力和时间,重视培养子女独立、自强、自主精神,培养健全的人格,以适应社会发展的需要。其次,家长在对子女进行道德教育时,要以身作则,率先垂范,根除家长和子女之间的等级观念,为子女良好品德的培养发挥示范作用。最后,在道德教育方

式方法上，要格外重视家教的艺术。未成年时期是一个人道德品质形成和发展的重要时期，家长在履行道德教育义务的同时要讲究教育的方式方法和艺术，利用亲情优势，增进互信；家长也可以利用自己的权威和阅历，对子女进行说理教育；还可以通过亲子游戏、家庭互动等多种"寓教于乐，寓教于游戏"的方式开展道德教育；将生活作为教材，营造和谐、温馨、自然的家庭道德教育环境。

2. 营造宽松自由的学校德育环境

蒙田强调，教室里应该充满了欢乐，铺满了鲜花和绿叶，而不是鲜血淋淋的柳条鞭。学校要营造和谐自由的氛围，要在宽松融洽的情境下进行道德教育，反对以体罚等暴力方式来教育学生。这首先对教师提出了更为严格的要求，即教师一定要有良好的品德而不能仅有知识，教师的品德永远是第一位的。学校道德教育环境建设必须将师德建设放在首位。教师不仅要有扎实的专业知识功底，还要有良好的个人品德和职业道德，真正做到为人师表；公平正直，表里如一，以高尚的人格引导学生向善；不断加强自身的品行修养，培养健康的品质、坚强的意志，以人格魅力熏陶感染学生；要始终保持一颗热爱教育事业和热爱学生的心，展现博爱向善的品德。加强宽松自由的学校道德教育环境建设，还要重视建立良好的师生关系。蒙田倡导教师要屈就学生的步伐，强调师生之间的交流。这启示我们，学校道德教育应重视建立一种新型的师生关系，强调教师与学生之间的平等交流与对话，使师生成为双向交流的主体，增进彼此的了解与信任。此外，营造宽松自由的学校道德教育环境，还要重视校园物质环境、文化环境的建设，为学校道德教育提供良好的活动场所和基础设施，创建优良的校风、学风，营造良好的道德教育文化氛围。

3. 营造"崇尚美德、尊重个人"的社会德育环境

蒙田生活的时代重视知识教育而轻视道德教育，蒙田曾以"学者、好人和满腹经纶的人"为例，说明当时社会轻视道德教育的弊端，倡导崇尚美德、尊重有德行的人。社会是道德教育的大课堂，其内容之丰富以及影响力之广泛，决定了它在道德教育中举足轻重的地位。社会道德教育环境建设，要以加强物质环境建设为基础，改善基础设施，美化社会环境，大力唱响崇尚道德的社会主旋律，增强道德教育的效果。党和政府要进一步改善社会风气，树立道德榜样，始终坚持弘扬"正能量"的舆论导向，加强整顿社会不良风气，培育社会良好的道德风尚，使"崇尚美德"成为社会发展的新潮流、新气象。加强社会道德教育环境建设，还要重视对个人的理解和尊重。我国道德教育在

"崇尚美德"的大环境之下,要善于整合协调社会资源,形成社会道德教育的合力,在充分理解和尊重个人的基础上,形成全社会的道德评价标准,使个人的道德发展与社会道德要求一致,促进当代道德教育实效的提升。

第二章 卢梭"归于自然"儿童德育思想

让·雅克·卢梭（1712—1778年）是18世纪法国启蒙运动最卓越的代表人物之一，是伟大的思想家、哲学家、文学家和教育家，也是法国大革命的思想先驱。卢梭反对残害儿童的封建教育和经院式教育，提出自然主义教育理论，认为"教育要适应儿童天性的发展"，其核心是"归于自然"，即要根据儿童身心发展的客观规律对其进行教育，要遵循自然法则，在合适的时段给予儿童恰当的教育，促进儿童健康成长。卢梭的儿童德育思想与其教育思想密切相连，"归于自然"理念虽存在一定的空想主义色彩，但是建立在自然主义基础上的德育思想在当时仍具有划时代的意义，为当今促进儿童的健康全面发展提供了理论反思和实践路径。

第一节 卢梭的自然主义教育思想

卢梭的自然主义教育思想与其哲学和政治思想一脉相承，认为人生来就是平等的，人的本性是淳朴的，没有任何危害他人的愿望；当人类进入社会状态之后，才出现人与人之间的不平等、特权和奴役现象，从而丧失了自己的"天然本性"和"自然权利"。卢梭主张自然主义教育以培养资产阶级的"新人"，即自由、独立、善于生活的人。

一、卢梭的生平及著作

1712年6月，卢梭出生于日内瓦城一个贫寒家庭，这里是加尔文教的发源地，并以手工业闻名于世。他的父亲是一个钟表匠，母亲是牧师的女儿，母亲在卢梭出生后不久便离开了人世，因此卢梭不无悲凉地说"我的出生，是我的许许多多不幸之中的第一个不幸"。① 1922年，其父因与法国的一位陆军上尉发生纠纷，被迫离开日内瓦，舅舅便成了卢梭的监护人，期间，卢梭接受了一个乡村牧师两年的家庭教育。1724年，12岁的卢梭迫于生计结束了学校生活，辗转在多个行业当学徒，过得并不开心。可以说卢梭的童年充满悲伤，恰恰在这样的环境中卢梭练就了热爱读书学习的习惯，尤其是在乡村的短暂学习给卢梭留下了深刻的印象。1728年，卢梭毅然离开故乡日内瓦，独自一人漂泊到了萨瓦。在华伦夫人的介绍下，卢梭前往都灵修道院，并在都灵的一个教堂接受了正式的基督教洗礼。随后，卢梭尝试各种工作，结识了很多学者友人，他们的思想对卢梭产生了重要的影响。1732年，卢梭来到法国南部的小镇商贝里，开始了十余年的乡村生活，直至1742年迁居法国巴黎。在巴黎期间，他结识狄德罗并且建立了很好的关系，这种关系维持了十五年之久，对卢梭的思想和活动有很大影响。1743年，在朋友的介绍下，卢梭担任法国驻威尼斯大使秘书，后因与大使意见不合，卢梭辞职回到了巴黎。

1749年夏，狄德罗被捕入狱，卢梭前往监狱探望发现了第戎科学院的征文题目《科学与艺术的复兴是否有助于敦风化俗》，决意应征，其文《科学与艺术》荣获首奖，这一事件对卢梭有着重要的转折意义，"标志着卢梭早期反封建思想的形成，同时也蕴含着他以后的一些思想，如'天赋人权'说和'自然状态'说的萌芽"②；1753年，第戎科学院又发表了题为《人类不平等的起源》的征文启事，卢梭再次应征，完成了后来声名远扬的《论人类不平等的起源和基础》，虽然该论文当时没有入选，但这是卢梭思想体系的重要组成部分，从中我们可以看到卢梭的思想逐步成熟，这也成为理解卢梭社会理论的重要参考。1756年，卢梭搬到了位于乡下蒙莫朗西的退隐庐，过起了隐居生活，也开始了更加勤奋的写作。从1760年开始，卢梭迎来了作品多产期，1761年出版了小说《新爱洛绮斯》，1762年出版了《社会契约论》和《爱弥儿》，这两本书给他带来了名气，同时也惹怒了新旧两教，使其陷入了困境，受到巴黎当局与教会的迫害，开始四处流浪，最后不得不离开法国，开始了半逃亡的生活。1766年，卢梭决定前往英国寻找休谟，在英国生活的最初阶段，卢梭非常得志，但后来两人的分歧越来越大，生活并不如愿，卢梭于1767年返回法国，1770年迁往巴黎的一个古镇，而在法国境内，卢梭仍然是一个通缉犯。在颠沛流离的生活中，他开始构思和撰写《忏悔录》，将其"一生中好

---

① [法]卢梭：《卢梭全集》第1卷，商务印书馆2012年版，第18页。
② 于凤梧：《卢梭思想研究》，北京师范大学出版社2016年版，第17页。

的和坏的，一切情况全部写出来"。1778年7月2日卢梭最后一部作品《一个孤独散步人的梦》终篇尚未完成便与世长辞了，其死因后世说法不一。法国资产阶级革命后，他的遗体于1794年以隆重的仪式被移葬于巴黎先贤祠。

卢梭的一生是苦难的一生，不幸的一生，但是从对后世的影响来看，他的一生是辉煌的。卢梭勤于反思，著作等身，这些作品涉及方方面面，其中作为论述儿童自然主义教育思想的《爱弥儿》，1762年一经出版发行，就在当时被封建专制和宗教神权阴霾笼罩之下的欧洲社会造成巨大的轰动，卢梭也因此被誉为"教育上的哥白尼"。在《爱弥儿》开篇第一卷中，卢梭写道："出自造物主之手的东西，都是好的，而一到了人的手里，就全变坏了。他要强使一种土地滋生另一种土地上的东西，强使一种树木结出另一种树木的果实。"① 人的本质是自由的，在自然秩序中，人人都是生而平等的。他明确指出，在人类一切事业中，教育是最重要的事业，需要遵循自然的法则，从人的自然本性出发。在《爱弥儿》中，"自然"一词曾多次出现，在谈及"自然教育"时，卢梭指出"如果你想永远按照正确的方向前进，你就要始终遵循大自然的指引"，"大自然希望儿童在成人以前就要像儿童的样子"。② 自然教育就应该是"服从自然法则，顺应儿童天性，促进儿童身心自然发展的教育"③。因此，"归于自然"才成为卢梭自然主义教育思想最核心特质。正如卢梭指出："在人生的秩序中，童年有它的地位：应当把成人看作成人，把孩子看作孩子。"④ 要按照儿童的自然本性展开，尊重每个儿童的天性，真正地让儿童不受传统的钳制和束缚，能够自由而率性地发展。简而言之，教育必须按照儿童内在自然的发展规律，以儿童内在需求为基准，通过恰当的符合自然规律的教育方式，使儿童身心得以积极健康的发展。

卢梭德育思想的重要特色之一就是把对儿童的关注放在教育研究的首位，他认为儿童德育培养的意义必须以"自我实现"作为教育的最终目标，以造就儿童自由独立的个性。所以，在进行教育之前，必须对儿童的天性进行深入了解，按照儿童的身心自然规律进行合理的教育，尊重儿童的天性和独立人格，树立"以孩子为本"的教学理念，根据天性各异的儿童制订不同的教学

---

① [法]卢梭：《卢梭全集》第6卷，商务印书馆2012年版，第19页。
② [法]卢梭：《卢梭全集》第6卷，商务印书馆2012年版，第114页。
③ 杨帆：《从〈爱弥儿〉探究卢梭的教育思想》，《内蒙古师范大学学报》2007年第12期。
④ [法]卢梭：《卢梭全集》第6卷，商务印书馆2012年版，第95页。

方案，废除以往陈旧的教条灌输，探寻遵循人性的德育方法，注重儿童道德行为实践的培养，充分发挥儿童主观能动性，激发其内在潜能，使儿童个性自由、思想自由和活动自由，焕发出无尽的能量。

二、卢梭自然主义教育思想产生的时代背景

自然主义教育思想产生的时代背景包括两方面，即社会历史背景和思想理论背景。当时法国处于从封建制度转向资本主义制度的社会变革期，自然主义教育思想则可以追溯至亚里士多德提出的"教育要效法自然"这一命题。

（一）社会历史背景

18世纪的法国，封建经济制度已走到衰亡阶段，封建专制制度也面临严重的危机，整个社会都笼罩在变革的不安与躁动中。此时的资产阶级一方面伙同贵族阶层压榨手无寸铁的劳动人民，以巩固自己的政治统治基础；另一方面，继续加快反封建的步伐，旗帜鲜明地大力推进资本主义的发展进程。当时的法国政治危机四伏，经济动荡不堪，为1789年法国大革命酝酿着不安的情绪。在这样的社会历史背景下，启蒙运动为这场即将到来的政治大革命进行了全面的思想洗礼。一大批卓越的资产阶级启蒙思想家高举"理性"的大旗，要求统治者对社会进行彻底的变革，反对那些中世纪的农奴制思想和君主专制的封建等级制度。法国启蒙思想家始终坚持理性第一，认为它是衡量万事万物的唯一准则，坚信理性的力量可以消灭一切黑暗势力和专制主义，在哲学思想上则极力推崇自然神论。回溯卢梭自然主义教育思想的形成历程，首先要了解产生于18世纪末的文化思潮——浪漫主义。浪漫主义运动起源于18世纪末的法国，盛行于19世纪的欧洲。它的基本特征是在人性的诸多因素中推崇人类情感的高尚特质，并以这种情感作为构筑人类整个思想体系的基本支点，浪漫主义推崇的思想虽然同18世纪启蒙运动理想主义的旨趣不尽相同，但其思想的倾向几乎都源于卢梭。从蒙田的怀疑学说到巴斯卡的"敏感性精神"，直至卢梭的浪漫主义起源，可以说，浪漫主义不仅是18世纪启蒙运动的产物，同时也是启蒙运动的丰富和补充。因此，不论是对于欧洲整个启蒙运动时代的追溯，还是对浪漫主义运动源头的回溯，最终的起点都绕不开这位具有划时代意义的思想家、哲学家和教育家——卢梭。18世纪的法国同样处于欧洲封建统治阶级和宗教神权的阴霾之下，封建制度等级森严，统治阶级以宗教迷信禁锢着人们的思想，与资产阶级之间的矛盾日趋激烈，且有愈演愈烈之势。此时的启蒙运动先驱们纷纷举起理性的大旗，试图打破神权、教权和王权在内的各种

权威。作为理性主义者，"他们不承认任何外界的权威，不管这种权威是什么样的。宗教、自然观、社会、国家制度，一切都受到了最无情的批判；一切都必须在理性的法庭面前为自己的存在作辩护或放弃存在的权利。思维着的悟性成了衡量一切的唯一尺度"。①

卢梭的社会政治与哲学思想正是在18世纪的法国启蒙运动中逐渐形成和发展的，他反对狭隘的理性主义，认为不能对社会上的不平等和道德堕落麻木不仁，视而不见，认为科学和艺术的兴盛发展不会对社会风俗有所裨益，相反，大肆地鼓吹和宣传理性主义反而会使人们的自然本性难以真实表露出来。卢梭认为真正的正义来源于每个人的良心，因为良心是衡量人们最真实情感的自然准则，它没有任何杂质，是一切正义和美好的发源地。18世纪启蒙运动的发展无疑给正处于黑暗压迫的法国一剂最有效的兴奋剂，法国的启蒙思想家极力推崇理性主义。作为尊崇自然主义的卢梭反对以宗教迷信为特征的一切传统天主宗教，经常抨击教会的种种欺诈丑陋行为，他始终认为没有任何一种传统的教义能够引导我们庄严地走向上帝。同时，他还把天主教视为一种残酷野蛮的迷信，认为宗教的目的就是赤裸裸地掠夺无知的人民大众。卢梭抨击"那些在历史上屡见不鲜的表面上尊奉圣教，实际上却是极为残酷的人们的可怕信条，这些人往往借口维护所谓上帝的权利，其实就是维护他们自己的利益，希望自己的血永远受到尊重，而对人类的血则毫不吝惜"。② 虽然卢梭抨击教会的罪行，旗帜鲜明地反对宗教迷信，但他并没有走上无神论的道路。卢梭认为，宗教的狂热最易导致残酷的行为，如果可以妥善引导则还有可能产生一种崇高的德性；无神论的最大害处就是以一种好辩的哲学风气残害无辜人民的生命，弱化个人的心灵，使人变得更加趋于个人利益，导致个人利益与社会整体利益的冲突而失衡。

通过对整个18世纪法国社会历史背景的初步分析，可以看出在腐朽的封建统治阶级的压迫之下，卢梭提出的顺应自然、归于自然的教育思想已具雏形。他认为凡是出于自然的都是好的，反之，出自社会的事物则已不是它本来最真实的面貌，逐渐被世俗的偏见、权威、欺诈、虚伪等丑陋现象所掩盖。在自然的秩序中，所有人都是平等的，都在同一条起跑线上，不存在权势的压迫和虚假的欺骗。卢梭教育思想中的"自然"是指不应该要求学生为他人学习，而是要为自己而学。在受教育的过程中，最先要摆正的思想就是受教育者是一

---

① 《马克思恩格斯文集》第9卷，人民出版社2009年版，第19~20页。
② ［法］卢梭：《论人类不平等的起源和基础》，商务印书馆1962年版，第60页。

个"自然人",而非"社会人",做到既是自己教育过程中的主人,又是社会中有主导权的称职公民,这才是卢梭推崇的顺应自然的核心内涵所在。

(二) 思想理论背景

17世纪的欧洲普遍盛行自然法理论,它源于理性的自然法,认为整个人类都遵循着同一自然法则,因为人类有着共同的理想作为支撑。自然法拥有理性主义的特质,包括公民的私有财产不可侵犯,不得谋取不属于自己的利益所得等。在西方整个教育史的长河中,自然主义教育思想可谓源远流长,始于亚里士多德提出的"教育要效法自然"这一命题,有关"自然"的概念,亚里士多德并没有给出确切的内涵,通过其著作可以做这样的理解:所谓自然,即自然界的万事万物从生到死的全部历程,在教育过程中则体现在自然界对人们心理变化发展过程的深刻影响力。具体说来,"教育要效法自然"就是教育不能滞后或者超过儿童身心发展,教育过程中的每一步都要遵循自然界的生长规律,要与儿童身心发展过程契合。亚里士多德尊崇的"效法自然"原理,不仅把儿童的生理行为作为教学过程中实施的依据,还根据受教育者的年龄阶段不同进行分期教育。这不仅为以后新的教育模式打下坚实基础,还对不断充实创新的教学理论体系进行了初步构建。亚里士多德描绘了一幅人与自然和谐相处的美好画卷,把个人一生不断向前发展的过程看成是个人本性自然回归与统一的过程,由此形成了早期的自然主义教育思想。中世纪的欧洲浸没于黑暗之中,宗教神学的束缚和压迫使得人性受到了无尽的摧残,而发生在13世纪末的文艺复兴则为自然主义教育思想奠定了深厚的基础,极大地促进了人性的解放。

继亚里士多德提出自然主义教育思想之后,夸美纽斯的自然主义教育观念也初步形成,他认为自然主义教育思想最主要的原则就是——"自然适应性原则",即教育的过程既要遵循大自然的发展规律,又要根据儿童内心发展的特点。夸美纽斯的自然主义教育思想主要体现在以下几个方面:首先,他认为在浩瀚无际的宇宙当中存在着一种和人们生产生活相适宜的共同秩序,这一秩序不仅保证了大自然的和谐发展,还促进了人类社会的不断进步;其次,在进一步论述相关自然教育思想的方法以及教学原则时,夸美纽斯提出了一条自然规律,进而明确人类活动遵循这一自然规律的具体步骤,提出了一套适应自然的正确方法,实施这条自然规律的意义在于通过自然适应性原则来类比教育过程中的各主体要素,从而探寻出有效的理论作为支撑;最后,夸美纽斯指出,人类社会的每个个体都是自然界不可或缺的重要组成部分,在社会生活中个体都有着属于自身的法则,尤其是儿童的心智各方面都尚未成型,教育者更应该依据儿童的身心发展规律对其进行适当的教育。教育应该以儿童的天性为起点，儿童德育内容的筛选应本着适合适度的原则，使其符合每个学生的生理和心理年龄。无论是在自然界还是在社会生活中，个体发展的自然特性都要求教育者必须顺应自然发展的规律，不能通过强制手段让儿童接受不适宜的教育。另外，夸美纽斯尤为重视对自然科学知识以及各种语言的学习，强调所学内容要对实际生活有用，并注重学生行动能力的训练。

卢梭的自然主义教育思想以其自然主义哲学观为起点，认为人性本善，人类最可贵的本性就是自由，但如果人们缺乏理智，只是选择意志层面的自由，就会放任自流，理性的思维受到遮蔽。卢梭所尊崇的自然状态大致可分为三个层面：第一层即自然界，它代表着宇宙万事万物最淳朴的一面，未受到任何社会性因素的制约；第二层即有人类生存的自然界，比起第一层单一的自然属性，增加了人们生产生活的一系列社会属性；第三层即自然人性，指的是人与自然和谐相处的完美统一，人类的生产生活遵循自然界的规律，人性的发展也顺应万事万物变化发展的规律。

卢梭自然主义教育思想的形成并非一蹴而就，他不仅广泛涉猎书籍，研读笛卡儿、洛克、孟德斯鸠等哲学家的著作，还集众家之长，为日后自然主义教育思想的进一步开拓和发展奠定了坚实的理论基础。首先，卢梭继承和发展了洛克的思想，洛克是英国唯物主义经验论的著名代表之一，他相信客观事物的存在，并把每个事物的实在本质作为一切事物外部特性的内在根据。对于什么才是真正的自然状态这一疑问，洛克有着独到的见解，在每个国家成形之前，人类都处在原始的自然状态之中，根据自然法则的要求，个体都应该享有平等、生命和自由的权利，自然状态是一种人们互相帮助、和谐共生的状态。在此基础上，卢梭也形成了自己的社会政治哲学体系。卢梭指出认识事物的最基础要素就是感觉，没有外界事物对人们感官的作用和刺激，就不会存在认识，观念也不会就此形成；同时，卢梭极力反对用自然法则为私有制做庇护，他把个人的自然状态和社会状态完全分开。其次，孔狄亚克的感觉主义心理学也影响了卢梭，孔狄亚克独特的逻辑方法对卢梭创作《爱弥儿》起了非常重要的作用。通过对其逻辑理论的深层透析，卢梭认为儿童的教育必须以人们可感的事实为基准，做到在教育过程中的每一步都要从具体到抽象，充分发掘儿童自身的创造性思维和想象力，从而得出属于自己的观点。最后，在卢梭哲学思想的形成过程中，卢梭也受到了早期法国著名启蒙思想家伏尔泰的影响。尤其是《哲学通信》一书，开拓了卢梭的思想境界，激发了他对当时法国社会政治问题的深入思考。伏尔泰反对封建等级制度和专制主义，认为这些都有悖于自然法则，是应该被摒弃的，他定义的自然规律是指符合人类利益和理性的规律，只有生活中充满平等、充满自由，才是人们真正拥有的遵循自然法则的生活。

综上可知，卢梭自然主义思想的形成可谓博采众长，有着深厚的思想渊源。他在不断批判和反思过往哲学家思想的基础上，汲取了启蒙运动时代诸多思想家的理论精华，形成了较为系统的社会政治哲学体系，为自然主义教育思想的持续发展注入了鲜活的元素。

三、"归于自然"与"自然后果法"

"归于自然"是自然主义教育思想的核心，"自然后果法"是自然主义教育思想的基本方法，儿童早期教育的实现有赖于这两方面在实践中的渗透和运用。

（一）"归于自然"思想

卢梭对大自然有着无限的热爱之情，"自然"一词在其著作中多次出现。他通过对大自然的研究和观察，总结概括出自然哲学观，其中"归于自然"成为卢梭整个自然主义教育思想的理论精髓。所谓"归于自然"，就是教育者要按照每个儿童的自然本性展开教学，让儿童充分发挥自身最本质的自由天性，不受传统的束缚自由发展。卢梭强调"归于自然"的前提在于人性本善学说，他认为如果要对人们最淳朴的自然本性进行细微考察，必须清除封建社会的荼毒，使个体的本性自由率性地发展。卢梭摒弃强加在人们身上的属性，开始研究人最初最纯粹的自然本性，从而完善了自己的政治哲学体系。

最早体现"归于自然"思想的政治哲学观集中于《论人类不平等的起源和基础》以及《社会契约论》这两部著作中。《论人类不平等的起源和基础》一书可称得上是卢梭整个思想理论体系的先导和核心，他深刻指出一切人类不平等的起源和基础就是私有制，封建制度的沉疴不仅压制了人们个性的自然发展，还严重违背了人的本性，忽视了自然法则。随着封建制度的层层渗透，人的自然本性也会在私有制不平等的根源下逐渐扭曲和丧失，人们不再遵从大自然的法则和最原始的自然本性去行动，因此卢梭才会呼吁"回到自然去"，渴求通过暴力手段来推翻封建专制制度，铲除一系列不平等现象，重返人的自然天性。在卢梭看来，如果整个社会都处于自然状态，公民的自然本性就可以完全释放，那么社会就绝不会出现压迫与被压迫的现象。权衡一种社会制度是否有利于全体人民，最重要的指标就在于它是否符合人的本性，是否最大限度地还原人民的自由天性。卢梭以性善说为起点，把存在于社会中的自然状态描绘成一幅和谐完美的画卷，每个自然人都过着最接近本性的生活，贪婪、虚伪、欺诈完全不存在于这个社会中。

1762年4月出版的《社会契约论》提出了平等、民主以及自由的政治制度原则，集中体现了卢梭的民主主义政治思想。卢梭认为社会契约建立在人民自由意志基础之上，国家的形成受到社会契约的影响，生存在完善政治制度下的公民享受到的才是真正的自然状态，每个公民的自然本性不仅可以得到充分的发挥，还可以在高级的社会属性下迸发出更多的能量，从而达到人类自由、平等的新阶段，这同样也是卢梭"归于自然"在政治哲学观上的体现。卢梭认为人生而拥有自由和平等的权利，在自由精神和自然本性发展的基础上，人性应该重新归于大自然。这就要求必须通过革命手段推翻封建腐朽的专制制度，打击社会中的不平等现象，通过有效的社会政治变革创造出更符合人自由本性的社会环境，进而使人的自然本性得到充分发挥。

（二）"自然后果法"

"自然后果法"是指当儿童犯下错误时，不必采取任何惩罚措施对其进行口头教训或是体罚，应该让他们通过与大自然的接触取得教训，从而深刻体会自己所犯错误带来的后果。举一个简单的例子，比如有些家长担心孩子穿得少而受凉生病，但一些执拗的孩子就是不愿意按照家长的意愿多穿衣物，这时家长便可以采用"自然后果法"，即并不强行要求孩子按照自己的意愿行事，等孩子感受到外界的寒冷因此生病的时候，就会感受到大自然的惩罚，当下一次家长再对其进行教育时，便会三思而后行考虑是否接纳家长的建议。这样的教育方式，并不是为惩罚而惩罚，目的是让孩子在接受大自然对他的惩罚时，意识到是由于自己的不良行为而造成的后果，通过亲身体验，感受到惩罚给自己带来的痛楚和不方便。只有这样，孩子才能从错误中深刻吸取教训，保证今后绝不再犯类似的错误。

"自然后果法"并非通过空洞的说教或强制命令来教育儿童，它是通过儿童承担错误行为带来的后果而间接惩罚的。虽然当时会对儿童的身心造成一些微小的伤害，但换个角度看，儿童反而可以通过这次惩罚了解到什么是对自己成长有利的，什么是危害自己成长的行为，从而不断积累经验以便更好地适应社会。同时，"自然后果法"也绝不是简单地惩罚孩子，相反卢梭是反对通过体罚来教育儿童的。他认为，简单粗暴的体罚不仅不会让孩子在教育过程中快速地成长，反而会伤害儿童的心灵，阻碍他们自然纯真本性的发展。"自然后果法"旨在通过让孩子与大自然接触，让孩子切实意识到自己所犯的错误，进而主动地对自己的不良行为进行有效修正。这不仅锻炼了儿童的主观能动性，还积累了实践经验，唤醒儿童最原始的潜在能力，激发他们内心产生的能量。

"自然后果法"是由内而外改变儿童主观意识的方法，更能促进儿童身心健康发展。它所强调的是让儿童的内心不受任何约束，教育者不要一味地压抑儿童的天性，体罚儿童，而是转变思想让他们投身于大自然，在生活经验中接受教育。这也正是卢梭所倡导的，教育应服从自然的永恒法则，遵循大自然赋予儿童的本性。

第二节 "归于自然"德育思想的内容与实现途径

"归于自然"德育思想是以卢梭的人性论为基础的，他明确指出"人性本善"，人身上恶习的出现主要是因为受到了社会的影响，德育的目的就是保全人的自然性，培养"自然人"。

一、"归于自然"儿童德育思想的内容

卢梭认为人的自然本性是向善的、正直的，因为人的自然本性是上天赋予的，是上天的恩赐给予人类自由、良心和理性思维，从而构成人们善良的天性。

（一）"人性本善"

卢梭是"人性本善"学说的坚决拥护者，认为人生来都是善良的、有良心的，能够自爱也可以很好地爱人。之所以得出人人生而具有善良的本性，是因为当社会上存在不公平或暴力行为时，人们都会表示愤怒；当有人受到不公平的待遇或压迫时，人们都会毫不犹豫地伸出援手；当周围有人遭遇不幸时，人们都会给予怜悯之情，这些都是人性天生具有避恶向善的有力证明。卢梭还通过反证法来论证人性本善的可能性。他指出如果人性是恶的，生来就是残忍的，那么社会上人们表现出的诸多善性岂不是早就违反了人的本性？如果善良的本性与人的自然本性是格格不入的，那么为什么人类社会还要大费周章地倡导善行和善举呢？[①] 在他看来，"本性的最初冲动始终是正确的，因为在人的心灵中根本没有什么生来就有的邪恶，任何邪恶我们都能说出它是怎样和从什

---

① 袁桂林：《当代西方道德教育理论》，福建教育出版社2005年版，第3页。

么地方进入人心的"。①

人性本善学说在《论人类不平等的起源和基础》和《爱弥儿》两部著作中体现得极为鲜明。首先，在《论人类不平等的起源和基础》的前言部分，卢梭就对什么才是人的真正本性提出过质疑，究竟什么才可以有资格称得上是人类一出生就有的天赋？又有哪些行为是可以通过后天环境的变化而改变的？在卢梭看来，人人都具有自我完善的能力，这种能力不仅在每个个体上存在，而且还存在于整个人类社会之中，因为人的善与恶的观念不是独立存在的，他们不可能来自没有任何社会关联的自然状态之中。正是这种无限制的特殊能力，通过借助时间，使人类脱离了原有安宁而淳朴的自然状态，也正是因为这种能力的存在，在各个时代中，使人显示出他的智慧和谬误、恶行和美德，结果终于使人成为人类自己和自然界的暴君。② 在这种自然状态下的社会交往的基础并不是理性思维，它超越自利思想，具体表现在人们对受压迫人民的怜悯，这种怜悯之情也可以从侧面体现出人的本性之善。卢梭把人性的研究作为解析人类社会不平等起源问题的切入点，通过对人性的深刻认知得出自然法的基本观念和特征，即人的本性、人的体质以及人的状态共同构成了自然法科学的基本原理。其次，在《爱弥儿》开篇中，卢梭写道："出自造物主之手的东西，都是好的，而一到了人的手里，就全变坏了。"③ 在社会中之所以会存在一些不平等、压迫人们自由天性发展的现象，是因为人们最原始的自然本性被社会所谓的文明遮蔽。只有远离社会中文明的束缚，人们才能重新拾回向善的"自然本性"。但是对于人生而就有的欲念，卢梭也认为是合理的，并不存在恶性。人一生中最初的欲念来于自爱，它是人们内在最原始的欲念。人如果要生存，就必须拥有自爱的欲念，否则就无法存活于社会之中。但是自爱并不等同于自私，它不损害其他人的利益，是人类持续存在的本能反应。在《爱弥儿》中，卢梭对爱弥儿的教育就是以"人性本善"为前提，按照孩子成长的自然规律进行的。卢梭提醒人们，对儿童的教育应该"让大自然先教导很长的时期之后，你才去接替它的工作，以免在教法上同它相冲突。你说你了解时间的价值，所以不愿意有分秒的损失。可是你没有看到，由于错用时间而带来的损失，比在那段时间中一事不做的损失还大，一个受了不良教育的孩子，远

---

① ［法］卢梭：《卢梭全集》第 6 卷，商务印书馆 2012 年版，第 118 页。
② 于凤梧：《卢梭思想概论》，北京师范大学出版社 1986 年版，第 110 页。
③ ［法］卢梭：《卢梭全集》第 6 卷，商务印书馆 2012 年版，第 19 页。

远不如没有受过任何教育的孩子聪明"。① 卢梭认为,在早期对儿童的教育过程中,不要刻意教导他们一些所谓的道德准则或是行为规范,这不仅不会对孩子的自由成长有所裨益,还违背了"人性本善"的初衷。

鉴于"人性本善"在儿童天性发展过程中的重要地位,卢梭提出了"消极的教育",也称"负教育"。所谓"消极的教育"并不是无所事事的懒人教育,它所教导的内容虽然不涉及有关道德教育的内容,但它却能有效防止人去做恶事,防止人们产生谬误,通过人们的感官锻炼为理性思维的发展做积淀。对于一些质疑的声音,如有人认为所谓的"消极的教育"无非是对儿童身心发展放任自流,是一种不负责任的表现。卢梭回应到,消极教育并不是对孩子什么知识都不传授,只是不教课本知识,它不同于传统呆板的教育一味地向孩子灌输一些毫无意义的陈旧知识。与之相反,卢梭尊崇的是教导孩子与实际生活紧密相关的知识,通过观察自然界事物的发展规律,在老师的引导下让孩子自己去发现知识的奥秘,解决在实践过程中遇到的困难,同时提醒教育者在任何情况下都不要用老师的权威去代替孩子思考。

以"人性本善"为基础的自然状态是卢梭自然主义教育思想所尊崇的基本原则。在这种自然状态下,人们按照其自然本性无忧无虑地生活,没有任何私有的观念,嫉妒、贪婪、欺诈、虚荣心等都不存在,每个自然人都充分享有这种天赋的自然权利——自由和平等。

(二) 培养"自然人"

"自然人"概念最早出现在《论人类不平等的起源和基础》一书中,是指体脑两健、身心发达、不受传统约束、天性得以发展的新人,这样的人身心协调,在自然状态下能够以理性的思维方式生活在社会环境中。卢梭并非传统意义上的绝对自然主义者,他宣扬的是作为"自然人"在社会中的行为。他认为,真正与社会和谐共处的"自然人"应该是有能力对社会的方方面面进行有效协调,能够熟练掌握手工劳动的技能,没有超越社会法制界限的欲望,自由、平等、独立是他们始终追随的人生目标。卢梭所称"自然人"的具体特征建立在其哲学思想体系基础之上,可见"自然人"概念是卢梭早期的社会理想和政治期望的投射。

卢梭主张儿童自身发展要根据大自然的规律,不同年龄阶段的儿童有着自己的观察思考方法,应该不断寻求适合儿童的教育方法,积极培养儿童的自然天性。卢梭根据儿童在不同的年龄阶段身心发展的特点,将培养"自然人"

---

① [法]卢梭:《卢梭全集》第6卷,商务印书馆2012年版,第145页。

的教育目标细分为几个阶段。第一个阶段即婴幼儿时期，卢梭称之为"生命的第一个时期"。在这个时期，刚出生的孩子会渐渐离开母亲的呵护，摆脱对生活的依赖状态逐步进入社会环境中。卢梭认为婴儿也拥有独立的人格和社会地位，不是父母的私有财产，同样有属于自己的社会属性。该阶段最重要的任务就是加强孩子的身体锻炼，培养孩子强壮的体魄，在充分完善孩子体格训练的基础之上，让孩子亲身去感知整个世界，这为孩子自然天性的培养和社会属性的发展奠定了坚实的基础。第二个阶段就是2~12岁的儿童期，也称为理性睡眠期，对孩子的教育应集中在感觉教育，通过感官知觉来使孩子获得对客观世界的认知。因为在顺利度过婴幼儿时期之后，孩子就初步形成了自己的世界观并逐渐开始接触社会、了解社会，不断丰富和充实自己的世界观。在这个关键时期，教育者应该学会放手，培养孩子的独立人格，让他们学会独立思考，有计划地引导他们遵循大自然的法则，但同时也不过分放纵其自然本性，给予他们限制性的自由发展。第三个阶段发生在12至15岁期间，在这个崭新的阶段，孩子们对周围发生的一些事物已具备了初步的独立判断，对外界变化开始感兴趣，并试图一窥其中的奥妙来满足旺盛的好奇心，而此时他们的理性思维和丰富的想象力也开始逐渐形成。这一阶段，卢梭更加重视实际经验对孩子的教育作用，强调要根据孩子的认知来选择适合其成长的有益知识，这些知识不是死板的课本理论，而是可以解决现实问题，充分应用到实践中去的。第四个阶段即孩子的青春期，在孩子15至20岁期间，卢梭认为教育应着重于道德教育和社会关系教育，这个时期儿童的情欲处于萌生阶段，其社会属性关系也在持续发展，在教育过程中应以道德教育、性教育和宗教教育为主，培养坚强意志和良好的道德行为。

二、儿童德育"归于自然"的实现途径

卢梭认为儿童天生具有善良纯真的自然本性，只要教育者善于引导他们内心的自然情感，就不会出现不良的行为。但儿童生来是软弱的，需要外界给予能量和帮助，儿童接受的教育来源主要包括：受之于自然的教育；受之于人的教育以及受之于事物的教育。根据卢梭的教育观点，只有受之于大自然的教育才是完全不由我们自己决定的，自然的教育就是要以发展天性为目的，使儿童的身心得到自由而健康的发展。

（一）服从自然法则

儿童德育"归于自然"，首先要遵守大自然的法则，即在儿童的自然发展

中，教育要同大自然的发展规律相一致。自然界有其普遍遵循的法则，作为大自然的一部分，儿童必须严格遵守大自然的发展规律和行为准则。教育应该注重区分儿童教育和成人教育的异同，按照每个受教育者的不同年龄层次和心理特征进行细分归类。要真正实现教育的"归于自然"，就必须让儿童在遵循自然的道路上不断前行，大自然的法则就是希望儿童在真正成人以前要有儿童的样子，不能打乱生长的自然次序，否则就像拔苗助长，将产生人为的恶果，不仅对早期儿童的自然本性发展百害而无一利，还会给儿童今后的成长带来阴影，教育的可行性也会受到阻碍。严格遵循大自然法则是有效促进儿童身心健康发展的第一要务，只有重视儿童自然本性发展的权利，给予儿童思想和活动的自由，"归于自然"才能充分贯穿于儿童德育思想的进程之中。

（二）顺应儿童天性

卢梭的全部教育思想都是以顺应儿童天性为理论基础和依据的，他认为儿童的身心协调和发展必须符合天性的本然要求，唯有如此，教育者才可以培养出身心和谐的儿童。在对儿童天性的阐述中，卢梭认为儿童的身心并不是彼此敌对的，他反对由中世纪沿袭下来的有关身体是灵魂枷锁的谬论，指出只有身体才是儿童自然本性发展的基础。卢梭在天性论的基础上首先指出感觉和理性并非互相排斥，而是互相影响的，从而提出了感觉教育的理论学说；其次在天性论的基础上确立了人性本善的地位，认为在教育过程中对儿童应该循循善诱以培养其优良的道德品质。卢梭坚信儿童天性善良，要求教育者放弃高高在上的态度，了解儿童的思想动态、尊重儿童的想法，关怀儿童的心理变化。教育者所扮演的角色应该是促进儿童天性发展的辅助者，是儿童信任和热爱的对象。故此，顺应儿童天性是保持儿童教育持续发展的不竭动力与源泉。

（三）尊重儿童需求

卢梭认为儿童的自身发展有着一定的规律，不同年龄阶段的儿童观察和思考问题的方式都会不同，教育者要学会尊重儿童的个体需求，因材施教，找到适合儿童的教育方法，再根据每个儿童不同时期的年龄特征制订合适的教学计划，引导儿童全身心地投入学习中。教育者不能随意打乱大自然的生长秩序，用死板机械的方法教育儿童，应该充分尊重儿童的个体需求差异，按照差异化的定向教育模式，以正确积极的心态来看待儿童的个体差异，研究不同个体之间的特殊天性，从而使儿童在今后的发展中成为社会所需要的人才。总之，尊重儿童的个体需求应是教育者始终遵循的基本原则，只有注重每个儿童的个性发展及人格尊严，这种教育模式才能取得成效。

（四）遵循儿童发展规律

卢梭认为在早期教育中，儿童的认知发展受遗传因素与环境因素的双重影响，早期教育内容必须适应儿童身心发展的客观规律，教育内容的难度必须与儿童的心智发展水平相一致。要根据儿童的个体差异，实行个性化教育，从而使整个教育内容更具针对性。对儿童进行早期教育，要随着儿童身心变化不断做出相应的调整，才有利于他们全面健康的发展。在每个阶段，儿童的特点都各不相同，比如有的阶段好动，什么都想亲自动手尝试；有的阶段极富好奇心，对周围的一切事物都感到新鲜有趣；有的阶段则富有强烈的表演欲望，渴望通过模仿形形色色的事物来吸引大家的注意。必须制订内容与儿童身心契合的教育计划，只有贴合儿童实际的才是最适合的教育，也是儿童教育"归于自然"的有效途径。

第三节 "归于自然"思想的评价及现实意义

作为世界历史上享有盛誉的思想家之一，卢梭在哲学、政治、教育、文学等方面都表现出卓越的才智，在近代西方社会思想发展史上占有重要的地位，他是时代的先驱和创建新教育体系的旗手。

一、"归于自然"思想的评价

"归于自然"思想有积极的一面，也有消极的一面。卢梭提出的自然教育的原则为19世纪教育发展指明了前进的方向，因此受到了美国教育学家杜威的高度礼赞，杜威在《民主主义与教育》中，曾多次印证卢梭尊重天性的理论，其他的教育者也将卢梭视为新教育的导师。与此同时，我们也应看到卢梭天性哲学的主观虚构性以及部分设想难以付诸实践的幻想性。

（一）"归于自然"思想的进步意义

作为18世纪法国资产阶级革命家，卢梭的教育哲学适应了当时反封建的革命政治需要，其政治目标和斗争纲领符合广大人民要求，符合历史前进的方向，在黑暗的封建社会中迸发出宏伟的光芒。"归于自然"思想包含众多唯物主义因素，真实地反映了当时的客观存在，为日后现代教育体系的建立积累了有益的理论素材。

卢梭认为每个儿童的心理倾向都各不相同，教育者在选择最适合儿童的道德训练时，必须对每个儿童的心理特征进行具体分析，在教育的过程中依据其个性进行。在平时教学中要善于观察儿童的不同天性，养成细微谨慎的教学风格。他心目中的理想的教育者不仅理解不同时期的儿童心理，而且观照儿童的个体心理差异，把适合于儿童年龄特征的有趣事物展现在他们面前；不对每个儿童的个性特征去作好或坏的定论，通过反复观察和教导使他们显露自身特质，在对他们的天资进行测验和确证之后，采行最适宜的教导方法，教育者应既有扎实的理论工具为依托，又掌握使用工具的科学艺术。卢梭呼吁儿童教育要适应其年龄特征，这是对原有封建教育的有力纠偏，极富科学性。

卢梭不仅注意到儿童身心特征的阶段性差异，还强调男女之间的显著差异。他认为在教育的过程中如果没有两性的差异，对男女的教育方式完全相同，将导致儿童道德品质发展滞后。根据这种天性不同的自然特征制定教育目标，对促进男女身心成长、塑造其精神面貌都有积极的作用。男女两性天赋各异，针对不同的禀赋要遵从大自然法则的指引，并将这条自然准则应用于教育，卢梭为爱弥儿设想的教育方式即适应男子身心特点的教育模板，而在《爱弥儿》中为苏菲设想的教育方式则是适应女子身心特点的教育范例。

卢梭也曾指出儿童身体锻炼的意义。儿童必须锻炼的原因是：第一，大自然是没有能力保证每个儿童免除灾患的，儿童自身体质较弱，疾病和危险时时都包围在他们身边，所以自幼就应该接受积极的锻炼，进而养成抵抗灾患的本领；第二，儿童的特质是好动的，他们乐于在大自然的环境中自由玩耍以锻炼自己的体魄，合理适度的身体锻炼对儿童的身心发展大有裨益。卢梭不赞成对儿童娇生惯养，憎恶家庭对儿童的溺爱，认为这种方法只会偏离自然发展的轨迹。教育者过分地照顾儿童、对儿童进行保护蕴藏着潜在的意外危险。学会忍受成长路上的痛苦才是儿童最主要的功课，也是让他们最受益匪浅的功课。当儿童身体受到伤痛时，教育者的惊慌失措不仅无法让儿童平静下来，反而会让他们的神经更加紧张和畏惧，只有若无其事，不急迫地予以照顾，不久他们便会平复情绪，令自己放松下来。这种方法不仅能锻炼儿童的勇气和气魄，还能够使他们养成在大事面前的淡定心态，只有担当得起轻微的痛苦，才能使他们在成长过程中担当更大的痛苦。儿童缺乏运用肢体的协调能力，若不及时加以锻炼，成人后身体就会变得笨拙，卢梭建议可以通过爬山、游泳、竞走、舞蹈和一些球类游戏来增强体格锻炼的强度。卢梭提出的一系列关于儿童锻炼和养护理论，是对给儿童的体质带来极大折磨和摧残的中世纪禁欲主义的挑战，更是对当时家庭盛行的溺爱奢靡之风的有力批判。

(二)"归于自然"思想的局限性

虽然卢梭并未系统地接受过学校教育,也未长时间地从事过教师工作,但称其为划时代的教育思想家却恰如其分。他的教育哲学适应了反封建的革命政治需求,依托当时的进步阶级符合历史前进的方向。虽然卢梭在哲学上是唯心主义者,但他却是封建制度的爆破手,他的唯心主义同中世纪僧侣们的唯心主义截然不同,卢梭的政治目标和斗争纲领自始至终都是革命的、进步的,是符合当时大多数人要求的。但随着社会的发展和现代教育体系的日臻成熟,如今看来卢梭的教育思想也存在着一定的局限性,部分有关自然主义教育的论点有言过其实之处。

"归于自然"思想忽视了儿童理性思维的发展,过高地估计了感性在儿童教育中的地位。卢梭认为只要人们存在着,就能通过感官感受周围的一切,强调感觉教育的价值,痛斥呆板的教条主义式的传统教育,他以感觉经验论为依据,通过人们思想上的感知来论证教学内容。这种教育有着强烈的理想化色彩,卢梭要求以传授儿童感性知识为主,反对一味地对儿童进行书本知识的灌输,在整个教育过程中,儿童不受任何约束,只需遵从自己的感官意愿做事,无需与枯燥乏味的课本打交道,也无需担心升学考试的压力,更不必忍耐教育者的说教。但是,单纯强调感性知识的重要性就等于摒弃了理性思维在儿童教育中的作用,学习是一个认知不断优化的过程,是对事物的感性认识上升到理性认识的过程,片面强调感性认识的重要性在现实中是行不通的。如果教育早期就听凭所谓儿童天赋的指引,学习任何知识都要从大自然中汲取经验,以本能为师而非以人为师,对儿童的教育势必会放任自流。儿童教育决不能罔顾其社会性全凭自然性,应把握好感性认识和理性认识在教育中的平衡。

"归于自然"思想在一定程度上割裂了儿童的社会属性,卢梭在儿童教育上主张要摆脱社会的制约,认为天性至上,教育应该随着儿童自然本性的率性发展而展开。这无疑将儿童的天性与社会属性割裂开来,使儿童的教育环境仅存在于卢梭勾勒的大自然中,这其实是一种摆脱社会制约的乌托邦式的教育理想。儿童的天性与社会性是不容分割的,任何人都不可能脱离社会而存在,每个儿童都是社会的一部分,都具有社会属性,唯有在社会中才能获得全面健康的发展。发展儿童天性与社会属性二者并不冲突,卢梭认为儿童的天性发展就是要超越社会的制约和束缚,并推至其极,这无疑夸大了儿童的天性而忽视了教育者的育人功能。发展儿童的天性并不是在真空中进行,它必须存在于现实社会中,儿童只有融入集体才能获得全面施展才能的机会。因此卢梭把儿童天性与社会属性看成是水火不容的,这就偏离了教育的真谛,强调摆脱社会而使儿童率性发展也是难以实现的空想。

"归于自然"对儿童天性的估计过于美好，显得虚空玄妙。卢梭认为儿童天性至上，把天性看做是高于社会、高于一切的，教育者要听命于儿童天性的旨意，周围环境的发展也要顺从儿童天性的发展。天性本善假设有一定的合理性，但是每个人自由天性的成长、理性思维的发展都得之于后天的培养，不完全是卢梭所言源于"天赋"。儿童的成长必须与社会事物接触、观察，谁也不可能有先天的认知能力。每个人的天性都无所谓善恶，只要不束缚儿童本性，按照成长的自然规律施以积极影响，儿童的天赋潜能就会变成令其终身受益的良好道德品质。

二、"归于自然"思想的现实意义

卢梭的自然主义教育思想虽存在一定局限，但是在教育的历史长河中，卢梭的贡献仍是可堪圈点，他第一个提出教育要以儿童为中心，强调教育要遵循儿童的自然天性，主张通过生动的实践活动对儿童进行早期教育。卢梭的自然主义教育思想，尤其是它的核心——"归于自然"是儿童天性解放的象征，他的教育理论不仅在当时的欧洲掀起了一股自然教育热潮，对现代儿童德育也具有启发意义。

（一）对现代儿童德育内容的启示

俗话说，十年树木，百年树人。儿童的早期教育已成为时代的需要和世界的潮流。随着社会竞争的日趋加剧，人才竞争的步伐也步步紧逼。如何使现有的教育体系更加完善，针对儿童早期成长的特征制订行之有效的教育方案，无不取决于儿童早期教育内容的不断修正和优化。通过卢梭自然主义教育思想中对"归于自然"的阐释，可以从中发掘出一些对完善现代儿童德育内容有益的要素。

"归于自然"思想对现代儿童德育内容的首要启示即教育者在儿童身心的早期发展中，应旗帜鲜明地反对教条主义式的灌输。在学校教育中，教师应该转变观念，让儿童主动乐于接受教育，这就要求儿童德育内容要贴合他们的自然天性，顺应儿童的身心发展特点，不将成年人的思维定势强加给他们。教育者要给予儿童足够的学习和思考空间，对于学习效果的考核不能操之过急，更不能消极怠慢。教育者最主要的任务就是保护孩子的自然天性，呵护并启发他们的好奇心和想象力，让儿童能够充分发挥自己的主观能动性，积极探索未知的领域。在家庭教育中，家长应该让儿童学会在生活中学习，对周围环境信息保持敏感，通过自己的观察实践逐步获得一些实用的知识技能。通过这种非灌输式的教育，不仅可以使儿童的早期教育内容记忆更为深刻，而且习得知识的保持时间也会更加长久。在对儿童进行教育的过程中，教育者应成为儿童学习中的朋友或参与者，而不是对其进行严厉监督的旁观者。儿童更愿意通过日常生活中的一些实践获得知识，这种生动的学习方式才能唤起内心愉悦舒适的情感共鸣，从而无限拓展他们的想象空间和创造力。

"归于自然"思想对现代儿童德育的启示还体现在教育内容应该更加贴近儿童的实际需求。无论是知识的传授还是道德品质的培养，一切都应该从儿童的生理和心理实际状况出发，优选教育内容和教育方法。在儿童成长的早期，是他们大脑发育最快、最具开发潜力的关键期，教育者对儿童的培养要适度、科学，适应他们生理、心理各方面的特点，反对过早地对儿童施加不适宜地教育与训练。教育者无需过分注重读、写、计算等学习内容，重心应放在让孩子充分感受生活实际，在经验的感知中潜移默化地主动学习，他们并不是站在教育者身后的胆怯孩童，而应该在生理和心理上有自己的最佳组合状态。卢梭强烈反对封建教育强制儿童去接受传统的偏见，反对教育者依靠自己的权威进行教学，他提倡教育者和儿童应该有积极的互动。

以卢梭"归于自然"思想观之，现代儿童的德育内容还应建构自由式的创新体系。首先，儿童早期的教育内容难度必须与其心智发展水平相一致，合理设计教学内容的难易程度，从而对儿童进行健康科学的训练，教育者应更加细致地观察儿童在言语行动和思维方式中的本能反应；其次，自由式的创新教育体系应把握儿童心智的发展倾向，有目的、有计划地对其进行教育，使儿童从传统的灌输中解放出来，让儿童在实际生活中积累经验、增长知识；再次，构建创新自由式的教育体系，教育者还应充分尊重儿童成长的自然天性和思维发展的自主性，使其内在的潜能和活力能够得以激发；最后，对儿童德育内容的教授还应该囊括世界万象，使其不断开阔眼界，并在教学中整合利用各种社会教育资源，形成自由宽松的教育氛围，使儿童在充分释放天性的环境中接受丰富多彩的有效信息。

(二) 对现代儿童德育方法的启示

望子成龙的心态人皆有之，一些家长会强制性地对儿童进行某方面的强化训练，甚至不合时宜地进行所谓的"天才儿童"训练，这种不顾儿童天性的教育方式，最终会导致儿童的身心健康遭受损害，其天真无邪的本性也将逐渐被淹没。只有对儿童运用行之有效的德育方法才能保护其天性，教育者扮演的不是操纵孩子的幕后指使者，而是能够平等待之的精神导师。教育者还应充分重视活动课程，不能把教育仅仅局限于课堂，要为儿童的天性发展提供更为广阔的空间。凡是可以让儿童自己做的事情就应该放手让他们去体验，教育者无需事必躬亲，只要提供自由的学习和生活环境即可，违背儿童天性只会让他们失去学习的乐趣，导致教学进入停滞不前的尴尬境地。

现代儿童德育应当以行求知，在生活实践中进行德育。如何培养儿童良好的道德准则和行为习惯是早期教育的重大课题，卢梭十分重视儿童道德情感的培养，认为仅具备善良的行为习惯而没有道德准则的约束是缺乏道德自觉性的表现。无论是儿童的道德认知还是道德情感的培育，都是日后思想品德形成中不可或缺的因素，它们之间互相依存、互相影响，共同促进个体道德行为的成熟。教育者应该充分利用这一特征，积极培养儿童良好的道德品质，引导正确价值观的形成，充分激发儿童潜在的道德情感，提高道德判断能力。

（三）对现代儿童德育环境的启示

教育者除了积极寻求最适宜儿童天性的德育内容和方法以外，还应该为儿童天性的自然发展创造适宜的环境。德育环境营造既包括周围事物的环境，也包括人的环境，营造德育环境应当依据儿童的身心特点，注重儿童在不同阶段的内在需求和自我价值。当下教育环境营造主要是在学校中进行，周围始终充斥着高科技、多媒体等现代化的事物。儿童每天面对的是不可碰触的虚拟科技，看到的是来自实验室的动物标本，听到的是从广播喇叭传出的枯燥声音。教育者可以从微环境改造入手，为儿童布置干净明亮的教室，装饰一些适宜儿童年龄特征的图画，使他们在学习的过程中感到舒适愉悦；还原大自然的环境，可以通过栽培一些繁茂的花草树木，使儿童有亲近自然的机会。人的环境则特指教育者对儿童的早期影响，要注意发挥教育者的榜样作用，让儿童通过模仿习得良好的习惯以及社会交往行为。

第三章 孔多塞公民教育思想

孔多塞（1743—1794年）是启蒙运动时期百科全书派最后一位思想家、教育体系改革者，也是法国大革命时期杰出的数学家和革命家，是温和革命派的崇尚者、宪法的起草者，有法国大革命"擎巨人"之称。在中国，最早将孔多塞介绍给国人的是李大钊，早在1920年，李大钊就发表了一篇名为《孔道西的历史思想》的文章，称赞他"不仅以确认开明与社会幸福的无限进步的确定为满足；他自进而想出其本质，预示其方向，决定其标的，而强要辽远将来的探索"①。孔多塞严厉抨击法国封建等级制度和宗教神学观，同时不遗余力地宣扬启蒙思想，要求在法国建立民主共和制度，希望能通过教育把公民从愚昧中解救出来，其对公民教育的阐述和贡献至今仍闪烁着亮丽的光彩，为后世所推崇。

第一节 孔多塞公民教育思想产生的背景和理论基础

孔多塞作为启蒙运动重要代表、法国大革命的亲历者，其公民教育思想与启蒙思想的传播和法国资产阶级革命的开展密切相连，而洛克的经验论、伏尔泰的理想主义、卢梭的天赋人权学说以及拉夏洛泰的国家主义教育思想等为孔多塞公民教育思想的产生奠定了理论基础。

一、孔多塞的生平及著作

1743年9月，孔多塞出生于法国庇卡底的小城里伯蒙的一个有产者家中。母亲笃信宗教，孔多塞从小被母亲装扮成玛丽娅的"白裙童子"，直到脱去裙子换上"短裤"，离开母亲去接受教育之前，他一直生活在女性世界中。孔多

---

① 李大钊：《李大钊文集》（下卷），人民出版社1984年版，第328页。

塞的父亲在他出生一个月后便去世了，家中唯一的男性是作为主教的叔父，然而父亲家族又是拥护宗教改革运动的先锋，并且不惜以武器保卫这项事业，在父亲家族的影响下孔多塞自尊而独立。生活在这样充满隐性矛盾的家庭，注定这个孩子似乎有另外一种命运。1754年，孔多塞在耶稣教会当寄宿生，这段时刻接受监视和粗暴挨打的日子，给孔多塞的青年时期留下了痛苦的回忆，但这并不妨碍他成为一名优秀的学生。1758年，孔多塞考入了巴黎的纳瓦尔学校，热爱数学和概念的孔多塞从此开始了对真理和科学精神的无尽探索，打破了家族使其成为军官的宿命。1765年，22岁的孔多塞就发表了《常微积分方程、偏微积分方程和有限差微分方程的积分法》，随即1767年《论三体问题》发表，孔多塞逐渐成为欧洲一流的数学家。1768年，年仅25岁的他成为法国科学院的合作院士，并结识了人生挚友和精神之父达朗贝尔、蒂尔戈和伏尔泰。

1770年，孔多塞开始大量思考政治、哲学、公民权利等方面的问题，投身政治运动和启蒙运动，并参与撰写百科全书，关注社会不平等现象，反对残暴和愚昧，反对狂热和偏执，反对专制、劳役、黑人奴隶制、蒙昧主义等；并将数学与其他学科相结合，指出数学在社会中的作用并尝试将其运用到人类社会。1774年，孔多塞在朋友的推荐下担任了一些行政职务，对政治等方面有了更多的了解和思考，随后看到了北美殖民地的反抗和美利坚合众国的建立，因而对《独立宣言》大加赞扬。与此同时，孔多塞也收获了自己的爱情。1786年，孔多塞与容貌美丽、优雅迷人、头脑敏捷的索菲·德·格鲁希结婚。两人志同道合，格鲁希摒弃了宗教思想接受了新思想，并且乐于为孔多塞奉献自己全部的热忱。格鲁希定期筹备文化沙龙，在这个思想实验室里孔多塞结交朋友，交流思想，这里也是欧洲科学革命界人士的聚会场所。

1789年，在第三等级与朝廷决定性对抗期间，孔多塞参加立法议会选举，加入国民自卫军，负责组织工作。他宣扬共和理念，主张共和制，创办了《共和报》并建立共和学校，但均以失败告终。在国家危难之际，孔多塞提出公民教育关系着法国大革命的前途，他振奋地说："对于那些仍然被愚昧、狂热和迷信牢牢束缚着的人，给他们公民自由权或政治自由权，有什么用呢？唯有公民教育才能解放他们。"[①] 1792年4月，孔多塞代表公共教育委员会向立法议会提交了一份公民教育计划，包括公民教育的目的、内容、方法、原则以

---

① [法] 伊丽莎白·巴丹特尔、罗贝尔·巴丹特尔：《孔多塞传》，商务印书馆1995年版，第258页。

及实施，为我们描述了一份完整的国家公民教育计划，这是大革命时期法国教育改革最重要的计划，较为全面地阐释了百科全书派的教育理论，无论是对法国后期的教育改革还是对欧美教育制度的建立都发挥过重要的作用。国家公民教育计划率先提出公民教育思想，设计方案翔实，内容丰富，操作性强，但是过于注重公民意识和公民权利，虽然得到了爱国者的欢迎却遭到了国民议会的批评与拒绝。法兰西第一共和国成立后，孔多塞又参与起草了代表吉伦特派利益的宪法草案，该法案注重自由平等的人权和民主精神，但因雅各宾派反对而未能通过。雅各宾派掌权后，孔多塞遭到疯狂追捕，自此开始了颠沛流离的逃亡生活，在逃亡期间他完成了《人类精神进步史表纲要》，这部著作将人类历史分为十个时代，突出反映了18世纪启蒙运动的历史观，指出人类历史进步的阶段也是人类理性发展的阶段，这一发展过程是自由的、也是自然的，人类对此应充满信心和希望。孔多塞认为革命虽然尚未成功，但人类精神的进步是无限的，正如他在书中所宣告的那样："有朝一日，阳光照耀下的人都将是自由公民。"1794年3月，孔多塞被捕入狱，不久便在监狱中去世。其思想和著作主要见于由其妻子格鲁希整理出版的《孔多塞全集》中，代表作有《公民教育计划纲要》和《人类精神进步史表纲要》等。

二、公民教育思想产生的时代背景

启蒙运动轰轰烈烈地开展，一方面为孔多塞公民教育思想奠定了实践基础；另一方面，良好的文化氛围也促进了公民教育思想的传播。此外，孔多塞公民教育思想是在法国大革命时期应运而生的，当时法国资产阶级在经济上占主导，在政治上通过革命推翻封建王权建立了政权，这为孔多塞公民教育思想的产生创造了良好的社会环境。

（一）启蒙思想的传播

法国的启蒙运动是一场由资产阶级领导和发动的思想解放运动。自18世纪20年代开始，代表第三等级利益的哲学家和思想家们用文字和语言抨击黑暗的旧封建制度，揭露宗教神学的虚伪和欺骗，宣传自然科学知识和社会科学知识，用先进的科学文化启迪民众。启蒙运动作为法国大革命的前奏，为资产阶级大革命的胜利奠定了思想基础，在世界文化运动史上产生了深远的影响。

在这场文化运动中，涌现出大批的思想家，如孟德斯鸠、卢梭、伏尔泰、狄德罗、达朗贝尔、霍尔巴赫、爱尔维修、孔蒂亚克、杜尔哥等。他们著文立说，对启蒙思想进行了传播，用先进的文化推动了启蒙运动的深入发展。这些思想家们认为,传播启蒙思想的目的是让民众能够认识到什么是正确的,并且能够排除宗教神学和形而上学的观点,用理性找到正确的道路和真理。他们相信,传播启蒙思想能够使民众从不合理中区分出合理的,从恶中找出善的,从谬误中找到真理。当民众认识到这一切,就可以跟随理性去改造现存的旧制度,建立符合时代特征的新制度。

伏尔泰是启蒙运动的伟大领袖,他酷爱文学,从小就阅读了大量的宣扬自由反对神学的书籍。他一生著述颇丰,包括《哲学词典》、《路易十四时代》、《哲学通信》等,这些作品都向社会宣扬了反对封建制度和宗教神学的进步思想。伏尔泰关于抨击上帝的名言"上帝就是第一个傻子碰到了第二个傻子,骗子愿意去欺骗人而傻子愿意去相信人,这个时候宗教便出现了"。伏尔泰宣扬天赋人权、自由和理性,伏尔泰的思想成为后来启蒙思想家们的先导。孟德斯鸠的代表作是《论法的精神》,其"三权分立"学说在启蒙运动时期有代表性的意义。他将国家权力分为司法权、立法权和行政权,这三种权力分别由不同的机构享有,司法权由法官享有,立法权归议会享有,而行政权由国王享有,"三权分立"学说为法国资产阶级政权的建立提供了有效的价值模式。狄德罗是百科全书派的代表人物,他的唯物论观点认为物质是客观存在的,人们的意识和主观感觉是对客观世界的真实反映。因此,狄德罗从唯物史观的立场与宗教神学和上帝论进行了尖锐的斗争。爱尔维修是唯物主义的集大成者,在继承洛克唯物史观的感觉论基础上,较系统地阐释了唯物论的观点。爱尔维修提出物质是一切事物的集合,物质具有运动的功能,运动是物质的属性等。从本质上看,爱尔维修在坚持唯物论的基础上,批判了唯心主义和形而上学的虚假谬论。而到了赫尔巴赫那里,公然举出了"无神论"的大旗,认为宗教的实质就是欺骗和无知,他甚至说出了自己与上帝永远势不两立的话,这些观点都出自于赫尔巴赫的小册子《袖珍神学》。从此,法国的无神论思想得到了广泛的传播。

法国的启蒙运动是继文艺复兴之后的第二次思想解放运动,它使"民主"和"科学"观念深入人心,对封建制度和宗教神学进行了猛烈的扫荡。不仅为大革命的胜利提供了思想力量,更推动了欧洲其他国家资产阶级革命的胜利。但启蒙运动是一场资产阶级发起和领导的思想文化运动,应辩证分析,既要认识到启蒙运动中思想家们宣扬和传播的新思想在当时的积极意义,也不能忽视其资产阶级的深刻烙印。

(二) 法国资产阶级革命的开展

1789年法国爆发了一场资产阶级革命,震惊了整个欧洲。18世纪,法国资本主义发展迅速，许多资本主义性质的手工工场相继出现，个别工厂资本雄厚、雇佣数千名工人并拥有先进设备。但 16—18 世纪，法国处于封建专制统治时期，等级森严。代表第一等级的僧侣和代表第二等级的贵族拥有无数封建特权，而由资产阶级、贫民、工人和农民组成的第三等级却受到僧侣和贵族的压迫，在经济上和政治上都处于无权的地位。因此，封建专制的社会制度阻碍了资本主义的发展，消灭封建特权、推翻封建统治已成为以资产阶级为代表的第三等级人民的强烈要求。

　　1774 年，路易十六当政以后，生活极度奢侈导致法国财政危机严重，再加上政治腐败、干旱等自然灾害，人民生活日益艰难。1789 年 5 月，路易十六在凡尔赛宫召开"三级会议"，企图解决财政困难问题，在会议中讨论增税、限制新闻出版和民事刑法问题。而第三等级代表反对增税，认为增税行为非法。由于在"三级会议"中受到了歧视，1789 年 6 月 17 日第三等级代表自行成立了"国民议会"，代表们认为国王无权否决"国民议会"的决议。在路易十六强行关闭了"国民议会"之后，1789 年 7 月 9 日"国民议会"改称为"制宪议会"，强烈要求制定宪法来限制王权。此时路易十六已然意识到危险的降临，他迅速联合贵族阶级，调动军队企图解散议会，并且对人民进行了残酷的屠杀。1789 年 7 月 12 日，巴黎人民革命情绪持续高涨，举行了声势浩大的示威游行支持制宪议会，并进行了艰苦卓绝的武力斗争。1789 年 7 月 14 日，巴黎人民攻占了象征着法国封建王权统治的巴士底监狱，资产阶级取得了阶段性胜利。

　　随着革命的发展，君主立宪派掌握了政权，他们制定法律宣布废除封建制度、取消教会和贵族特权，1791 年 8 月 26 日发表了《人权宣言》。但君主立宪派主张保留王权，规定行政权属于国王、立法权属于立法议会、司法权属于各级法院的"三权分立"原则。君主立宪派不彻底的反封建行动引起了巴黎人民强烈的反对。1792 年 8 月 10 日，巴黎人民高举共和制度大旗开展了第二次起义，攻占了国王住宅杜伊勒里宫，废除了路易十六的王位，推翻了君主立宪派的统治，法兰西共和国的成立标志着资产阶级政权的建立。然而，代表工商业资产阶级利益的吉伦特派，不能有效打击投机商人、限制物价，面对欧洲各封建王国的联合军事打击，吉伦特派败下阵来。1773 年 5 月 31 日至 6 月 2 日，巴黎人民在雅各宾派的领导下发动了第三次人民武装起义，推翻了吉伦特派的政治统治，代表资产阶级民主派的雅各宾专政建立起来。雅各宾专政时期，通过制定法律使广大人民获得土地，组织军队反抗外国势力的入侵。但是，当人民希望将革命继续向前推进时，却遭到了雅各宾政府的反对。1794

年7月，从雅各宾政权中分离出来的代表大资产阶级利益的热月党人发动了"热月政变"，法国大革命宣告结束。

法国大革命是一次彻底的资产阶级革命，推翻了法国千年的封建专制制度，消灭了贵族阶级，以资产阶级的平等代替了封建特权，以资产阶级民主取代了封建专制，建立了资产阶级共和国。经济上解除了工商业发展的桎梏，不仅废除了封建行会和关卡，取消了商品专卖权，并以民主的方式解决了土地问题，摧毁了封建制度的基础，极大解放了生产力。它震撼了整个欧洲，有力地推动了欧洲范围的反封建斗争，欧洲各国在19世纪发生的多次资产阶级革命，都吸取了法国大革命的有益经验。这次革命还有力地推动了拉丁美洲的民族独立运动，并最终促成了世界资本主义体系的形成和资本主义在世界范围内的胜利。这场声势浩大的革命也为法国的公民教育发展提供了良好的社会条件。

三、公民教育思想产生的理论基础

孔多塞的公民教育思想是以理性、自由、平等、民主、共和等启蒙思想为理论指导的。其中，洛克的感觉论是孔多塞人类精神进步思想的哲学基础，伏尔泰的理性主义为孔多塞从理论上反对宗教神学、抨击封建等级制度指明了方向，卢梭的天赋人权思想为孔多塞替公民争取各项平等权利以及宪法草案的制订提供了思想武器，而拉夏洛泰的国家主义教育思想为孔多塞公民教育计划纲要的制订提供了一套理论蓝本和行动方案。

（一）洛克的感觉论

在《人类精神进步史表纲要》开篇，孔多塞就提出了人生来就有接受各种感觉的能力，并且可以认识和组合这些感觉，这显然受到了洛克的感觉经验论影响。约翰·洛克（1632—1704）是英国著名经验主义思想家、心理学家和政治学家，其"感觉论"对后世有着深远的影响。在洛克之前笛卡儿曾提出"天赋人权"学说，认为人的知识是天赋的，先天固有的。而洛克却批判了"天赋人权"论，主张唯物主义的感觉论，提出了截然不同的观点。他强调一切知识和观念都是从后天的经验中获得的，都是事物作用于人们感官的结果，洛克的感觉经验论在当时反唯心主义斗争中曾起过积极作用，但低估了理性认识的价值和意义。他认为感觉经验有两种，一种是客观的物质世界作用于人的感官的结果，称之为外部经验，这是唯物主义的。此外，他还提出另一种靠"内省"获得的内部经验，是不依赖于外部经验独立的知识来源。例如，他认为"共相"纯粹是理智的发明和创造，这又是唯心主义的。因此，洛克在认识来源问题上是二元论者。最后，洛克把事物分为"第一性的质"和"第二性的质"。前者是物体的广延（占有空间）、形状、运动等性质，这是物体本身所固有的，对它的认识是有客观基础的；后者是颜色、声音、气味等性质，不是事物本身固有的，而是属于人的主观感觉，并不反映事物的客观性质。由于他把事物性质和事物本身分割开来，认为人们只能认识事物的性质，而实体本身是不能认识的，洛克的唯心主义成分为后来的主观唯心主义者贝克莱和不可知主义者休谟所利用。

（二）伏尔泰的理性主义

伏尔泰早期的自由平等观念对法国大革命产生了巨大的影响，《人权宣言》就是伏尔泰社会政治观的真实体现。孔多塞在此观念影响下，投身于领导人民同封建专制和教权主义的斗争中，并为自身解放和国家发展而努力奋斗。在18世纪法国文坛上，伏尔泰（1694—1778）是一位极有声望的小说家、戏剧家和诗人，同时又是杰出的哲学家。法国著名传记作家安德烈·莫洛亚说："正如17世纪是路易十四的世纪一样，18世纪是伏尔泰的世纪。"维克多·雨果在纪念伏尔泰逝世100周年时说，"只要提到伏尔泰，就等于概括了整个18世纪的特点"①。就其社会影响而言，他是法国启蒙运动的领袖和导师，堪称当时欧洲思想界的泰斗，其理性之光闪耀至今。

伏尔泰极度推崇理性主义，他要求"把理性当作一切现存事物的唯一裁判者"，让"理性之光"清除人们心中腐朽落后的陈旧观念，并且彻底摧毁专制统治和宗教神学制度。伏尔泰信奉洛克的唯物主义经验论，认为感觉和经验是认识的唯一来源，但是超越感觉和经验实证之外的都是空想。他提出"要考察、称量、计算和测量，不要猜测"的实证哲学。他揭露宗教的本质就是欺骗，宗教带给人们的是蒙昧和无知，揭露教会的罪恶并提出"上帝属性不可知"、"否定灵魂不死说"的观点。此外，伏尔泰还积极参加反对宗教教会的斗争。伏尔泰指出"人性最大的天赋叫自由"，他继承了格劳秀斯、斯宾诺莎、霍布斯、洛克及卢梭等自然法理论倡导者的观点，强调自由是人的自然权利，"成为自由的人，在自己周围只有平等的人——这就是人的真正生活、自然的生活；任何其他的生活，都是卑鄙的阴谋诡计、拙劣的滑稽戏，其中一个

---

① 刘绍学：《理性之剑——重读伏尔泰》，四川人民出版社1997年版，第1页。

人扮演老爷的角色，另一个人扮演奴隶的角色……"① 自由不能被侵犯，自由仅服从符合"自然权利"的法律，"一个国家的强大必须使人们享有建立在法律基础上的自由"。伏尔泰认为自由的实质就是意志的自由，也就是说，拥有能够跟随自己的意志去做事情的权利。除此之外，伏尔泰还谈论到人们理应享有的各种自由权利，如人身自由、言论自由、出版自由、信仰自由、商业自由等。伏尔泰的自由观启发了民众的觉悟，成为当时反对封建制度的有力武器。伏尔泰在理论上强调人身平等、公民权利平等和法律面前平等。倡导人是生而平等的，并在人身平等观念的引导下，进一步提出公民权利平等。伏尔泰提出所有人享有同等的公民权利即人在法律面前是平等的。伏尔泰还猛烈抨击了封建制度下社会的不平等，指出"我们绝不要知道贵族与平民之间令人生厌和耻辱的差别。难道穷人生下来背上就驮着马鞍，而贵族生下来腿上就带着踢马刺吗"？② 但在现实性上，伏尔泰认为不可能实现一切事实的平等，特别是经济的平等。伏尔泰认为人喜爱财富、统治和欢乐的天性使他们不能平等相处，社会分工及个人能力的不同使物质财富不能为人们平等地享有，也造成了事实上财产的不平等。因此伏尔泰主张的平等观是政治权利平等和社会的平等，反对经济上的平等，充满了资产阶级的色彩。

（三）卢梭的天赋人权说

前文介绍了卢梭"归于自然"的德育思想，他的天赋人权说对那个时代，包括孔多塞的公民教育思想也产生了直接而深刻的影响。卢梭"天赋人权"、"主权在民"的思想有力地推进了法国大革命的进程，在思想文化界产生了广泛的影响，具有划时代的教育意义。卢梭控诉封建等级制度，指出人生来是自由的，但是现在却戴着镣铐。在卢梭之前，自然法学派就认为人生来就有诸多的权利，所谓自然法就是这些权利的表现形式。而卢梭在此基础上提出了自己更深刻的理解，认为自然人就是听从内心正确的指引，人的本性就是处于自然人状态下最自然的表达。在卢梭看来，在这种自然的状态下，任何人都不能凌驾于其他人之上，人生来就拥有的自由和平等的权利是天赋的。路易十六曾提出过"朕即国家"的谬论，卢梭面对这种谬论给予激进的回复，国王不是主人而应该是人民的仆人，人民可以按照自由的意愿处置国王。这既体现出卢梭对封建等级制度的反对，也体现其对民意和公民权利的坚决维护。卢梭认为是

---

① ［苏］沃尔金：《十八世纪法国社会思想的发展》，商务印书馆1983年版，第25页。

② 刘绍学：《理性之剑——重读伏尔泰》，四川人民出版社1997年版，第114页。

否维护了人的自由和平等的天赋权利才是道德的评价标准,并提出:"放弃自己的自由,就是放弃自己做人的资格,放弃人的权利甚至是放弃自己的义务。一个人放弃了一切是不可能有任何其他的东西做补偿的。这样一种放弃与人的本性不相容;使自己的意志失去全部道德价值。"① "天赋人权"的自由和平等也是有限制的,人们毕竟还处在社会和国家这一枷锁之中。因此要团结公民制定出符合全体意志的公约,这就是社会契约。卢梭的社会契约并不是在上者和在下者的约定,也不是一种在上者享有权利在下者履行义务的约定,而是所有公民之间的一种平等的权利义务约定,公民将权利让渡给社会的同时也将从社会中享有各种权利。天赋人权是社会契约的前提,两者都构成了卢梭启蒙思想的核心内容。同时,公民拥有主权,国家仅按公民的意志行使权力;若契约被破坏,公民作为国家的立法者有权利恢复最初的自由。卢梭为了阻止行政权干预公民的意志,要求定期召开国民公会监督。如果公民的意志被侵犯,公民就可以用武力夺回自己的权利和自由。从这个角度看,卢梭试图通过更加民主的途径来维护公民的共同意志,建立民主共和国以发挥契约精神的作用,在思想上把公民从封建桎梏中解放出来。

(四)拉夏洛泰的国家主义

拉夏洛泰是法国大革命时期著名的教育理论家、法官,出身于贵族家庭。1752年拉夏洛泰在布列塔尼高等法院任总检察长职务。1761年和1762年,他连续两年给高等法院草拟《关于〈耶稣会规程〉的报告》,抨击了耶稣会和宗教对法国社会与教育的消极影响。1763年,其著作《论国民教育》一书出版,在这本书中,拉夏洛泰从知识的重要性、教育对人发展的积极作用、国家教育的培养目标和国家主义教育理论等方面阐述了自己的教育思想。

拉夏洛泰非常重视知识的价值,认为蒙昧无知是人类的灾难,人类可以在知识的指引下实现自己的目标。他同样强调知识对人的价值和意义,一个人如果没有知识和才干,将成为迷信的、残忍的或者懦弱的人;一个人如果拥有了知识便拥有了快乐和幸福。拉夏洛泰肯定教育对人的积极影响,"教育总会增强良好的品性,正像耕耘使土壤肥沃一样"。

拉夏洛泰的国家主义教育目标是培养能适应民族发展的国家公民。为公民提供的教育必须是将来职业需要的知识,在学习这些职业知识后,公民知道如何实现自我并且自信地走入社会。如受过职业教育的贵族知道如何使手中的财富增值,有战争使命的公民将会把军人视为自己的职业,在职业教育的指引下

---

① [法]让·雅克·卢梭:《社会契约论》,商务印书馆1980年版,第16页。

改变散漫和放浪的恶习,学习作战计划和军事防卫知识;政府人员则会在职业教育中获得更多的推理和判断等工作能力。除了对公民进行职业教育来适应民族的发展,拉夏洛泰更谈到了女性教育问题,认为女性只有接受教育才能更好地教育孩子,当女性的头脑得到了更多的训练,她们能变得更加亲切而且知道如何担任自己的社会角色。总之,其国家主义的教育目标就是培养不同职业的公民,在社会中实现个人价值。教育要为国家服务,拉夏洛泰提出了国家是教育的主体力量,教育制度是整个国家的内核,教育应该获得国家法律的支持并由开明的官员进行管理,而不是由耶稣垄断。要想教育好下一代,必需脱离教会的控制,他强调儿童应由国家来培育,不应受教会的控制。

在国家主义教育内容方面,拉夏洛泰主张对学生进行科学知识的传授,反对以拉丁文为主的传统教学。他将国家主义的教学分为三个年龄阶段,第一阶段(5~10岁),儿童依靠感觉器官去感受和学会阅读、绘画和书写,并在这个过程中获得一些较简单的基础知识和计算测量方法。第二阶段(10~16岁),要学习历史、地理、天文等,同时也学习农业、工业、解剖学等其他学科知识,特别强调儿童对本族语言的学习和掌握。第三阶段(16岁后),强调让学生去实践,将所学知识在各行各业中得以检验。拉夏洛泰除了重视教育内容,也对教科书的编写和教师职业技能的培训十分关注。他认为有了专业的教科书和职业教师队伍,教育才能发挥其应有的社会功能。拉夏洛泰的国家主义教育思想包括国家教育的主体、目标、内容等方面,为孔多塞公民教育计划纲要的制订提供了理论基础和实践方案。

第二节 孔多塞公民教育思想概述

法国大革命时期,废除旧的教会制度、创建新的资产阶级教育体制是当时新生政权的迫切任务。孔多塞公民教育思想就在资产阶级革命和启蒙运动中孕育,在宪法草案和《公民教育计划纲要》中生根发芽。孔多塞认为公民教育关系着法国大革命的前途,主张通过公民教育提高公民意识、促进国家的发展。虽然他的公民教育思想是基于维护资产阶级政权提出的,但是孔多塞指出应不断提高公民认识、开启心智,增强公民的思想觉悟进而使其更有能力完成自己的社会责任,最大限度地祛除民众疾苦,增加个人幸福,实现全社会的共同进步和繁荣。

一、公民教育的目标

（一）培育独立人格和自主意识的公民

公民意识是对公民个人身份和角色的认识，直接影响着公民的行为。公民意识在 18 世纪的法国主要是指公民的自由意识、平等意识、公共精神、独立人格、理性意识等。培养具有独立人格和自主意识的公民有利于发扬政治民主精神，建构法治秩序，促进民主共和的实现与宪法的实施。

孔多塞认为要摆脱蒙昧思想，就要使公民获得启蒙知识，具有独立人格和自主意识。他指出："如果一个公民要能够履行对自己和对同伴的义务而不是奴隶般地依附于比自己知识较多的人，那么，他就必须具备每个公民必须具备的最低限度的知识。在这方面的机会均等是真正的平等。"① 其中，最低限度的知识就是公民的独立意识。孔多塞提出公民教育最直接的目标在于"为全人类提供满足自己需要的方式，保证他们的福利，认识与利用自己的权利，理解并完成自己的责任"。② 即公民教育的目的应该使公民具有权利意识和义务意识，其中，权利意识包括公众的参与和监督意识，义务意识包括法律和责任意识。

（二）培养充满才智且服务社会的公民

孔多塞认为公民教育应该包含尽可能多的内容，进而培养出具有各种各样天赋才能的公民。首先，为了满足一切公民为其"独立"所需，对公民进行最低限度的知识教育，这里主要包括启蒙思想教育、权利义务教育、共和观念教育和宪法法制教育等；其次，为了保障公民职业的顺利，进行职业技术教育，比如农业技术、手工业技术、军事艺术、机械艺术和初等医学等；最后，为了充分发展公民天赋，进行必需的普通教育，要求开设读写技能的课程以培养儿童的阅读和写作能力，开设关于算术四则的课程以教授儿童基础的数学运算知识，开设文法基础课程以使学生了解法律知识、生活习惯及道德准则。通过教学的改进，激发每个人的勤奋精神，增加全体公民的快乐和福祉，增长他们的才智，使更多的人能够为社会做出有益的贡献。③ 也就是说，公民拥有智

---

① ［英］博伊德·金：《西方教育史》，人民教育出版社 1985 年版，第 311 页。
② Fontainerie, *French Liberalism and Education in the Eighteenth Century*, McGraw Hill Book Company, 1932, p. 323.
③ 参见 ［美］约翰·S. 布鲁巴克：《教育问题史》，山东教育出版社 2012 年版，第 15 页。

慧和才能，才能更好地服务社会，做出奉献。像任何其他社会机构目标一样，教育的目的"是培养每一代人，使他们在身体、智力、道德等方面得到发展，为人类普遍而渐进的改善做出贡献"。①

（三）实现公民的自我完善

孔多塞在《公民教育计划纲要》中谈到，人类的自我完善和超越有赖于教育。"教育是保证使每个人完善他们的能力，为社会贡献自己的力量，使自然赋予每个人的天才都充分的发展"。孔多塞说："指导公民教学要本着这样一种态度：所有行业的不断完善将使大多数公民更愉快，并增进献身于这些行业的人们的福利；不断增加的知识是满足我们的需要、弥补我们的不足、增进个人幸福和普遍繁荣的取之不尽的源泉。"② 孔多塞认为公民能从教育中获得快乐，公民教育具有挖掘人的潜力、培育人的能力、增强人的理性、增加知识、促进个人幸福和自我完善等作用。

（四）促进国家发展和社会进步

孔多塞在《人类精神进步史表纲要》中将人类进步划分为十个历史阶段，认为理性是社会进步的主要动力，而为了发展人的理性就需要公民教育。孔多塞提出"只有各阶层的人们不会因缺乏必要的知识和理性而落后于其他人们，革命变革所取得的进步才能得以维持和发展"③，公民教育是推动社会进步的重要力量。他指出"向人类的所有个人提供为满足其需求、确保其福利、了解和行使其权利、懂得和履行其职责的手段；保证每个人有条件完善其技艺，使他们能够胜任他有权承担的社会功能，充分地施展大自然赋予他的所有才能，从而在所有公民中建立起事实上的平等，实现法律所承认的政治平等。"④ 他认为公民教育不仅是推动社会政治平等的重要杠杆，更能实现经济上的平等，"如果教育更平等的话，它就会在勤奋中、也就由此而在财产中产生一种更大的平等"。⑤ 公民教育促使公民参与社会决策管理，实现政治和经济平等，促进社会进步和国家发展。

---

① 转引［美］约翰·S. 布鲁巴克：《教育问题史》，山东教育出版社 2012 年版，第 15 页。

② F. Dela Fontainerie, *French Liberalism and Education in the Eighteenth Century*, McGraw Hill Book Company, 1932, p. 232.

③ ［英］博伊德·金：《西方教育史》，人民教育出版社 1985 年版，第 311 页。

④ F. Dela Fontainerie, *French Liberalism and Education in the Eighteenth Century*, McGraw Hill Book Company, 1932, p. 232.

⑤ ［法］孔多塞：《人类精神进步史表纲要》，三联书店 1998 年版，第 186 页。

二、公民教育的原则

（一）赋予公民选择判断权利

法国大革命之前的教育被教会控制，公民没有任何选择权，孔多塞强调公民教育要保持自由，赋予公民更多选择和判断的权利，并做了一系列的努力。他提出公民教育要另设一个自治的教学团体，自主地决定并促使共和观念的宣传与教育，不受党派的干涉影响，国家则负责公民政策的支持，比如实施免费的公民教育，资助家庭贫穷的公民，使人人都享有受教育的机会等。孔多塞主张打破国家对公民教育的垄断，发挥社会机构和家庭的教育作用，引入竞争激励机制来提高公民教育的质量。他还主张为犹太人、黑人、妇女争取各项自由权利，通过制宪会议制定法律承认犹太人的法国公民权，1789年2月孔多塞发表了《就反对奴役黑人奴隶制致选举团书》，要求禁止贩卖黑人并逐步采取措施完全废除黑人奴隶制。1788年，在孔多塞《关于接受妇女公民权》的文章中，他为妇女争取选举权同反对派进行了艰苦的斗争。孔多塞认为妇女有资格占据王位、有资格摄政，而她们却无资格投票是有悖常理的，那些由于妇女怀孕或身体不适、政治意识差、要操劳家务、判断事务能力低等原因就剥夺妇女的选举权的人在法律上是站不住脚的。孔多塞的政策主张强调给公民更多的自由权利，这样才能摆脱教会和封建统治的操控，逐步完善人的发展。

（二）充分发扬政治民主精神

孔多塞在革命早期是认可君主立宪派的，"在一个仅仅经历过君主制的古老而伟大的国家里，起草一部保障公民权利而又不取消王政的宪法是明智的"。但是随着革命情绪的高涨，孔多塞的民主意识提高了，进而提出"没有任何合适或出于政治利益的理由可以回答下列问题：《人权宣言》宣告公民平等，却还存在一个国王，这两者如何相容？怎么能宣称全部最高权力来自人民却又将行政权交给一个世袭君主呢"？[①] 孔多塞对民主的宣扬和坚持比同时代的启蒙思想家都更为坚决，提出要实现公民之间的平等、保障人的权利、促进

---

① [法] 伊丽莎白·巴丹特尔、罗贝尔·巴丹特尔：《孔多塞传》，商务印书馆1995年版，第211页。

民主意识的觉醒，就是要废除君主专制制度，发扬政治民主精神，实现民主共和。因此，在吉伦特派当权时期，孔多塞在其负责起草的宪法中，以 1792 年草拟的《人权宣言》作为序言。这部宪法是孔多塞共和思想的集中体现。在宪法中，孔多塞反对孟德斯鸠三权分立学说，对英国的政治体制提出批评，也不赞同卢梭的直接民主，而是主张建立单一的立法机构。孔多塞强调民众的政治参与，主张给予民众在宪法和法律变更上的复决权，以此实现人民主权与代议制的结合，为政治民主精神的发扬提供了条件和保障。

（三）公民平等享有受教育权

孔多塞提出"教育能达到的平等，就是排除了一切依附或强制的自愿的教育。教育是普遍的，应涉及所有的公民。它应该在不同层次中包含人类知识的完整性，保证人在生命的各个年龄阶段容易积累他们的知识或获取新的知识"。① 孔多塞的平等原则体现在公民应该享有的权利都是平等的。其一，公民不分种族和阶级应享有同等的受教育权。他认为黑人奴隶和贵族应享有同等的权利，"如果说我们只有付出这种代价才能吃到糖的话，我们就必须做到不再吃这种被我们兄弟的鲜血污染的食品"②，他主张废除黑人奴隶制后，要在教育上给黑人同等的地位，用理性和科学启迪他们的智慧。其二，女性和男性应享有同等的政治权利。1787 年，孔多塞在《纽黑兰一个资产阶级给弗吉尼亚公民的信》中首次对女性权利问题进行了思考，他提出在家庭关系中男女的地位应该是平等的。1790 年在《关于接受妇女公民权》一文中，他深刻表达了自己对女性脱离家务，参加政治选举的要求，他指出有教养的男性不应该在法律上剥夺女性应有的选举权和被选举权，否则就是置早期的启蒙思想于不顾，"心安理得地剥夺一半人类参与立法的权利，他们这样做不是就违背了权利平等原则吗"？③ 他同时认为男女之间的巨大差异是教育的结果，主张女性与男性有平等的受教育权。

---

① ［法］克罗德·尼古拉：《1789 年的精神和人权》，商务印书馆 1995 年版，第 138 页。

② ［法］伊丽莎白·巴丹特尔、罗贝尔·巴丹特尔：《孔多塞传》，商务印书馆 1995 年版，第 110 页。

③ ［法］伊丽莎白·巴丹特尔、罗贝尔·巴丹特尔：《孔多塞传》，商务印书馆 1995 年版，第 192 页。

三、公民教育的内容

（一）爱国主义教育

爱国主义与法国大革命的历史背景是紧密相连的。孔多塞认为在封建等级制度下，公民的生命没有保障、生活没有依靠、更没有自由平等的公民权利，国家对于公民来说毫无存在感。因此，孔多塞主张建立一个对外不受他国压迫，对内拥有宪法、自由、理想和幸福的共和政体。在孔多塞看来，要使公民热爱国家，必须使公民在国家的背景下自由地行使权利和履行义务，把个人生活与国家命运紧密地结合起来。当公民能够在社会政治文化环境中感受到国家存在的重大价值，就会对自己的国家充满热爱与眷恋，就会为国家奉献自己并且从中获得归属感和自豪感。孔多塞强调，对国家的爱是公民应该具备的良好品质。爱国主义教育要从小进行，在不同的年龄选取适当的教育内容和形式，比如孩子在十岁时就要知道国家的省份和城市情况，十三岁时就要知道法国的历史概况，十五岁就要通晓《人权宣言》及国家的法律。可以通过节日、社会庆典的形式营造良好的社会氛围，激发公民对国家的崇拜和热爱，把爱国主义教育渗透到歌曲、书刊、舞蹈和戏曲中，将博物馆、档案馆、艺术馆和美术馆作为爱国主义教育的主阵地，免费向公民开放。总之，孔多塞的爱国主义教育既有理论又不乏实践，有力地推动了法国大革命的进程，也使公民对国家的爱越发浓烈和真挚。

（二）权利义务教育

孔多塞非常重视对公民进行权利义务教育，主要体现在他负责的《宪法草案》中。《宪法草案》共包括33条"人权宣言"和370条宪法正文。除了1789年《人权宣言》中强调的公民自由，平等的财产权、人身权之外，孔多塞《宪法草案》在公民权利方面走得更远。

《宪法草案》第1条规定公民有反抗压迫的权利，但在第32条也强调了反抗压迫必须采取宪法规定的合理手段。第23条对公民的平等权有了更具体的说明：规定公民都有平等的受教育权，特别是平等的获取知识的权利；公民个人有向社会求助的权利，同时社会有向公民提供救助的义务。第26条和27条规定每个公民享有国家的主权，"主权是统一的，不可分割、不受时效约束和不可让渡,它在本质上存在于全体国民之中"①。为了政治上更多的赋权,孔多塞在《宪法草案》中强调公民有在基层大会上表达意愿的权利,提出所有年满21岁的法国人甚至在法国居住满一年的外国人均可参加基层选举大会。此外,孔多塞还另外成立了由投票选举产生的代表所组成的公民陪审团,用于监督各部长在行使权力时是否有渎职等问题。除了赋予公民各项权利,孔多塞认为遵守宪法规定的义务也是十分必要的。

(三) 共和观念教育

为了启发公民的智慧,孔多塞主张以专门学校涵盖所有学科教育,同时带动公民学习启蒙运动中孟德斯鸠、伏尔泰、卢梭、狄德罗等人的思想和观点,尤其重视共和观念的传播与教育。孔多塞翻译了迪·夏特莱抨击国王的相关论述,反衬出他对旧的封建等级制度的极端厌恶以及对共和思想的坚守。"没有国王比有国王好。他退位了,他抛弃了自己的岗位……一个人不忠于职守,不信守誓言,暗中策划出逃,把一个法国国王化妆成佣人,国家不能信任这种人……在一个政府里,一个职位既不要求经验也不要求能力,一个职位从其设置时就可以随便被抛弃;一个职位可以像任用明智的人一样让笨伯、疯子、坏蛋去占据,这算什么呢?"② 1791年7月初,孔多塞与他的友人佩因、夏特莱共创《共和报》,以宣扬政治民主的共和精神。"一个共和派的协会决定以活页的形式发表文章,报名为《共和报》。其目的是从思想上澄清因为人们不知道而加以诽谤的共和主义……"③ 1791年7月8日,孔多塞在社会联合人士会议中发表了一篇《论共和制,或一个国王对建立自由是否必要》的讲话稿,深入阐述共和观念,他认为如果国家有了公正的宪法,那么法官和法律便可以保障公民的权利和自由,自由是属于共和的。这篇演讲孔多塞不到半个小时便读完了,尽管他的演讲能力不够突出,但他呼唤理性和自由,强烈驳斥"没有国王便没有自由"的谬论,受到很多人的关注。

(四) 宪法法制教育

法国大革命的领导者深受启蒙思想影响,在革命过程中除了要求弘扬天赋人权、自然法等理论之外,还要求制定宪法。孔多塞认为,如果没有法律的保

---

① 吴绪、杨人楩:《十八世纪末法国资产阶级革命》,商务印书馆1962年版,第107页。

② [法]伊丽莎白·巴丹特尔、罗贝尔·巴丹特尔:《孔多塞传》,商务印书馆1995年版,第213页。

③ [法]伊丽莎白·巴丹特尔、罗贝尔·巴丹特尔:《孔多塞传》,商务印书馆1995年版,第216页。

障，自由、平等、人权就不可能实现，1792年10月，孔多塞向国民议会递交了报告，呼吁制定一部共和宪法，这部宪法将完全建立在理性和公正的基础之上，确保公民完全享有他们的权利，即后来的"吉伦特派"宪法草案。他指出："宪法则全赖你们的竭力维护，有时甚至要为此献出自己的生命。这一信仰的形成应当有赖于理性作为基础。你们早期形成的这一信仰将使你们更好地认识永恒的真理。"① 在孔多塞看来，对公民进行宪法和法制教育，能祛除蒙昧、启迪心灵，培养其对宪法和法制的热爱与忠诚，使其最终成为资产阶级共和国合格的公民。

四、公民教育的实现途径

个人的成长经历使孔多塞深感家庭熏陶在公民教育中的基础性作用，公民教育的实现途径不仅展现在他的思想中，更体现在他的行动中。演说宣传和著书立说是大革命前期传播其思想的重要途径，政治参与是孔多塞公民教育实践的重要形式，课程教学是孔多塞开展公民教育的主渠道和主阵地。

（一）演说宣传

孔多塞生性比较腼腆，演讲才能不是特别出众，但是其一生也致力于演讲以宣扬公民教育思想的精髓。1771年，孔多塞在高等法院外发表演说控诉高等法院的专制，反对高等法院以各种形式压迫公民，指出"像我和伏尔泰这样的外省人都知道高等法院的裁判对人民造成了多大的损失。他们放纵下属抢劫而毫不惩处，而对于王公显贵的办事人又是卑鄙地献殷勤"。② 1774年，孔多塞发表《论帕斯卡尔思想》一文，抨击奴隶制度。1781年，孔多塞发表《致黑人奴隶的诗体献词》的演说，控诉奴隶制度是一种罪恶，应分步骤取消，在取消奴隶制度之后，要唤醒奴隶基于理性的公民和道德观念，再制定法律，使他们在法律的框架下获得真正意义上的自由。1782年，孔多塞入选法兰西学院，在公开会议上发表了接受入选的演说，谈到了科学和哲学的关系。这篇演说的实质是将科学应用于人本身，直接目的就是实现人的幸福，可以说孔多塞借助科学方法来研究政治和社会现象，可惜的是大部分听众不能领会这

---

① H. C. Barnard, *Education and the French Revolution*, Cambridge University Press, 1969, p. 326.

② [法]伊丽莎白·巴丹特尔、罗贝尔·巴丹特尔：《孔多塞传》，商务印书馆1995年版，第43页。

篇政治演说的重大意义。1789 年，孔多塞对社会联谊会做了题为《论共和制度，或一个国王对建立自由是否必要》的演讲，宣扬自由、理性和共和制度。孔多塞通过发表演说抨击旧制度的腐朽，传播自由、平等、理性、民主等启蒙思想，是驱除蒙昧和启迪民智的有效途径。

（二）著书立说

为了实现公民教育世俗化，1772 年到 1774 年，孔多塞通过大量著述揭露教会对公民和教徒的残暴行径。如在《一个神学家致三百年词典作者书》中，他借一个虚构的、假装维护宗教的神学家之口对教徒们进行了最尖锐的批判。为了反对劳役，唤醒公民的权利意识，孔多塞于 1775 年 11 月匿名发表了《关于劳役的思考》，这是一篇反对特权阶层的文章，号召人民努力回想："在轻浮充斥的城市里，有些很重要的人物，他们竟敢希望你们继续注定白白地干 15 天活……而他们仅从其剩余财富中缴出一点税金……你们要记住，他们只是为自己的利益而喊叫，因此你们再也不要当傻子了，以为他们曾经为你们的利益着想过。"① 1781 年，孔多塞发表了为新教徒辩护的文章。为了谴责法国死刑制度，1785 年孔多塞发表《简论分析从众多意见中做出决断的概率的应用》，书中提出任何由于立法者的意志造成的错判都是真正的不公正。1787 年，孔多塞在《纽黑兰一个资产阶级给弗吉尼亚公民的信》中首次庄严地承认了妇女的各项权利，如给予妇女平等选举权和被选举权、担任公职的权利、接受教育的权利等等。1788 年 5 月到 6 月，他写了本小册子《一个美国公民就当前形势给一个法国人的信》，主张召开三级会议、实现三权分立。其代表作《人类精神进步史表纲要》，更是强调由于实行专制和特权制度以及公民的愚昧和无知，必须对公民开展教育，使公民获得理性实现个人和国家的共同发展。

（三）政治参与

在孔多塞看来，理性与正义是相互连接的，科学与政治是密不可分的，自 1772 年接替科学院秘书的职位开始，孔多塞就积极投身于政治运动。在 1773 年到 1790 年，孔多塞共写了 61 篇政治颂词。政治颂词是对法国政治界杰出人士死后的评价和赞美，为了竞争法兰西学院的年度奖，孔多塞撰写的关于掌玺大臣米歇尔的颂词获得了一致好评。1771 年，面对高等法院的专制，孔多塞与伏尔泰参与到控诉高等法院残酷司法的斗争中，提出作为被告的公民应该和

---

① ［法］伊丽莎白·巴丹特尔、罗贝尔·巴丹特尔：《孔多塞传》，商务印书馆 1995 年版，第 84 页。

法官享有平等的权利。1776年，孔多塞建议由巴黎的科学院负责指导和协调整个法国的科学研究，并提出科学改革要在民主共和制政府的保护下才能顺利完成。与此同时，孔多塞加入拉朗德建立的共济会支部，在这个由哲学家、学者和艺术家组成的百科全书派的支部里，孔多塞建议支部传播启蒙思想、建立法国的新秩序。1777年，孔多塞与友人达朗贝尔共同编著《百科全书》增补卷的数学部分，其中也传达了他的政治思想。但是孔多塞过分关注社会政治现象，1785年他提出了广为流传的观点"社会生活应当建立在合理实施投票权之上"，即"孔多塞悖论"。1787年5月，在国家面临危难之际，孔多塞提出了两个改革目标——修改《1670年刑法典》以及赋予新教徒公民权。1788年，孔多塞参加"宪法俱乐部"，专注于宪法改革事宜，创办"1789年协会"，其目的是研究和传播自由、民主的宪法原则。1789年9月，当巴黎开始举行选举之时，孔多塞参加了国民自卫军并且负责组织工作。他为犹太人争取权利，强烈要求国民议会通过立法赋予犹太人以公民权。孔多塞并不是空想家，他在进行公民教育思想宣传的同时，投身政治运动的实践，为公民教育的实现创造了良好的政治条件和保障。

（四）课程教学

孔多塞重视学校教育，主张发挥课程教学在公民教育中的关键作用。孔多塞在《公民教育计划纲要》中用了大量的篇幅介绍学校课程教学的机构设置、各级公民学校的设立、培养任务以及课程教学的具体情况。在机构设置上，孔多塞设计了小学、中学、学院到全国科学艺术协会四类递进的学校公民教育机构，每个下级机构要接受上级机构的领导与监督，全国科学艺术协会对各级学校教育机构实行统一的领导和管理。其中，小学为6~10岁的儿童而设，中学为10~18岁的少年设立，学院相当于大学教育的水平，而"全国科学艺术协会"仅有一所，是公民教育的最高管理和培训机构。孔多塞对各级学校的培养任务和具体课程教学做了安排：小学必须了解公民应具备的道德规范和生活准则，传授学生法律常识；中学注重培养学生各方面的兴趣爱好，促进学生的全面发展，传授宪法与《人权宣言》；学院负责培养科学、艺术等各门类的专业人才，教授各国语言和开展国际交流活动；而"全国科学艺术协会"侧重关注本民族的理性和进步问题，主要从事各学科专业性研究。

（五）家庭熏陶

孔多塞的母亲信奉宗教，而父亲及家族却主张宗教改革。在这样充满矛盾的家庭氛围影响下，造就了孔多塞内敛、自尊和独立的性格，也打开了他思维的桎梏。而孔多塞的妻子格鲁希，优雅并充满智慧，她反对宗教的哲学观点，与孔多塞思想保持一致，支持孔多塞参与政治实践，生活上更是对他百般照顾和关爱。孔多塞从小的生活环境与妻子格鲁希对他无私的关爱、帮助，让其感受到了家庭环境的熏陶在个人意识觉醒和公民教育方面产生的惊人影响力，因而非常重视家庭教育。在《公民教育计划纲要》中，孔多塞提到学校教育应与家庭教育相结合，发挥家庭氛围和家庭环境在孩子成长过程中的积极作用，认为家庭是公民教育的主场所，家长是孩子的启蒙教师，要教育孩子先公德后私德，先公益后私利，从小培养严谨、勇敢、无私、善良、忠诚、热爱公益、智慧的品格，对社会公共事业充满热情。

第三节　孔多塞公民教育思想的特点

孔多塞对社会历史发展的方向充满着信心，其公民教育思想以积极的"入世"态度，立足于社会政治发展大势，形成了相对完整的框架，数学家的学科背景使其具有严密的逻辑性，其公民教育思想具有相当鲜明的特点。

一、突出公民教育的社会性与实用性

孔多塞把对公民的启蒙思想教育作为改进社会和国家的必要手段，强调公民教育的社会功能。通过良好的思想启蒙和世俗化教育，赋予每个公民以最低限度的知识，推进社会的进步。孔多塞公民教育思想是以自由、平等的政治观与人类精神的进步观为基础，具有明显的政治导向性，公民教育服务于政治需要，目的是培养资产阶级共和制下的合格公民。此外，孔多塞要求在设定具体科目时要面向社会，通过教育增长实用知识技能，如听说读写能力、职业技能等。提高公民适应社会的能力，是孔多塞公民教育在社会层面的本质要求。在公民教育内容方面，孔多塞具有非古典主义和反对唯学术的倾向，他认为现代的自然科学有着培育公民智力和道德的价值。孔多塞是一位伟大的数学家，并且在巴黎的科学院担任秘书一职，他已然察觉到自然科学将替代古典学科，并将在法国公民教育历史上产生深远的影响。因此，孔多塞在选择公民教育内容时，将涉及的古典学科知识减少到最小，而大量设置数学、物理以及与本国相关的历史、语言和地理等学科知识，注重反映社会生产与科学发展，加强对公民的实用知识教育。

二、注重公民教育的统一性与权威性

孔多塞认为，面向全体公民，开展适合公民本性发展、促进社会进步的公民教育是国家义不容辞的职责和义务，国家必须担负公民教育的职责，其公民教育的实施体系包括小学、中学、学院、全国科学艺术协会四类国家公民教育机构，这四类机构在课程内容设置上相互衔接与补充，全国科学艺术协会是培养教师和领导的管理机构，这体现了公民教育的国家统一性。此外，孔多塞推崇由国家开办和管理教育。他认为教育总是以各种社会化、国家化的形式发展起来的，必须把过去属于教会管辖的教育集中到国家手上，并以不同的形式置于国家领导和管理之下，确立国家对公民教育的掌控，体现对公民教育应负的责任，建立国家公民教育行政机构，并使之具有权威性。

三、提倡公民教育的渗透性与融合性

孔多塞主张将公民教育融入演说宣传、著书立说、政治参与、课程教学、家庭熏陶中，潜移默化地影响公民，显示出公民教育途径和内容的渗透性和融合性，而这恰是其基于对教育复杂性、系统性的认识，符合教育规律的要求，也符合公民的认知规律。人是受多种外界因素影响的，也能从外界获取感知，首先，孔多塞在公民教育课程的设计中，主张将数学、哲学等学科思维和方法运用到政治社会教育中，主张学科之间相互融合和贯通，同时从宏观角度进行认知，促进人的全面发展和社会进步。其次，孔多塞积极参与政治实践，通过宪法、公民教育大纲的制定践行自己的公民教育思想，间接地通过政策法规将公民教育思想付诸实践，影响参与这个政策中的公民，并通过政策实施扩展到更多的人。最后，孔多塞设计的课堂教学，主张在传授职业技术教育、技能教育过程中同时传达民主、平等的内容，而不仅仅教授纯粹的知识，还要进行价值观方面的教育，将两者结合起来。

四、强调公民教育的世俗化与普及化

孔多塞认为公民教育应该为公民自身发展、现实生活和社会生产服务，他主张学校教育要排除宗教内容和教会的控制，国家公民教育体系中的学校教育应该世俗化。在课程设置上，孔多塞主张取消宗教内容，甚至将与古典学科相关的课程减到最少,而把物理、数学等自然科学以及本国的历史、地理、语言等放在突出的位置。孔多塞还提出,对公民道德观念和道德情操的训练和培养不能建立在宗教神学的基础上,而应以理性思维为主导。同时,他坚持平等的受教育权应面向所有公民,不能依据公民的贫富贵贱、社会地位高低及性别差异来影响接受教育的资格、水平和内容。就连高等学校也应面向每个天资聪颖的公民,而不以阶级阶层为限制。他还主张男女儿童、黑人和奴隶接受平等的公民教育,教育不仅普及不同性别和肤色,还延伸到不同的年龄阶段,如孔多塞主张继续教育思想,将教育的触角伸及各个年龄段的公民,触及社会的每个角落。总之,孔多塞强调国家应该为公民教育创造全面普及的机会,使所有种族和不同社会背景的公民能从中得到益处。

第四节　孔多塞公民教育思想的评价及启示

孔多塞公民教育思想内涵丰富且自成体系,无论是对法国大革命时期的宪法法案改革、启蒙思想的传播还是近代欧洲各国的教育改革都产生了一定的影响;与此同时,更要看到孔多塞公民教育思想过分突出政治忽视道德、权利与义务有失平衡,具有鲜明的阶级性,在某种程度上也具有空想性。

一、孔多塞公民教育思想的积极贡献

（一）创新了 1791 年宪法思想

1791 年 9 月,制宪议会在民主派的强烈要求下,制定了法国历史上第一部成文宪法。孔多塞公民教育思想中关于宪法的内容与 1791 年宪法相比,其创新之处主要体现在三个方面。第一,从宪法条文来看,孔多塞宪法思想更为翔实。1791 年宪法由序言、前言和 8 篇正文构成,而孔多塞宪法草案内容包括 370 条宪法正文和 33 条人权宣言,涉及的公民权利和内容极大拓宽且更为具体。第二,从公民选举制度视角分析,突破了对公民选举权的限制。1791 年宪法,首先赋予 25 岁以上的男性有公民选举权,又将男性所享有的财产作为衡量公民选举权的唯一标准。即男性缴纳够相当于 3 个工作日价值的税赋才是"积极公民",才有真正的公民选举权;否则是"消极公民"、不具备选举资格。孔多塞反对将公民分为"积极公民"和"消极公民",认为所有公民都有参与选举的权利,首度将女性的公民权利载入宪法。第三,在行政权设置

上，由普选代表替代了国王权力。1791年宪法的核心思想是君主立宪制和三权分立原则，国家立法权由国民议会行使，法院则享有司法独立权，国王享有最高行政权但需遵守宪法条文，在宪法的指导下治理和建设国家。而孔多塞却排除了国王独立的最高行政权，提出行政权力应该由公民普选出来的7名政府部长集体拥有。这些都打上了启蒙思想的烙印，为大革命的胜利提供了思想武器，为法国资产阶级政权的建立和民主制度的确立指明了前进方向。

（二）丰富了法国启蒙思想体系

孔多塞的公民教育思想进一步丰富了法国启蒙思想体系。其一，在卢梭天赋人权的基础上，孔多塞对男女平等权利呼声更为强烈，该思想实际是对天赋人权的深化，争取男女之间平等的权利，尽管在当时面临着很大阻力，但是此观念的提出具有历史进步意义。其二，孔多塞的公民教育是对洛克感觉经验论的继承和发展。孔多塞说："一个人生来就有可以接受各种感觉的能力"①，人是可以受外界教育和凭感觉获取外界知识的，并且人的认识和精神是不断变化发展的，所以才有教育的必要性。公民教育在宣扬民主、平等思想时也在宣扬启蒙思想。其三，孔多塞在《公民教育计划纲要》中对公民教育的设计凸显了教育的统一性和权威性，这是对拉夏洛泰思想的发展，两人都认识到教育是国家的大事，教育应该培养国家公民；但是拉夏洛泰仅仅强调国家主义，孔多塞则考虑首先应满足人生存发展的需要，提出要进行实用技能的教育，具有较强的现实性，是对拉夏洛泰国家主义教育思想的有益补充。总体而言，孔多塞的公民教育思想充分肯定人、尊重人，认为人是可以通过教育来改变的，并且认为男女都有平等受教育的权利，是对以往专制愚昧思想、宗教教育的反抗，丰富了法国的启蒙思想体系，为当时的革命运动提供了方向和指引。

（三）影响了法国近代教育改革

孔多塞尊重学生自由、平等、民主的意愿，提倡职业教育、普通技能教育、启蒙思想教育等，这些思想深刻影响了法国近代教育改革。此外，孔多塞提倡的世俗化教育和实用化教育与法国近代教育改革的理论基础实证主义和马克思主义不谋而合，对法国近代教育影响深远。实证主义是科学技术发展的结果，强调科学、颠覆神学；倡导人道、反对神道。马克思主义则是以历史唯物主义和辩证唯物主义来解释世界，宣称未来的人将从物质束缚中解放出来，成为自由全面发展的人。孔多塞的教育内容尊重人的权利，也充分希望发展人的个性和才能，使其通过教育确认自己存在的价值，找寻生存发展之道。法国近

---

① ［法］孔多塞：《人类精神进步史表纲要》，江苏教育出版社2006年版，第1页。

代教育改革立足点就是如何培养国家需要的良好公民，突出公民权利、政治参与、公民与国家的关系等，这些与孔多塞提出的权利教育、法治教育、爱国主义教育等在本质上具有相通性，方向上具有一致性，目标和途径上也具有相似性。

二、孔多塞公民教育思想的历史局限

（一）侧重体系设计，缺乏实际论证

孔多塞在《公民教育计划纲要》中，从宏观上将公民教育分为最低限度的知识教育、职业准备的技术教育、普通教育三个层次，实施体系包括小学、中学、学院到全国科学艺术协会四类国家公民教育机构，教育内容循序渐进，教育层次逐步提高，从教育内容、教育机构设计、教育者与教育对象、时间安排等方面都做了系统设计，考虑了教学循序渐进的特点，认识了教育与管理的辩证关系，也重视教师的作用，符合现代教育教学的基本规律，是立足国家全局高度做的整体规划。但是，其设计缺乏实际论证，操作性、针对性不强。因为公民教育不能简单地以整个教育阶段来划分，公民教育应当分类别实施，不同的公民、不同年龄段的公民应纳入不同的教育计划中；其对教育机构数量的规定也缺乏科学性，仅是根据人口数量来规划的，缺乏实际调查，教育资源的分配主观想象成分过多。

（二）重视政治教育，忽视道德教育

孔多塞宣扬的共和、权利、宪法、法治等观念都有强烈的政治色彩，侧重于政治教育内容，服务于政治目的，是对封建愚昧、专制等观念的颠覆，代表了其所在阶级的政治立场和政治利益，但是孔多塞对道德教育的阐述过少。道德是一个永恒的话题，在任何社会、任何人身上都需要讨论；道德关系到社会的基本伦理规范和准则，关乎人的品德心智。公民教育也是如此，不可回避道德教育这个重大问题。道德教育偏向于人的内在修养，政治教育偏向于人的外在拓展。孔多塞重视政治教育忽视道德教育，有急功近利的倾向，企图单纯依靠政治教育达到公民教育目的是超越现实的，理想化色彩过于浓厚，在一定程度上将影响公民教育的成效。

（三）突出权利权益，淡化责任义务

孔多塞在宪法草案中关于公民权利的论述较多，希冀赋予公民更多权利，与《人权宣言》强调的公民自由权、财产权具有一致性，其对公民权利的强调也是具体的、广泛的，规定了公民的受教育权，对公民遇到困难向社会求助的权利等也作了阐述，认为遵守宪法规定的义务也是必要的。这是对以往忽视人权的一种抗争，一种积极表达，有其必要性和合理性，但是纵观孔多塞的公民教育思想，其对公民的义务、责任、职责阐述相对较少。孔多塞将他所强调的公民权益列入了《公民教育计划纲要》中，主张男女之间的平等受教育权，让公民在受教育的过程中对国家产生认同感和归属感。权利与义务是相对应的范畴，有权利必然要求有义务，有义务也要求享有相应的权利。在强调公民权利的同时，不可忽略公民的义务。孔多塞规定了公民具有各种各样的权利，最后由谁来保障实施，怎样实施没有落实到具体的义务和责任主体上，要想真正落实则具有较大难度。

三、孔多塞公民教育思想的当代启示

孔多塞公民教育思想内涵丰富，强调公民的独立思维能力、注重开展法制和民主教育、主张通过公民教育完善自我并推进国家的发展，坚持在渗透和融合中开展公民教育等，这为我们提供了一种新的思路，具有积极的启示借鉴意义。

（一）方向上坚持实用导向，贴近公民生活

孔多塞公民教育思想，贴近公民生活、贴近社会，主张公民学习生存发展的技能，培养合格的公民，具有较强的实用性和针对性。其坚持实用导向启示我国公民教育应与文化教育相结合，将公民教育渗透于文化教育，提高知识含量，依托知识背景、典型案例，丰富素材开展教育，依据具体情况，尝试以事例、事理等方面进行说服教育。

公民教育要贴近公民的实际，无论是知识教育、技能教育、理论教育都应有利于增长人的才干、提升素质，服务于人的全面发展。每个公民都有自身生存发展的需要，都有自身的人格特点、成长的独特环境，公民教育应该根据教育对象的特点和所处的社会环境适时转化教育内容，让他们觉得教育内容对生活有用，使教育对象从心底里接受。公民教育是朝向社会、朝向大众的，不能闭门造车，也不能局限于小圈子，局限于所谓高端的学院式教育。社会生活是灵动多样的，单一的教育内容很难满足教育对象的需求，符合教育对象实际的公民教育才有生命力，才更能体现其价值。当然教育不是纯粹实用主义的，最根本的还是要开展理想信念教育，扭住人生观、价值观、世界观的"总开关"，善于将深奥的理论细节化、具体化、生活化、实用化，要在现实生活的基础上提升思想境界，真正实现理论与实践的有机统一。

坚持实用导向，贴近公民生活的渠道多样化，方式综合化，形成整体合力。比如我们的公民教育目标设计上要更多考虑公民的实际情况，制定可以实现的任务；内容上可以从职业教育、技能教育、通识教育等方面做相应的部署安排；方式上更注重互动教学，调动公民教育的积极性，更多依托社会大环境熏陶，包括文化长廊、社区公开栏等场所开展宣传；表达形式上可以借助新媒体，如微博、微信、互联网的力量，尽量使内容表达更易于大众接受，更贴近大众的情感、知识、兴趣需求。公民教育可以尝试定制个性化套餐，量身定做，针对不同群体、不同层次、不同教育水平、甚至不同个体的公民推出个性化的教育方案，体现出对教育精细化的追求。

（二）重心上培育自主精神，强化道德判断

孔多塞在其公民教育目标中提到要培育独立人格和自主意识的公民，在思想原则中，提到了自由原则即公民有选择和判断的权利。孔多塞提出公民教育要有一个自治的教学团体，男女都可以接受教育，主张培养公民的自主意识，强化道德判断等具有积极意义。

第一，顺应时代特点，讲究方式方法，注重疏通引导。当前社会处于一个信息化时代，人的个性得到张扬，个人获取信息的能力大大增强，信息的传播速度也非常快。社会文化交融、交锋、交流更加频繁，人的主体意识更强，知识面更广，人们既处在一个随波逐流的时代，也处在一个强调自我、彰显个性的年代。面对这样的社会，公民教育要顺应时代发展趋势和规律，把握时代脉动。在弘扬主旋律的同时大力培育公民的自主精神，给公民选择判断的权利。在公民教育中，要善于分析公民的个性特点，不搞一刀切；尊重公民的独立人格，讲究民主方法，讲究疏通引导，讲究分析说理；尊重公民的实际和需求，学会换位思考，不强加观点，更加注重价值引导和选择能力的培养。

第二，针对现实道德困境，从"心"启迪，着力培养公民的理性分析能力。当前社会出现少部分人的理想信念淡薄、思想道德滑坡等现象，一方面是受社会环境的影响，另一方面反映出公民道德判断能力不强。在复杂的社会环境面前，在是非曲直面前，有些人很难甚至不敢做出道德抉择，有回避也有害怕的心理，陷于道德无助的迷茫境地。道德判断的前提是道德分析能力，应引起足够的重视。培养公民的道德判断力需要传授基本的道德观念、行为准则、优秀传统文化，重心应该诉诸公民的内心，唤醒内心的良知，在社会实践中引导公民提升道德判断力，善于保护自己又善待他人。此外，还需要完善相关法律法规，对先进人物事迹加大宣传力度，营造积极向善的社会氛围。

（三）内容上重视法治教育，培养规则意识

孔多塞倡导对公民进行权利义务教育和宪法法制教育在当时具有重要意义，对当下也有启发价值。法律是最低限度的道德，具有约束、评价、指引等功能，法律规范着社会生活的诸多方面。任何人都需要在宪法和法律的框架内活动，否则必然会受到相应的制裁和惩戒。

重视法治教育，加强政策引导，这是公民规则意识培养的方向。党的十八届四中全会通过的《中共中央关于全面推进依法治国若干重大问题的决定》是指引我国法治建设的纲领性文件，该文件明确了我国法治建设的目标是建设中国特色社会主义法治体系，建设社会主义法治国家。这要求在中国共产党领导下贯彻中国特色社会主义法治理论，形成完备的法律规范体系、高效的法治实施体系、严密的法治监督体系、有力的法治保障体系，形成完善的党内法规体系，坚持依法治国、依法执政、依法行政，坚持法治国家、法治政府、法治社会一体建设，实现科学立法、严格执法、公正司法、全民守法，促进国家治理体系和治理能力现代化。该文件的制定不仅为我国开展法治教育提供了方向，而且推动我国朝着全面依法治国的轨道前进。

重视法治教育，突出宪法教育，这是公民规则意识培养的基础。宪法是我国的根本大法，在法律体系中处于统帅地位。不同于部门法调整和规范具体领域的法律规则，宪法是规范全体公民和全部社会领域的一部基础性的法律规则。正因为宪法的突出地位和重要价值，我国的公民教育理应突出宪法教育，把宪法规则和精神贯穿于国民教育的全过程。可以借助设立宪法日、宪法宣誓日、宪法活动周、宪法宣传栏等多种形式加大宣传力度，逐步树立宪法在公民心目中的崇高地位，使宪法成为公民基本的活动准则和行为规范。

重视法治教育，内化法律原则，这是公民规则意识培养的核心。目前我国学校道德教育内容比重较大，对法治教育重视不够，导致少部分大学生走入社会不懂得用法律维护自身的权益，甚至连我国的法律体系、基本的法治原则都不了解，更有甚者走上了违法犯罪的道路。因此，在重视道德教育的同时要增加法治教育比重。此外，法治教育的目的是培养公民的法律思维，使其能较好地应对各种涉法问题，将内化的法律精神外化为良好的行为表现。

重视法治教育，将法治教育的内容贯穿到国民教育体系中。这是公民规则意识培养的关键。具体表现在以下几个方面。第一，将普遍教育与重点教育相结合，讲究科学性。需要从个体着手，引导全体公民按规章制度办事。法治教育也要针对重点对象——党员干部开展教育。党员干部在社会中起着示范作用，他们的行为是社会的风向标。党员干部的法治教育要培养他们对权力、对

法律、对人民的敬畏意识以及为人民服务的宗旨意识，应该加大党员干部教育培训中法治教育的内容比重，推进党风廉政建设。第二，将家庭、学校、社会教育相结合，强化整体性。法治教育伴随着公民成长的全过程，离不开家庭的熏陶、学校的教育、社会的引导。在家庭教育中，家长要培养子女的规则意识，告诉他们什么是法律、道德允许的，什么是法律禁止和道德谴责的，即让公民从小掌握一套行为规则。在学校教育中，要善于借助社会的法治热点和违法犯罪案例进行法治教育，将我国的法律规范讲清楚讲透彻，使学生能够较全面地掌握基础的法律常识进而规范和指引具体的行为实践。在社会教育中，要加强公民的相互监督，相互评价。注意营造法治的社会大环境，形成一种守法光荣，违法可耻的社会氛围。第三，将法治教育与科学文化教育、职业技能教育结合，注重渗透性。在科学文化教育中可以普及相应的法律法规，将道德教育与法治教育结合起来。在职业技能教育中可以讲解与劳动者密切相关的《劳动合同法》、《劳动法》、《合同法》、《侵权责任法》等法律法规。总之，将法治教育内容贯穿到国民教育体系中是一项系统的工程，我们要讲究科学性、强化整体性、注重渗透性、赋予创造性，引导公民自觉遵守社会规则。

（四）途径上注重政治实践，增强政治自觉

孔多塞公民教育理论具有较强的政治实践特征。当前我国开展公民教育中，一方面应促进公民有序参与政治生活。我国是社会主义国家，人民是国家的主人，应当引导公民有序参与政治生活，合理表达诉求，提升公民信息收集能力，增强法律法规意识，以正确的方式表达诉求和愿望，主动与政府加强信息沟通、问题反馈，保持理性客观的态度和立场。

另一方面要有效保障和引导公民的政治活动。有效保障和引导公民政治实践也是培养合格公民的具体路径，实现公民政治自觉的过程。具体来说，其一，完善人民代表大会制度。人民代表大会制度是我国的根本政治制度，各级人大代表有广泛的群众基础，该制度设计保障了公民的政治参与权。公民可以将自己的意见、政策实施过程中存在的问题通过人民代表反映到中央高层。人大代表也要加强同人民群众的联系，改进服务方式，提高服务质量，为人民用权、为人民履职、为人民服务。其二，保障公民的选举权。公民的权利是广泛的，包括选举权与被选举权、监督权、控告权、建议权等。选举权是公民政治实践的重要形式，在选举过程中对候选人员的基本信息要公开透明，加大对选举程序、选举过程的监督力度。其三，引导公民参与国家的重大项目、重大课题、重大决策的调研。有效引导公民参与重大项目的调研也是公民政治实践的路径，在涉及民生民利项目时，注重收集公民意见，引导公民开展调查研究，鼓励公民参与分析论证，一方面可以保障重大建设项目能在广大群众的支持下推进，另一方面有利于汇集民智、凝聚民心，培养政治自觉的公民。其四，引导公民参与到司法实践中。比如法院实行的人民陪审员制度，在监督庭审、执行、促成和解发面发挥了重要作用。我国检察机关的人民监督员制度，对一些重大疑难复杂案件行使监督权，能够有效规范检察权的运行。总之，政治参与能有效保障公民的政治权利，为完善我国政治制度、保障人民当家作主做出有益的贡献。

第四章　孔德道德教育思想

奥古斯特·孔德（1798—1857年）是法国著名的社会学家、哲学家和思想家，实证主义和社会学的创始人，被称为"社会学之父"。孔德在继承欧洲历史上优秀道德教育思想的基础之上，开创了自己独具特色的道德教育思想，强调道德教育的社会价值，主张通过对大众进行普遍持续的道德教育，进一步推动整个社会秩序的重建。

第一节　孔德道德教育思想产生的背景及理论渊源

法国大革命后社会时局跌宕起伏，共和思想和自由主义思潮勃兴，孔德社会学思想逐渐形成和发展起来，其道德教育思想相伴而生，在人类思想史上留下了难以磨灭的印记。

一、孔德生平及著作

在法国大革命刚刚结束后的1798年1月，奥古斯特·孔德出生于法国南部蒙彼利埃的一个中级官吏家庭，家里有四个孩子，孔德是长子。孔德的父亲是一个税务官，母亲是流亡贵族的小姐，父母都是忠实的天主教信徒，热切地希望孔德日后也能成为忠诚的天主教徒。孔德从小便生活在这样一个宗教氛围浓厚的家庭中。

孔德接受过良好的教育，九岁以前，父母请来了老先生为其传授知识。九岁以后，他便进入当地的寄宿学校就读，在这七年间，孔德的拉丁文和数理科目表现杰出，他十分推崇数学老师翁孔特，甚至把他一生中最后的著作《主观的综合》献给了这位老师。1814年，十六岁的孔德踏进了竞争激烈的巴黎综合理工学院（École Polytechnique），这是一所著名的为国家培养军事技术工程和工业人才的理工科大学，汇集了众多名家名师。在校期间，孔德勤奋好学，受到了老师同学的关注；但孔德的思想受着矛盾的煎熬，他关心国家大事，对拿破仑的独裁专制非常不满，也反对路易十八封建王朝的复辟，寄希望于自由、共和、民主的思想与由此建立的国家，在此期间，他阅读了大量的政治和道德方面书籍，汲取了法国 18 世纪启蒙思想家及外国思想家的智慧。1816 年 4 月，矛盾在一件偶然事情中激化了，孔德因不满几何老师勒费弗赫回答学生问题时的傲慢态度，和老师发生口角，因此孔德等十五名同学被学校开除了，他被迫回到家乡。至此，孔德在十八岁时就终止了学校的正式教育，但这一正式学习阶段，使其接受了大量关于自由共和的思想，为孔德拓宽视野奠定了基础，也使其逐渐摆脱了宗教神学束缚。离开学校后，孔德阅读了大量科学、哲学、艺术等方面的著作。在家乡期间，孔德完成了处女作《审查录》，"这篇文章实质是以'人道、真理、正义、自由、祖国'为口号的告法国民众书"①。1817 年，孔德经人介绍成为圣西门的秘书，二人合作至 1824 年，孔德与圣西门由于经济纠纷和思想分歧产生决裂，这使其失去了资助人，生活一度陷入窘境，但在这七年的合作中，孔德深受圣西门的影响，正如库恩所说，"同孔德的名字相联系的许多思想实际上是他的前辈，特别是圣西门提出来的"②，在此期间，孔德还发表了《意见与欲望的一般区别》等文章，阐述了其关于科学和政治等方面的思想观点，关注到道德对社会秩序的改善和建构的重要作用。1826 年孔德回到家乡，自设讲堂进行"实证哲学讲座"，听众与日俱增，后来讲座转到了皇家图书馆进行，一直到完成预定计划的七十二讲结束，这些讲稿整理成书，以《实证哲学教程》为题陆续出版，这是孔德一生重要的著作，更是他包罗万象的实证哲学"百科全书"。孔德的"实证哲学讲座"在国内外引起了反响，其基本生活得到了较好的保障。1831 年孔德回到母校担任兼职教授，1832 年出任了科学院的常任秘书，随后在教职和工作上得到升迁。

但是较好的生活状况并没有持续，由于各种原因，孔德遭到非议，失去了兼职。1842 年，孔德与妻子卡罗莉娜·马松（Caroline Masson）离婚后，担负着昂贵的抚养费，其生活再度陷入困境，身体和精神上备受折磨。1844 年，也就是孔德 46 岁的时候，他遇到自己思想和生命的"天使"——克洛蒂尔德·德沃夫人，孔德对其一见钟情，十分迷恋，但是他们一直只保持朋友关

---

① 欧立同：《孔德及其实证主义》，上海社会科学出版社 1987 年版，第 6 页。
② ［苏］N.C. 科恩：《十九世纪至二十世纪初资产阶级社会学史》，上海译文出版社 1982 年版，第 34 页。

系，1846年，德沃不幸染病先于孔德去世，孔德十分悲伤，对她久久不能忘情。这段感情对孔德晚年创立"人本教"（Réligion de l'Humanité，另译"人道教"、"人类教"）具有直接影响，推动其完成《实证主义概论》。晚年，孔德一直和女仆苏菲·布里奥及其丈夫马登·汤姆斯生活在一起。1857年9月，孔德身患不治之症，于9月5日在巴黎逝世，在最后时刻陪伴他的是女仆苏菲和她的丈夫，以及两名得意门生马宁和拉斐特。

孔德一生著作颇丰，按时间顺序可以较为清晰地划分为四个阶段。第一阶段，1819—1828年，他共发表六篇文章。第二阶段，1830—1842年，孔德陆续出版了六册《实证哲学教程》（Cours de Philosophie Positive），在《实证哲学教程》中孔德提出，人类思辨发展是三个相互联系的阶段，即神学阶段、形而上学阶段（玄学阶段）和实证阶段。孔德认为，与人类思辨发展过程相似，道德也要经过这三个发展阶段。神学阶段的拜物教时期，也就是人类思想发展的最早期，感性生活比理性生活发达，此时适当的道德状态迟迟无法到来；在形而上学阶段，道德提倡自私理论，只关心个人救赎，但"良心自由说"、"主权在民说"、"平等说"等观念使得人们对社会的道德状况持有高度关注，孔德也强烈谴责这个时期的新教道德，认为新教允许离婚破坏了家庭道德和社会道德；在实证阶段，道德方面才强调爱他人，通过爱自己到爱他人再到爱社会，实证道德逐步发展完善。第三阶段，孔德于1848年出版《实证主义概观》（Discours sur l'Ensemble du Positive），以及1851—1854年出版的《实证政治体系》（Système de Politique Positive）。第四阶段，孔德于1855年和1856年分别出版的《致保皇党人》（Appel aux Conservateurs）和《主观的综合》（Synthèse Subjective）。孔德一生并没有系统论述道德教育思想的著作，晚年时曾计划撰写《实证道德》，并在《实证主义教义问答》英译本第三版的广告末页上，刊登了有关"理论道德"和"实践道德"两部分的内容。然而是未竟之业，不过在其他著作中，孔德对道德教育思想有大量论述。

二、孔德道德教育思想产生的社会背景

孔德生活在法国大革命刚刚结束后的法国社会，他的一系列道德教育主张与所处时代环境紧密相关。当时法国社会经过一系列革命和战争之后，旧秩序已经被打破，新秩序却还没有建立完善。经历了拿破仑·波拿巴执政和第一帝国、波旁王朝的短暂复辟、拿破仑的"百日王朝"，之后又经历了波旁王朝的二次复辟，再过渡到法国七月革命后建立的"七月王朝"，晚年则是在法兰西

第二共和国和拿破仑三世建立的第二帝国的统治下度过的。孔德一生经历了频繁的政权更替和动荡的时局,这些都让他思考如何重建稳定的社会秩序,进而认为只有从精神上开始重建,并以道德法则规制人间秩序。

孔德的童年和少年时期正逢拿破仑·波拿巴执政,当时的法国社会真正开始了工业革命,但是接下来大规模战争也是连绵不断。经历了多次的反法同盟战争后,拿破仑为了统一欧洲,建立法国的政治和经济霸权,对外走上了侵略战争的道路,对内则实行大陆封锁政策。大陆封锁政策把英国排除在大陆市场之外,又通过加强对殖民地的经济渗透和财富掠夺,扩大了法国资产阶级资本积累,极大地促进了法国资本主义经济的发展,但同时也阻碍了英国先进技术在法国的传播,从而减缓了法国工业革命的进程。法国在战败之后,更是割地赔款,可谓损失惨重。直到"七月王朝"统治时金融资产阶级上台执政后,工业革命才得以大力推进。孔德认为工业社会的第一法则就是发展财富,工人和企业主之间没有根本利益的对立,二者谋求的是最终利益的一致。他认为伴随着财富的获得与增长,企业家总是处在相对强势的地位,这在任何社会秩序中都是不可避免的。但是孔德还有另外一种观点,"除了生存竞争法则支配的世俗秩序外,还有一种精神秩序,即道德价值"①,孔德认为只有道德和精神上的价值才是可敬的。即使是处在社会最底层的工人,如果他的道德价值和精神世界高于其社会层次之上的人时,那么他在精神秩序中的地位就要高于世俗社会中的地位。总之,在当时动荡的法国政治格局、混乱的社会秩序以及发展着的资本主义工业社会中,孔德关于道德教育的思想伴随着他的社会学思想一同产生和发展起来了。

三、孔德道德教育思想的理论渊源

孔德晚年所列的"实证主义文库"中提到的东西方名人有三四百位,这些都是他很尊重或者对他影响很大的思想人物。综合看来,他主要受到了高尔、孔多塞和圣西门的影响。

(一) 高尔"脑能学"

孔德的道德教育思想和他的实证主义人性论是密不可分的,他的实证主义人性论则是以高尔的"脑能学"(phrenology)为基础的。"脑能学"认为大脑是决定心理的重要器官,每一心理功能对应脑部某一特定的区域,这些区域被

---

① [法]雷蒙·阿隆:《社会学主要思潮》,上海译文出版社 2005 年版,第 59 页。

认为按一定比例构成了人的特性。孔德认为该学说已经彻底推翻了过去的形而上学理论，不再将人的社会性归因于外在的功利和享乐，而是人性所固有的。同时，高尔以及他后来的学生施普茨海姆等脑能学家们还相信，人的颅骨形状与大脑内这些区域的形状相关联，通过测量人的头颅就能分析人脑内部结构和特点，以此就能分析人的心理机能。这一学说在当时的欧洲甚至美国都非常流行，但是后来没有得到学界主流的认可。高尔及其学生施普茨海姆分别将人脑的心理机能划分为二十七区和三十五区，以此来确定精神和道德的发展。孔德据此将人的脑部功能分成十八种，并在此基础之上建立了实证主义人性论的框架，如图4-1所示。

从图4-1可以看出，孔德认为人性主要由"思想"（知性、理智或头脑）、"情感"（心、爱）、"行动"（实践、活动或品行）三部分组成。情感是执行的"驱力"，即情感是行动的动力，思想为行动提供咨询和智力支持，人的实践活动归根结底是利己主义和利他主义情感的驱动，这成为孔德讨论道德和道德教育的出发点。孔德指出，人类身上有两种最重要的人性特点："一是感情官能胜过理智官能；二是在社会关系中，最低下和最私人的倾向会胜过比较高尚的倾向。"① 基于第一点"感情胜过理性"的人性特点，孔德认为几乎任何人生来都不太适合脑力劳动，而更适合物质实践活动。不过，感情功能可以帮助改善太过于理智而造成的懈怠而无生气状态，能为人指出一个永恒的目标和方向，产生动力。基于第二点，涉及人性善恶的讨论，孔德在其著作中并没有明确做出回答，但是他相信"人类自然拥有博爱的倾向，扩充这种倾向就可以引导人类迈向有秩序和和谐的境地。"② 综合来看，无论是个人发展还是社会文明进步，孔德是注重人和环境的双重影响和作用，并不偏重任何一方，是基于对人性的认识而得出的结论，也成为孔德后来道德教育思想的基石。

（二）孔多塞"人类持续进步观"

孔多塞是法国著名的数学家和哲学家，是18世纪法国启蒙运动最杰出的代表之一。孔多塞最重要的著作是1793年所著的《人类精神进步史表纲要》，其中所倡导的人类持续进步观对于法国启蒙运动影响甚大，也对后来的思想家们产生了深刻影响。孔德自称是孔多塞的信徒，他在社会动力学中提出的

---

① 孙中兴：《爱、秩序、进步：社会学之父——孔德》，巨流图书公司1993年版，第92页。

② 孙中兴：《爱、秩序、进步：社会学之父——孔德》，巨流图书公司1993年版，第92页。

孔德的实证主义人性论

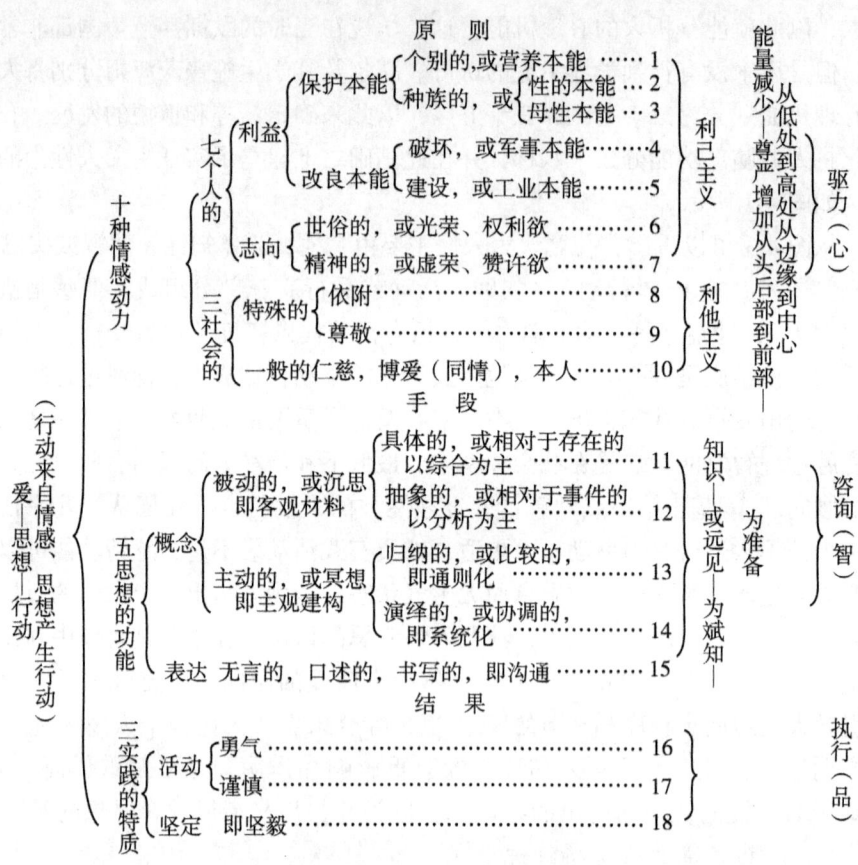

图 4-1　孔德实证主义人性论图①

"三阶段律"深受孔多塞"人类持续进步观"的影响，根据人类持续进步观，孔多塞认为，人性在亚里士多德等哲学家的协助下是能够不断进步的，而且随着人类社会的进步，人类的道德也是如此，孔德关于道德起源和发展的论述显然深受孔多塞这一观点的影响。

---

①　孙中兴：《爱、秩序、进步：社会学之父——孔德》，巨流图书公司 1993 年版，第 95 页。

(三) 圣西门"新基督教思想"

孔德曾担任圣西门的秘书长达七年之久，期间他们的关系一度非常密切，合作颇多，孔德甚至还替圣西门写过一些文章。后来二人关系决裂，使许多研究者对一些思想的归属产生争议。可以肯定的是，圣西门是对孔德直接影响最大的人物之一。圣西门在《19世纪科学导论中》中首先使用了"实证的"一词，在《人类科学概论》一书中也先于孔德提出"社会学"的学科概念。孔德的"人本教"也从圣西门《新基督教》中得到启发。圣西门强调了新基督教的道德性质，他认为新基督教在人类社会中具有永远的道德力量，是建立新社会的重要原则和规范。显然，这和孔德关于"人本教"的许多思想不谋而合，孔德甚至利用所创立的"人本教"发展出一整套教义和崇拜仪式，其中蕴含了大量道德教育思想方面的内容。

第二节　孔德道德教育思想的主要内容

孔德出生在大革命后的法国，当时社会思想观念和道德状况混乱，他希望从思想和道德上来推动整个法国社会的重建和变革。孔德认为重建社会秩序首先应该重视精神秩序的重建，而这只有通过实证主义道德教育才能实现。在道德教育过程中他强调利己主义和利他主义是人性所固有的，应该引导利己情感转向利他情感，这对社会秩序的和谐稳定有着重要作用。他注重家庭特别是母亲在孩子道德情感培育过程中的作用，重视道德教育环境营造等。

一、道德教育的地位

孔德在1848年出版的《实证主义概观》一书中，在社会学后提到了道德科学。孔德认为，各科学之间的先后发展关系是一种"自然秩序"，在1852年出版的《实证政治体系》第二册中，孔德把这种秩序分为"物质秩序"、"生命秩序"、"人间或社会秩序"三部分，研究"物质秩序"的包括数学、天文学、物理和化学，研究"生命秩序"的是生物学，研究"人间或社会秩序"的包括注重集体或社会存在的社会学和注重个人或道德存在的道德学。因此，道德成为"第七科学"，即最后的实证科学（见表4-1）。

表 4-1　　　　　　　　　　　实证科学的层级与分类

物质的	生命的	人类的
1. 数学	5. 生物学	6. 社会学
2. 天文学	——	7. 道德学（第七科学）
3. 物理学		——
4. 化学		

可见，孔德从学科的层级和分类观念出发，为道德科学找到了定位。他认为只有在获得有关世界的、生命的和人类的知识后，才能了解道德的重要性。道德学处在众多学科金字塔的顶端，道德教育课程成为孔德后来论述的实证主义教育中最后一年的课程。

在道德与政治、社会的关系上，孔德宣布"政治必须始终服从于道德；在天主教的原则指导下，中世纪已把道德出色地规范出来，但只有按照更完善的精神体系并在更有利的环境中，这种道德才能充分实现。重建舆论和习俗，才能为社会制度逐步革新奠定唯一坚实的基础"。① 这里，孔德把道德与社会变革联系到了一起，社会变革也就是重建社会秩序，只能从精神上开始，精神重建是社会重建的基础和前提，而精神重建又只能通过实证主义教育，特别是其中的思想道德教育。

孔德指出以前的教育没有重视道德教育的地位和作用，是"无用的教育"②，培养出来的人也是偏离社会要求的，"由于糟糕的教育所培养起来的令人忧虑的个人奢望，在不正确的历史学识的直接影响下，很快便使这种争论变成政治上的骚乱"③，所以应该重视道德教育的指导地位和灯塔作用。孔德认为当时由于宗教教育逐渐被废止，世俗化和大众化教育尚未全面普及，对大众的思想道德教育也是如此，此前的这一职责是基督教所承担的，"这种哲学（指实证主义哲学，笔者注）源于真实概念的总和，将会成为人类智慧（实践的与思辨的）的系统基础，从而更好地履行必不可免的社会职责；从前此项职责归属于基督教的普遍教育"④，现在应该面向大众进行普遍的教育，"由于纯神学的教育逐渐被废止，目前的状况使这一阶层得不到任何正规的教育；

---

① ［法］奥古斯特·孔德：《论实证精神》，商务印书馆 2009 年版，第 92 页。
② ［法］奥古斯特·孔德：《论实证精神》，商务印书馆 2009 年版，第 66 页。
③ ［法］奥古斯特·孔德：《论实证精神》，商务印书馆 2009 年版，第 66 页。
④ ［法］奥古斯特·孔德：《论实证精神》，商务印书馆 2009 年版，第 65 页。

只有对于有知识的人士,才暂时代之以一定的形而上学和文学的教育,而就民众来说,却得不到任何类似的东西,在法国尤其如此"①。可以看出,孔德在这里强调的大众教育,其实很重要的一方面就是对大众(社会普通阶层)进行实证主义哲学教育,这种教育首先是关于有指导作用的思想道德教育,并且"今后这种教育可以为真正的重建做好准备,首先是精神上的重建,然后是道德上的重建,最后是政治上的重建"②,道德教育就成为孔德实证主义教育最重要的一环。

孔德明确地指出了道德教育对于社会秩序的重要作用,这恐怕要缘于19世纪法国动荡的社会时局以及由此而带来的思想、道德上的混乱状态。孔德希冀用道德教育来改良社会习俗和风气,推动社会从精神上开始进步,进而重建整个法国社会秩序。

二、道德教育的目的

孔德是一位社会学大师,他将社会学体系划分为社会动力学和社会静力学两部分。社会动力学的范畴主要是他所倡导的"社会发展三阶段律"以及"三阶段律"在西方历史发展演变中的应用。社会静力学主要讨论个人、家庭、宗教、语言、社会组织等社会存在。孔德在著作中对个人的分析是基于对人性的假设,他所构建的"实证主义人性论"成为其道德教育思想的基石。

孔德从实证主义人性论出发,断言人人都有利己的心理,这是人的本性,同时人人又都具有利他的本性。利己心、利他心对社会都是必要的;一方面,利己心可以促进社会的进步和发展,因而私有财产和资本都是不可侵犯的;另一方面,利他心可以促进社会的稳定与合作,也是社会进步的必要条件。孔德主张道德教育的目的在于让人的利他心尽可能地超过人的自私自利等本能欲望,使人的社会情感高于个人情感,使人从"爱自己"到"爱他人"再到"爱人类",也就是促进人精神观念的成长与变化。沿着这三个"爱"的序列,依次上升"爱"的层次和品级,最后达到道德教育的最终目的。孔德所追求的"爱人类",其本质问题就是道德品格的发展问题。通过道德教育使人具有"爱人类"的道德情感和道德人格,道德教育目的本质上就是培养符合当时法国社会需要的具有"爱人类"道德品质的个人。

---

① [法] 奥古斯特·孔德:《论实证精神》,商务印书馆2009年版,第65页。
② [法] 奥古斯特·孔德:《论实证精神》,商务印书馆2009年版,第75页。

孔德身处法国大革命之后，法国的政治体制发生了根本性的变化，但政治形势依然复杂，社会依旧混乱，"如何在深刻的道德混乱中维持一定的政治秩序"① 是一个长久得不到解决的问题，所以他认为"实证学派直接以巨大的精神运动来代替毫无结果的政治骚乱"②，这里的"巨大的精神运动"就是指社会精神文明方面的建设。他进一步指出，实证学派"能够同时满足我们的一切重大社会需求，而且有分寸地推广唯一的系统教育"③，这里"唯一的系统教育"是能满足社会需要的教育，其中最重要的就是关于思想和道德的教育。这就意味着道德教育必须能满足社会重大需要，必须培养符合社会需要的思想价值观念的人。由此观之，孔德关于道德教育目的的设定是偏向社会本位的，这也影响到后来的涂尔干，后者被认为是道德教育目的"社会本位论"的重要代表人物之一。

三、道德教育的对象

孔德认为道德的研究对象是个人，因此，道德教育的对象也应该是社会中的所有个体。他主张实证教育应该取代此前基督教的普遍教育，并且向社会大众普遍持续推广，实证主义教育的对象是没有阶级差别的，否则就会影响教育的效果，"如果这种持续教育仍然只面对某一阶层，那么，无论它如何广泛，这一重大效果也不可能充分达到"④。但是，孔德认为普及实证主义教育的主要对象应该是工人和无产者，"我们已经从各个方面充分说明今天全面普及实证教育所具有的头等重大意义，尤其是向无产者普及更为重要"⑤，因为对于工人和无产者来说，"他们通常缺乏今天知识阶层所接受的正规文化"⑥，如果不推行实证主义教育，继续目前"无用的教育"，那么"他们在其今后毕生的生涯当中只能引起对于一切智力活动的几乎不可克服的厌恶……他们不适应实际生活，鄙视平凡职业，无法正确估量实证观念"⑦，由此就会产生社会矛盾，引发政治骚乱。而要解决社会矛盾，避免政治上的骚乱，就是利用实证教

---

① ［法］奥古斯特·孔德：《论实证精神》，商务印书馆2009年版，第61页。
② ［法］奥古斯特·孔德：《论实证精神》，商务印书馆2009年版，第61页。
③ ［法］奥古斯特·孔德：《论实证精神》，商务印书馆2009年版，第75页。
④ ［法］奥古斯特·孔德：《论实证精神》，商务印书馆2009年版，第64页。
⑤ ［法］奥古斯特·孔德：《论实证精神》，商务印书馆2009年版，第76页。
⑥ ［法］奥古斯特·孔德：《论实证精神》，商务印书馆2009年版，第66页。
⑦ ［法］奥古斯特·孔德：《论实证精神》，商务印书馆2009年版，第66页。

育向工人进行思想道德方面的教育,并且"实证学派同时还会有着道德方面的吸引力,这和精神和谐同样宝贵"①,"当这些不同的精神和道德倾向相应起作用的时候,实证教育的普遍推广就会在无产者当中得到最好的体现,这是逐步完成哲学革新的必要条件"②。普及实证教育的目的是"今后为哲学创建提供必需的精神基础与社会基础;哲学创建必然会逐步带来现代社会的精神重建"③,也就是为了向工人和无产者灌输社会重建所需要的知识体系和思想观念。

孔德把工人和无产者作为特殊的道德教育对象是因为当时法国资本主义工业发展迅速,工人作为新兴的政治力量对社会的走向起着举足轻重的作用。但是,孔德又不赞成工人和无产者进行经济和政治斗争,他认为工人和资本家之间没有根本利益的对立,资本主义制度是那个时代最为先进的社会制度,无需改变,关键是必须改变社会精神和道德方面的内容,这只有依靠对工人进行普遍的实证主义道德教育。孔德从维护资本主义制度出发,认为道德教育的主要对象应该是工人和无产者,只有工人和无产者通过道德教育奠定一定的哲学思想基础,才能维护法国资本主义制度,促进资本主义工业的发展。

四、道德教育的内容

作为一名实证主义社会学家,孔德构建了"实证主义人性论",他的道德教育思想内容体系首先是以社会学为基础的,但是并不限于他的实证主义社会学,还汇聚了人文社会科学思想,如哲学、政治学、法学、教育学以及自然科学,如生物学、心理学甚至宗教里的一些思想和内容。

孔德认为不同的年龄阶段应该有着不同的道德教育内容。在7岁之前,应该重点以语文和自然为教育内容,孔德从实证主义人性论出发,认为此阶段应该重点培养儿童的"依附、尊敬和爱"三种利他主义的道德情操。他指出这七年是奠定一个人道德基础最重要的阶段,此阶段的教育内容不必讲到重大的知识,应只限于心性陶冶,这时的儿童把周围的一切都当做有生命力的活物看待,因此,一方面要遵循儿童好奇心,启蒙孩童感知自然和认识自然,另一方面,母亲等家庭成员也应教导儿童学习适当的语文知识,以此促进儿童语言和

---

① [法] 奥古斯特·孔德:《论实证精神》,商务印书馆2009年版,第68页。
② [法] 奥古斯特·孔德:《论实证精神》,商务印书馆2009年版,第69页。
③ [法] 奥古斯特·孔德:《论实证精神》,商务印书馆2009年版,第76页。

心性的双重发展。在 8~14 岁，要注重美育对道德的影响，这个时期是儿童智力持续上升的阶段，由于此阶段的儿童社交范围增加，不只局限于家庭成员和亲友，这促进了儿童美育的发展，这个时期就应进行诗歌、绘画和音乐的教育，也可以学习像意大利等音乐性和艺术性较强的欧洲国家的文字。在孔德看来，欧洲国家的文字具有美育和德育上的双重意义，它能打破国家之间的偏见，促进实证主义标准下良好情操的形成。同时，对儿童的工业教育也应该开始了。孔德所说的工业教育，其实就是关于当时法国工业社会的认知教育，让儿童开始了解社会、认识社会。14 岁以后，重点是学习系统文化知识，道德教育主要通过结合七种基本科学来进行，渗透到课堂教学里去，当然最重要的还是系统学习"第七科学"——道德学。这个时期以学校教育为主，学校教育应该严格按照人类科学知识发展顺序来拟定实施步骤，具体学习内容要按照学科的分类与层级，即尊重"七学科"分类层级定律。因此，孔德提出学生在这个阶段的学习内容主要有四个方面。第一个方面为关于物质的学习内容，它包含四科，数学、天文学、物理学、化学，其中每科的学习时间均为一年。这方面的学习内容体系庞大，涉及广泛，应该在课堂教学之外安排讲座，采取灵活多变的教学手段，不可只重视理论知识的灌输，这样给学生造成很重的学习负担和心理压力，要让学生主动积极的学习。第二方面为关于生命的学科，即生物学。孔德的生物学既包括生理学，也包括心理学。生物学是关于生命秩序的科学，开设在第五学年，学生经过一年的学习开始了解有机世界，接触有关生命和自然的知识。第三方面为社会学。内容主要是孔德创立的实证主义社会学，分为社会静力学和社会动力学两部分，社会学课程至第七学年开设。第四类为道德学，这是最终的、对人间秩序直接研究的科学。主要是孔德计划而未完成的《实证道德》一书的内容，包括理论道德和实践道德两部分，这门课程在最后一个学期开设。学校之后的教育，孔德主张以旅游为主来进行道德练习和实践，借助这样的实践训练，可以将人们的爱心上升到"爱人类"的高度。

五、道德教育的原则方法

孔德崇尚自然和科学法则的实证主义研究方法。在《实证哲学教程》中，孔德提出了实证学科的四种方法，即观察法、实验法、比较法和历史法。他认为社会、道德等科学的发展过程从属于自然的发展过程，因为社会文化、道德等现象本质上也是一种自然现象，因此可以把自然科学研究方法引进政治、哲学、道德等社会科学研究中来,但是政治、哲学、道德等社会现象比自然现象复杂得多,因此运用起来是比较困难的。孔德晚年根据他的实证主义方法理论提出实证道德的方法——"主观法"(subjective method)①。这里的"主观法"并不是从字面上来理解的,从孔德的晚年思想来看,这里的主观法应该是和人类的感情或情绪发展有关的,将人类情感导向"利他"或"爱人类"的科学方法。其实主观法只是孔德对其道德教育方法的概念性描摹,并没有进行详细论证。通过对孔德著作中相关论述的梳理,对其道德教育原则方法的认识,可以概括为以下几点。

1. 注重美育对德育的影响

孔德认为道德教育内容应该由三个方面构成:结合"七学科"进行的道德渗透教育;诗歌、绘画、音乐等艺术教育;自然教育或道德实践教育。美德教育其本质是一种艺术教育,艺术教育对道德和道德教育起着重要的影响作用。艺术能够表达人们心中的所思所想,能够促进主动诠释者和被动旁观者之间的道德融洽。艺术观察不同于科学观察和抽象思维,前者重视的是综合具体的精神思维,这种精神思维正是提升个人道德情感所必需的。儿童通过诗歌、绘画、音乐等艺术教育能促进其依附、尊敬和仁慈三种利他主义的道德情操的培养,有助于实现道德教育的目的。

2. 注重道德教育的阶段性

注重道德教育的阶段性在孔德道德教育原则方法里体现得很明显。在孔德的计划中,实证主义教育周期一共延伸28年,以14岁为界点划分为两段,14岁以前,即青春期以前,主要以母亲负责的情感教育为主,14岁之后,以信念教育为主,主要由教士负责,"教士的主要功能就是教育,尤其是家庭教育之外的百科教育"②。以此为基础,孔德倡导道德教育要遵循阶段性,因为人的认知发展是有一定规律性的,个体在不同阶段的发育状况和认知状况不同且相互联系,必须遵循人的成长规律,把道德教育划为相互联系的四阶段,注重道德教育的阶段性,在成长的不同阶段学习不同的德育内容。

3. 注重道德教育实践

孔德认为在德育过程中,道德学科教育是重要也是必要的。如果能在道德

---

① 孙中兴:《爱、秩序、进步:社会学之父——孔德》,巨流图书公司1993年版,第84页。
② 孙中兴:《爱、秩序、进步:社会学之父——孔德》,巨流图书公司1993年版,第211页。

理论灌输之外，注重孩童的道德实践，通过练习来培养孩子的习惯，道德观念不再流于说教，而能在孩子的心灵深处生根发芽，这样的道德教育才能取得事半功倍的效果。在孔德的道德教育计划中，他甚至主张用旅游当做最后几年的教育课程，因为他相信借着这样的实践训练，"人们的信念可以将爱心变得更完美"①。无疑，孔德关于道德教育注重实践的观点无论是在当时还是现在都具有一定的合理性。

4. 注重利用宗教等隐性教育方法

孔德认为人需要宗教是因为在社会中需要友爱和团结，这种友爱和团结的情感和精神正是道德教育的目的所在，为了满足人类的这种需要，他在晚年创立了"人本教"。孔德的"人本教"有自己的教理，就是他所创立的实证主义哲学。孔德认为应该由教士来主持教育，特别是关于道德信仰的教育。在"人本教"里，孔德设定了一系列宗教崇拜仪式，定期举行宗教崇拜活动，实际上这些活动就是带有宗教性质的隐性道德教育方法。在"人本教"构想中，他主张崇拜母亲、妻子等女人（私人崇拜）和对中西方文明有贡献的名人（公共崇拜）。在私人崇拜部分，孔德坚信女人是爱的化身，而人本以爱为主，因此他主张崇拜女人，主要是母亲、妻子、女儿和姐妹，还把她们亲切地称为"真正的守护天使"，崇拜她们可以发展人类的三项感情：尊敬、依附和爱。在公共崇拜部分，他编制了实证主义周历和日历，每个星期甚至每天都要崇拜一位名人。被他崇拜的名人除了亚里士多德等先哲以外，还出现了老子、孔子等东方先贤。虽然孔德的这一套崇拜制度后来并未广传，但是他主张的渗透日常生活中的"人本教"实践活动，在道德教育方法上是可以细加研究的。

六、道德教育的环境

道德教育总是在一定的场所和环境里进行的，在孔德看来，有三种场所和环境对个人道德教育影响甚大，分别是：家庭、学校和社会。

（一）家庭环境

家庭属于孔德在社会静力学里讨论的内容，他认为社会的基本单位是家庭而非个人，家庭对个人道德教育起着重要的作用。孔德非常重视家庭作为个人道德发展阶段的重要作用，他认为家庭是教会孩子"爱他人"的重要场所，

---

① 孙中兴：《爱、秩序、进步：社会学之父——孔德》，巨流图书公司1993年版，第223页。

处在"爱自己"和"爱人类"的中间位置，起着承上启下的过渡作用，"将爱己之情附属于社会情感之下。此两者乃是人类爱情尺度两极端；于中则有一居间之阶段，即家庭之依恋"①。他认为，家庭关系和家庭生活是人能否从本能的"爱自己"过渡到具有社会情感的"爱人类"的关键所在，家庭生活也是"说明实证道德精神之最佳方式"②，还是实现从利己主义到利他主义升华的关键所在。

在家庭道德教育方面，孔德是从家庭成员彼此之间的关系入手的，他把家庭成员的关系分为四种：亲子关系、兄弟关系、夫妻关系、主仆关系。在亲子关系上，孔德强调的是父母对子女的影响，而相较于父亲来说，他更重视母亲在家庭教育方面的作用，特别在14岁以前，孔德主张应该由母亲来掌握家庭教育大权，特别是在女人本性中所擅长的道德和情感教育方面，因为女人具有先天的道德优越性，"女人就是人本的最简单、最纯净的化身，这是男人所望尘莫及的……而在和爱有关的事物时，女人则是超胜的"③，因此身为人母，能减弱孩子的利己感情，同时加强社会感情。在兄弟关系上，孔德认为兄弟间相互扶持关心的感情是最平等、没有竞争，是最不涉及权利关系的，是孩子产生最简单依附情感的源泉，这种血浓于水的兄弟情缘也是"四海之内皆兄弟"这种博爱感情的基础。在夫妻关系上，孔德认为这是一个家庭中最重要的关系，并认为"这是唯一可以同时培育依附、尊敬和爱三种社会本能的关系"④。他认为通往"爱人类"或者博爱的第一步就是夫妻之爱，个人有了这种强烈的情感。体验之后，才会产生"爱他人"的感情。孔德在最后加上了一对"主仆关系"，也许是由于照顾他晚年生活的女仆苏菲·布里奥的缘故，孔德认为主仆关系将会培养出更美好的社会情感，甚至可以扩充到社会关系之中。

最后，孔德注意到家庭也有可能在道德教育方面存在不良影响，家庭教育不当可能会造成利己主义胜过利他主义，从而削弱道德教育的效果，倘若社会不断对家庭施压，家庭最终还是能培养出孩子同情、仁爱等利他主义的社会情感。

---

① ［法］奥古斯特·孔德：《实证主义概观》，商务印书馆1973年版，第104页。
② ［法］奥古斯特·孔德：《实证主义概观》，商务印书馆1973年版，第105页。
③ 孙中兴：《爱、秩序、进步：社会学之父——孔德》，巨流图书公司1993年版，第99页。
④ 孙中兴：《爱、秩序、进步：社会学之父——孔德》，巨流图书公司1993年版，第104页。

(二) 学校环境

在孔德的道德教育思想中，并未对学校道德教育加以详细的介绍。但是在其早期的著作中曾提到十四岁以后以学校教育为主，道德教育主要通过渗透到七种基本科学来进行，当然最重要的还是系统学习"第七科学"——道德学。孔德主张学习内容除了要考虑七学科分类定律，还要遵循孩子发育成长的规律，学校教育应拟定计划分步实施。学校教育虽然不应该有性别差异，但是他反对孔多塞提出的男女同校一起学习的主张，认为男女在成熟之前过于亲密接触不仅会妨碍学习，还将会造成两性在道德品格发展上的差异，不利于道德教育的有效开展。

(三) 社会环境

孔德认为"目前社会的政治和道德危机的根源归根结底在于思想上的无政府主义"[1]，他提出政府应该是道德教育的主导力量，应该整合全社会的力量对大众开展持续全面的道德教育，并且认为统一的政治社会秩序和环境对道德教育的全面有序开展有着重大的意义。同时，孔德在谈论道德教育时基本是脱离经济基础的，这造成了孔德对德育经济环境的忽视。直到晚年孔德创立了"人本教"，才企图通过建立宗教取代政府来统一和管理社会，借助"人本教"为道德教育的有效开展提供一个类似"道德场"的环境。需要指出的是，在《实证主义教义问答》一书中，孔德清晰地阐明了他对"宗教"一词的界定，"当社会内部的所有道德的和物质的因素都汇集在同一目标之下时，'宗教'本身就表达了人类存在在个人和社会的两方面的一种独特的完美结合状态"[2]，从这个意义上来说，孔德所谓"宗教"的含义或许与"人性"或"社会"是同义词，孔德的"人本教"其实可以被看成是为开展道德教育所设定的一个特殊场所，是社会政治文化环境的理想替代品。在"人本教"里，孔德建立了一系列宗教崇拜仪式和活动，主张崇拜对人类历史有重大贡献的伟人，可以看出，崇拜伟人与传统宗教的崇拜上帝是有根本区别的。崇拜伟人，是因为他们为人类社会留下了美好的东西，归根结底是崇拜个体身上体现出的人性之美，正如雷蒙·阿隆说的那样，"我说他（指孔德，笔者注）是主张人类统一性的社会学家，因而这种主张人类统一的社会学必然的或至少是可能的结果就是人类统一的宗教。伟人宗教就是按照彼此团结的原则而改变了面貌的人身上

---

[1] [法] 雷蒙·阿隆:《社会学主要思潮》，上海译文出版社 2005 年版，第 91 页。
[2] 孙中兴:《爱、秩序、进步：社会学之父——孔德》，巨流图书公司 1993 年版，第 212 页。

的最美好的东西"①。孔德还认为,不仅人需要宗教来满足爱,社会也是需要宗教的,因为社会需要有一种能节制世俗权力以外的宗教权力,在世俗等级制度之外,通过宗教创立道德价值等级,孔德希望通过这种道德等级制来对个人进行道德评价。

孔德认为只有在"人本教"的环境里,人们通过崇拜伟人,崇拜伟人身上所体现的"仁爱"等美好人性,才能实现利己主义向利他主义的最终转化,才能升华形成"爱人类"的博爱情感,从而实现道德教育的目标。

第三节 孔德道德教育思想的主要特点

作为社会学和实证主义哲学的创始人,孔德的道德教育思想具有鲜明的实证主义色彩,突出强调了道德对社会的作用和社会对道德的影响,但是家族和时代在孔德的身上起到了决定性作用,一方面孔德竭力摆脱宗教的影响,力图走向世俗化道路,另一方面,宗教氛围氤氲缠绕,促成孔德道德教育思想具有双重性特点。

一、鲜明的实证主义特色

孔德认为道德是一门科学,与数学、天文、物理、化学、生物、社会学六学科是相同的,并且处于"七学科"金字塔的顶端。虽然实证主义逻辑和方法首先在数学、物理、化学等自然科学领域出现,其次才出现在社会学、道德科学等领域,但是孔德结合人类社会发展的"三阶段律"和学科分级思想,认为这是一个自然正常的顺序,因为学科越简单就越容易运用实证的逻辑和方法来进行思考,这个定位就直接导致孔德道德教育思想的实证主义特征。

孔德认为整体先于局部,道德现象应该放在整个社会中加以研究。在道德起源和发展上,孔德依据实证主义社会学的"三阶段律",论证了神学时代、形而上学(玄学)时代、实证时代各自的道德发展状态,指出当时人类处在形而上学(玄学)状态,道德状态是提倡自私理论的,但是实证状态的道德最终一定会到来。这里面隐含了他的社会学实证主义思想,人类历史是统一的发展过程,道德也是如此。这个思想逻辑在孔德具体论述道德教育内容时更是

---

① [法]雷蒙·阿隆:《社会学主要思潮》,上海译文出版社2005年版,第86页。

发挥得淋漓尽致，他强调在人生不同阶段应有不同的道德教育内容，通过学习最终能克服"爱自己"的利己主义而达到"爱人类"的利他主义；在道德内容阶段性的划分上，则直接将实证主义分层思想套用过来，并且结合对人类社会状态的划分法，得出了结论。

孔德作为实证主义社会学家，生活在大革命后19世纪的法国社会，当时科学发展迅速，特别是生物学突飞猛进，一大批自然科学家对孔德产生了重要影响，加之孔德是在工科综合学校接受的教育，这些都赋予了孔德思想极强的逻辑性和浓厚的实证主义彩色。

二、突出道德教育的社会价值

孔德从道德法则规制人间秩序这一结论出发，提出社会秩序的重建首先是道德上的重建，因此他关于道德教育目的的设定突出强调道德教育的社会价值，具有浓厚的社会中心色彩。虽然现实生活中，情感胜过理性、自私的个人欲望胜过高尚的社会倾向，但是人类拥有博爱的倾向，这种倾向的发展可以引导人类迈向和谐的秩序。因此，道德教育的最终目的就是从"爱自己"的利己主义上升到"爱他人"的利他主义情感，社会性情感才是个人道德情感发展的落脚点。

孔德除了从人性论出发来强调道德教育的社会价值以外，更是从社会秩序重建方面来进一步深化道德教育社会本位思想。他始终认为，推广实证主义道德教育是很重要的，这种教育可以通过培养具有"社会情感"的大众在观念上的转变，然后造成社会习俗的变化，最后推动精神上的变革。如何重建精神秩序，就要发挥道德教育的社会导向功能，培养具有社会性情感的个体，个体只有经过接受科学严格的实证主义道德教育，才能推动社会迈向实证阶段的美好未来，这样道德教育的最终目的也才能完成。

三、世俗性和宗教性双重特征

从启蒙运动开始，理性主义、自然主义和唯物主义就深深地影响了法国教育思想，启蒙思想家们主张教育世俗化，由国家控制世俗教育权，反对教会的控制，法国大革命真正开启了教育世俗化的进程。孔德生活在法国大革命之后，早期的道德教育思想带有明显的世俗化特征，他创立了实证主义，宣扬实证科学，主张由政府统一对大众特别是无产阶级进行普遍的实证主义道德教育，向无产阶级普及实证主义知识体系和实证主义思想道德观念，为社会精神秩序的重建提供必要的"哲学基础"，以此来推动整个法国社会的变革与重建。同时，孔德认为教士也负有道德教育的职责，尤其是家庭之外的教育，在晚年更是创立了"人本教"，企图用宗教来取代政府，道德教育的职责自然也归于教会了。需要指出的是，孔德对"宗教"的定义是偏重人性以及人际和谐的，完全没有包括对神明和超自然的崇拜。所以法国著名的社会学家雷蒙·阿隆这样评价孔德的"人本教"，"如果应当从社会学中引出一种宗教来的话——而这是我本人不想做的，那么，照我看来，唯一勉强可以想象的，归根结底还是奥古斯特·孔德的宗教……孔德要我们爱的既不是今天的法国社会，又不是明天的俄国社会，也不是后天的非洲社会，而是某些人已经具有的、所有人都应当具有的美德"①。蔡元培也曾对孔德的"人本教"非常推崇，他在1916年3月29日发表的《华法教育会之意趣》一文中认为，孔德"人本教"里的人本主义与儒家的人本主义有着许多相似之处，"儒家言非宗教、虽有祭祀之礼，然其所崇拜者，以有公德于民及以死勤事等条件为准，与法国哲学家孔德提议之'人道教'相类"，蔡元培进一步指出，"中国教育之不受君政、教会两障碍，固与法国为同志也，必为纯粹人道主义"②。从这些评价和阐释来看，虽然孔德的"人本教"和传统天主教、基督教有很大区别，但是归根结底它还是一种宗教形式，这让孔德晚年的道德教育思想具有宗教的底色，与孔德早年主张道德教育大众化、世俗化相比，孔德道德教育思想带有世俗性和宗教性双重特征。

第四节　孔德道德教育思想的评价及启示

一、孔德道德教育思想的评价

孔德的道德教育思想具有很强的社会性和现实性，道德教育思想内容颇丰。他从人性论出发主张"爱人类"的道德教育目的，强调道德教育的阶段性，重视道德教育实践，具有明显的"秩序情结"和"集体主义"倾向，这

---

① ［法］雷蒙·阿隆：《社会学主要思潮》，上海译文出版社2005年版，第86页。
② 高叔平：《蔡元培教育论集》，湖南教育出版社1987年版，第92页。

也与我国儒家传统的"家、国、天下"以及"仁者，爱人"等思想如出一辙，对我国道德教育的发展具有重要的启示借鉴意义。

（一）孔德道德教育思想的积极性

1. 思想内容的丰富性

孔德一生著作颇丰，仅其主要代表作品之一的《实证哲学教程》就有六册之多，整个思想体系庞大，内容浩瀚，相较于孔德社会学方面的思想，他的道德教育思想虽然没有如此庞大严密的结构体系，但是内容却非常丰富，涵盖范围也十分广泛。他从人性论出发，对道德教育的地位、对象、内容、目的、原则方法和环境等一系列问题都有阐述。孔德道德教育思想的提出具有现实性和针对性，为了避免空洞说教，孔德在阐述道德教育思想之前构建了他的"实证主义人性论"，为道德教育思想的论述奠定了较为坚实的基础。针对当时法国社会存在的社会秩序和价值观念混乱等问题，孔德提出社会本位论的德育目就是培养大众的利他之心和社会情感，并以此解决社会道德混乱从而推动道德上和精神上的重建，以期最终重建整个社会秩序。关于道德教育的对象，针对当时法国工业发展，结合他个人感情经历，孔德提出要特别重视对工人和女子的道德教育，以此来维护正在蓬勃发展的资本主义经济和制度。在道德教育内容方面，孔德认为不同的年龄阶段应该实施不同的教育内容，强调音乐、绘画等美育的重要性，他的实证主义"七学科"可以和道德教育结合起来进行。在道德教育原则方法上，孔德提出许多合理性、科学性以及实效性的观点，例如重视美育对德育的影响、重视道德教育的阶段性、重视道德实践等。值得一提的是在孔德晚年，他还注重利用宗教等隐性教育方法。

孔德提出的道德教育思想内容紧贴当时社会现实需要，不仅内容涵盖丰富，而且有着强烈的针对性，从社会道德混乱的现状、社会教育的诸多问题到个人学校和家庭生活、成长旅游、情感经历甚至后来的"人本教"都是孔德道德教育思想产生和成长的土壤。"世事洞明皆学问，人情练达即文章"，孔德的道德教育思想在他洞察世事和经历人间冷暖后，以一种丰富、深刻的姿态展现出来，指出了道德教育应该解决的矛盾和问题，阐述了道德教育的价值，揭示了道德教育的本质。

2. 兼具传承性和开创性

欧洲历史上有着许多源远流长、博大精深的道德教育思想，生活在19世纪的孔德为西方历史上许多思想家的理论所浸润，其道德教育思想具有深厚的理论渊源。此外，作为实证主义社会学的开创者，他的许多思想都具有开创性，道德教育思想也是如此。

孔德道德教育思想与西方历史上的德育思想是密不可分、一脉相承的。在孔德的《实证哲学讲义》中，他提到了亚里士多德、孟德斯鸠、孔多塞和杜尔哥等多位先哲。亚里士多德是古希腊最为博学的先贤之一。"吾爱吾师，吾尤爱真理"，亚里士多德认为教育的最后目的是理性的发展，他的道德教育思想是建立在人性论、认识论以及对儿童身心发展考察的基础之上的，他主张道德教育应该顺应和尊重儿童的本性和身心发展规律；在道德教育方法上，他非常重视道德练习和实践的作用。他师承柏拉图，在前人的基础之上对道德教育进行了全面系统的论述，涉及德育目的、德育内容、德育方法等许多方面。孟德斯鸠是法国著名的启蒙思想家、社会学家，是首位公开批评封建专制的思想家，曾公开反对"君权神授"的观点，虽然道德教育不是其研究的主要领域，但是他的一系列社会学思想得到了孔德的高度赞扬，特别是他在《罗马人的伟大与衰亡》和《论法的精神》两书中认同政治、道德和其他现象一样受制于自然法则，以及对人类进步的信念，孔德也有所吸纳。杜尔哥是法国著名的经济学家，他的"人性可以变成完美"的信念是孔多塞"人类持续进步观"的基础之一，而孔德提出的"三阶段律"深受孔多塞影响，前文已有探讨，这里不再赘述。综观从古希腊到孔德出生前的法国启蒙时期的道德教育思想，在很大程度上得到了传承，例如道德现象受制于自然现象、道德教育尊重理性、顺应人性、重视道德练习与实践等方法和内容。孔德不仅传承了西方历史上的道德教育思想，而且在此基础之上开创和发展了自己独特的道德教育思想体系，兼具传承性和开创性，对后世的道德教育产生了深远的影响。

（二）孔德道德教育思想的局限性

1. 思想根源的唯心性和空想性

孔德的道德教育思想和他的社会学思想一样，其根源是唯心主义的，这是马克思以及当代冲突社会学家批判孔德思想的出发点。马克思认为社会存在决定社会意识，道德作为一种社会意识表现，是由经济基础决定的，而孔德在考察道德和道德教育现象时是脱离社会经济关系的，转而从生物本能、人性等理论基础出发，陷入了历史唯心主义的泥潭。

孔德认为资本家和无产者不存在根本上的利益分歧和对立，并建立了精神秩序来和世俗秩序对抗，认为资本主义已经发展到了工业高度发达的阶段，当时社会政治动荡和社会混乱必须解决精神和道德层面的问题，社会秩序的重建主要是精神上的重建，这必须依靠实证主义道德教育，"就基础方面考虑，按其性质而言，教育一向是对人类进行精神管理的整个总的制度的主要运用"①，并且实证主义道德教育是不排斥任何阶级的，尽管这种思想初衷是好的，但孔德的观点难免有调和阶级矛盾之嫌。在经历了残酷社会现实的冲击后，孔德晚年又企图创立宗教来统一和管理社会，他认为"直到目前为止，宗教教育尽管非常落后，但仍是唯一保持着严密一致的教育"②，最后指出"如不首先确立真正持久的哲学，就不可能办好任何教育，必须将力量由此转向这个全面的基础"③，"这真正持久的哲学"就是"实证主义哲学"，后来成为孔德"人本教"的教理。从这些观点可以看出，孔德并没有找到解决社会发展进步的深层次根源——经济基础，其社会学思想的根源最终也没有走出唯心主义的泥淖，由此也决定了其道德教育思想根源的唯心性。

此外，孔德的人性论思想也存在一些不合理的成分。他用生物学的方法来类比研究人性，其可行性值得商榷。在孔德的人性论里面，对思想、情感、行动的研究带有浓厚的浪漫主义和空想主义色彩。孔德所憧憬的"爱的社会"实质上是一个乌托邦，非常理想化，和他企图用"人本教"重建美好社会一样，是遥不可及的。法国著名社会学家雷蒙·阿隆曾不无尖刻地讽刺孔德"把自己的想象列举得十分详细，在他的这种想象中我们都无所作为，而他却自以为上帝。"④

2. 思想的前后矛盾性

孔德生活在19世纪动荡不安的法国社会，从青年离家开始，就一直颠沛流离、生活困苦，社会时局和个人生活经历影响了孔德前后期道德教育思想的完整性，晚年转向宗教，在一定程度上造成了其思想的前后断裂甚至相互矛盾。

孔德在青年时期就逐渐脱离了家庭天主教思想的影响，他认为当时的法国社会君主封建制度正和神学一起消亡，神学思想已经过去了，此后科学思想将支配现代人的才智和生活。他一直崇尚科学与自由精神，早期思想充满着科学和理性的光辉。他把自然科学的实证研究方法引进社会学、道德学等社会科学领域，宣扬秩序和进步，认为二者不可偏废。但在晚年却创立了"人本教"，其实证主义哲学体系被当作了教理和信条，并宣称实证主义是比其他一切宗教

---

① [法]奥古斯特·孔德：《论实证精神》，商务印书馆2009年版，第106页。
② [法]奥古斯特·孔德：《论实证精神》，商务印书馆2009年版，第106页。
③ [法]奥古斯特·孔德：《论实证精神》，商务印书馆2009年版，第107页。
④ [法]雷蒙·阿隆：《社会学主要思潮》，上海译文出版社2005年版，第57页。

更完全、更真实的宗教。他在"人本教"里创造出一系列祷告和宗教崇拜制度，科学和理性的道德法则变成了一种主观的宗教情感和信仰。不仅如此，还主张政教合一，而他在青年时期是反对神权和专制的。孔德企图用"人本教"来统管整个社会，让国家的权力和"人本教"合二为一，拥有统一管理社会最终权力的是教会，"人本教"是至高无上的。孔德把社会权力划分为世俗上的权力和精神上的权力两部分，与此对应的是世俗秩序和精神秩序。他认为，世俗权力由银行家等富人阶级来掌握，而精神权力则由教会僧侣等人来掌管，归根结底，前者应该受后者主导和支配。基于这一点，后来许多人如李特赫和穆勒，怀疑孔德的思想退回到他自己所说的神学时代，对孔德早期重视科学和实证表示肯定，而极度反感他晚年时期重视宗教的做法。19 世纪法国道德教育"世俗化"已成大势，孔德的晚年思想虽然不是真正意义上的神学宗教，但与前期崇尚实证、科学有着许多矛盾之处，呈现出了前后冲突的特点，不仅增加了后人对其道德教育思想理解的难度，更是影响了对其整体思想高度的认识和评价。

二、孔德道德教育思想的启示

中国的改革开放发展到今天，取得了许多重大的成就，也产生了一系列问题和矛盾。通过对孔德道德教育思想的总结、分析和评价，我们不仅要借鉴其中的积极成分，而且要警惕其中的消极成分，从正反两方面来审视我国当前的道德教育现状，推动我国道德教育向更好的方向发展。

（一）合理确定道德教育目的

随着改革开放带来的经济快速发展和科技飞速进步，人民的物质生活越来越丰富，社会也愈加充满活力，文明程度逐步提升，但是我国在公民道德建设方面也出现了不少问题，部分社会领域存在道德失范，是非不分、善恶不辨，崇尚享乐主义、拜金主义和个人主义，见利忘义、损公肥私的现象时有发生。道德教育目的是衡量道德教育是否有效的首要因素，因此道德教育一切活动的展开都应紧紧围绕着既定的德育目标，包括道德教育内容的选择、方法的确定、环境的优化等。可见，道德教育目的确定是否合理，直接关系道德教育的有效性。

孔德认为德育目的是培养"社会情感高于个人情感"的人，从"爱自己"到"爱他人"最后到"爱人类"，重点是引导人们从利己之心转向利他之心，其德育目的定位是偏向社会本位的，这有可能导致忽视个人微观层面的需求和发展，但是他提倡尊重人性，分步骤实现德育目的还是有其合理性的。

(二) 丰富完善道德教育内容

道德教育内容是道德教育有机体的重要组成部分，是道德教育实施的前提和基础，关系到德育目的的实现，其本身也是一个系统的知识体系。在我国，道德教育和思想政治教育是联系在一起的，按照"大思政"的观点，一般认为道德教育是被包含在思想政治教育体系之内的。孔德的道德教育思想以其社会学理论为基础，其中还涉及哲学、法学、生物学、心理学等诸多思想内容，他还认为不同教育阶段应该有不同的教育内容，这为目前我国道德教育内容选择提供了借鉴和启发。道德教育内容体系应该是一个不断发展着的相对稳定的体系，跟随时代调整和完善德育内容，在博采众长的基础之上使之更加符合现实需要。

首先，把不断发展着的马克思主义中国化理论成果作为道德教育的核心内容。我国的道德教育是以马克思主义为指导的，马克思主义与中国革命建设的实际相结合，产生了一系列马克思主义中国化理论成果，其中包含丰富的、不断发展的社会主义道德理论，对我国道德教育内容的选择和确定具有重要的指导意义。爱国主义、集体主义、共产主义教育是当代道德教育的核心内容，应结合时代要求，注重更具有时代价值和现实意义内容的提炼与选择。

其次，中华民族传统文化的道德思想精华应该作为道德教育内容的重要组成部分。中华民族有着博大精深的传统文化，其中蕴含着丰富多彩的道德教育内容资源，在几千年的历史发展中，形成了以爱国主义为核心的团结统一、爱好和平、勤劳勇敢、自强不息的伟大民族精神和"仁、义、礼、智、信"等优秀道德传统，这也是当代社会主义核心价值观等道德思想赖以生存的沃土和根基。把中华民族传统文化的道德思想精华纳入我国道德教育内容体系，加强传统文化和道德教育的结合，有利于繁荣和发展中华文化，有利于提高国民的道德素质和思想境界，有利于增强民族自尊心、自信心和自豪感。

最后，我国当代道德教育要善于吸收世界各国历史上优秀文明成果。随着互联网以及经济全球化的发展，国家之间的交流日益频繁，不同思想文化正发生着巨大的碰撞交流，不同价值观念也在国际舞台上交流、交融、交锋，世界各民族间、各国间的文化联系越来越紧密，这就要求我们突破国别和地域的限制，跟随时代发展潮流，多角度多层面分析不同国家和民族的道德教育内容，吸收不同国家和民族优秀的道德教育成果，不断丰富我国道德教育的内容体系。

除了以上方面，我国道德教育内容的选择还应尊重人的认知发展规律，贴近生活实际；注重交叉学科知识的运用，例如伦理学、哲学、心理学和社会学等学科知识，既能丰富道德教育内容体系，又能增强道德教育的包容性和生命力。

（三）科学选择道德教育方法

道德教育方法是关系道德教育内容转化、目标实现的重要因素，道德教育方法的选择运用是否合理科学对德育效果有着重要的影响。孔德在道德教育过程中非常注重方法的选择与运用，他重视课堂教学和道德实践相结合、注重道德教育的阶段性、方法的隐蔽性和渗透性，然而孔德在道德课堂教学中对于师生关系的把握上，他是倾向于家长、教师和教士主导的，在一定程度上忽视了受教育者的主体感受。我国的学生更多的是在课堂上接受道德说教和道德训诫，教师单向灌输道德知识和道德教条，容易让学生厌倦甚至对道德教育产生反感，因此，我们在选择道德教育方法时就应该反思不足，注重对学生"知、情、意、信、行"的关切，尊重学生认知发展规律，加强与学生的互动与对话，提高学生道德学习和实践的积极性。

1. 采用尊重道德教育主体性的方法

学生是德育过程中学习的主体，道德教育与主体是密不可分的，如果主体对道德教育本身产生抵触情绪，不仅达不到预期效果，甚至可能产生副作用，如果道德教育忽视学生的主体性，仅仅考虑培养其机械服从道德规范，那么在面临道德选择的时候就会出现内心意愿和外在表现相悖的情况，甚至可能让学生放弃道德选择。因此选择道德教育方法时必须尊重学生的主体性，遵循主体进行道德学习和实践的基本规律，满足主体的客观需求，更多地去关注学生个人尊严和个人意愿，关注学生内心情感诉求，只有这样才能增强学生的道德自觉。尊重学生的主体性并不是一味地迎合学生的兴趣和需求而忽视对学生的引导作用，教育者需运用合理的方式和手段加以引导，促成学生的道德品质逐步走向成熟。

2. 注重道德教育生活化的方法

我们需要审视生活和道德教育的关系，注重道德教育生活化的方法。现代教育学认为道德教育的最终实现途径是生活体验，游离于生活之外的道德教育就如无根之木、无源之水，不仅会削弱道德教育的效果，还会成为道德教育的累赘和负担。为此，无论是国内注重知、情、信、意、行的道德教育方法还是西方德育理论中提出的"公正团体法"、"道德两难讨论法"、"价值澄清法"等，最终的出发点和落脚点都是个人的日常生活实践，这样才能有效保证个体的道德行为在生活中一以贯之。

3. 采行隐蔽性的道德教育方法

我国道德教育在隐性方法的选择和运用上仍有欠缺，发达国家非常注重将道德教育内容以自然隐蔽的方式渗透到各种具体教学生活情境中，课堂教学、课程设置、学校管理制度以及文化教育公共场所都隐含许多德育元素。例如，法国就非常注重隐性道德教育方法：借助社会习俗、各种文化礼仪以及先进的文化传播成品向法国大众甚至全球宣扬法兰西精神；注重利用公共场所对法国青年学生进行道德上的渗透和熏陶，绝大部分具有国家历史和文化性质的参观景点，如博物馆、图书馆、国会大厦、各种伟人纪念堂等都可以免费参观，学生在受到历史文化熏陶的同时极大地提升了道德修养水平。注重道德教育方法的隐蔽性和渗透性能够起到"润物细无声"的效果，让道德教育过程更加轻松愉悦，学生也更容易接受。

（四）合理优化道德教育环境

孔德非常重视道德教育的环境，尤其强调在社会混乱时期家庭、学校道德教育等微观环境的重要性，甚至到后来创造了一个类似"道德场"的"人本教"，遗憾的是在道德教育宏观环境及其优化的问题上，孔德并没有太多论述。道德教育环境是不断动态发展的，不同时期和不同阶段的道德教育环境所呈现出的特点不尽相同。世情和国情的变化给我国道德教育环境带来了巨大挑战，从国际上来看，随着经济全球化、信息全球化不断深入，各个国家和民族的文化及价值观交错冲突，多元文化的交锋一方面不断开阔了人们的视野，另一方面也带来了显而易见的负面影响，例如西方发达国家借助其雄厚的物质经济基础，利用先进的文化传播手段，不断进行文化渗透，甚至在全世界推行文化霸权主义。从国内发展来看，社会结构发生重大变化，利益主体朝多元化发展，竞争加剧了人们对生存和发展的焦虑，少部分人心理失衡。信息化带来了互联网的普及，这为道德教育提供了新阵地，同时也给道德教育带来了挑战。

1. 重视道德教育宏观环境的优化

首先，经济环境是道德教育所处的最基础的环境，它从根本上决定人们的生活方式、思想观念、价值取向等。现阶段优化德育的经济环境就是针对经济发展给道德教育所带来的负面影响，采取积极措施予以解决，主要是解放和发展生产力，改革收入分配制度，缩小日益拉大的贫富差距；大力发展科学技术，不断增强综合国力；加大对教育的投入，重视人才的培养等。只有解决这些影响道德教育发展的经济问题，才能优化道德教育面临的经济环境。

其次，政治环境优化应该从国际和国内两方面着眼。从国际政治环境来看，要积极应对西方国家的政治挑战，坚守马克思主义阵地，增强理论自信、制度自信、道路自信和文化自信；坚决打击民族分裂势力和恐怖主义活动，维护国家主权和领土完整；借助一切国家重大事件增强民族凝聚力和向心力，团结全国各族人民推动国家富强和民族振兴。从国内政治环境来看，要全面推进依法治国，坚决打击腐败，树立党和政府的良好形象，为社会主义道德教育提供一个良好的政治环境。

最后，优化文化环境。文化是民族形成和划分的核心，民族文化是在历史过程中累积的风俗、习惯、思维方式、精神特质积淀的结晶，是民族自尊和自信的精神源泉，是维系民族认同和社群存在的纽带，贯穿于一个民族的总体性文明的各个层面，对其成员起着行为规约和价值引导的作用。社会文化环境对个体的伦理道德观、价值观有着直接的导向作用。现阶段优化文化环境必须坚持以社会主义核心价值观为指导，增强文化包容性、创新性；提高抵御西方国家文化渗透的能力；弘扬中华民族优秀传统文化，在全社会营造良好的道德教育文化氛围。

2. 重视道德教育微观环境的优化

加强道德教育微观环境的优化，有利于个人道德情感培养和价值观的塑造，增强道德教育的实效性。所谓"近朱者赤，近墨者黑"、"蓬生麻中，不扶而直；白沙在涅，与之俱黑"正是氛围营造功能的生动注脚。

首先，重视家庭环境对个人道德教育的直接影响。孔德非常重视家庭关系对儿童道德情感的培养作用，特别是母亲对儿童的影响。父母是孩子最好的教师，父母的言行举止对孩子的影响是最直接的，因此提倡父母以身作则、提倡民主科学的家庭教育方法以及形成良好家风，这些都有助于培养孩子的道德情感、形成正确健康的道德观念以及树立正确的世界观、人生观和价值观。

其次，创造良好的校园德育环境。学校作为教书育人的重要场所，是道德教育最为重要的环境，特别是在信息化高度发展的今天，各种思想信息通过各种渠道进入校园，传统的教育手段和教育模式面临严峻的挑战。因此，应大力加强校园文化建设，主动占领网络道德教育新阵地，延伸道德教育环境范围，将与学生息息相关的教学活动和各类社团主题活动纳入网络德育，营造良好的校园网络德育环境、提高道德教育的亲和力与生命力。

最后，重视社区环境的优化。自古以来"孟母三迁"的故事就是重视邻里社区环境的经典案例。现时期优化社区环境要发挥社区成员的积极性，推动有利于加强人际关系的社区组织活动，避免社区政治组织在社区文化建设中唱

"独角戏",增强社区成员的集体感和归属感。在社区里营造尊老爱幼、邻里和谐、出入相友、守望相助的道德氛围,青少年在这种环境中得到切身感受,进而产生良好的心理体验,从而促使其主动发掘和吸收这些真善美的主流价值元素。

第五章　托克维尔公民教育思想

夏尔·阿列克西·德·托克维尔（1805—1859年）是法国著名的政治家、历史学家、社会学家，19世纪伟大的自由主义思想家，他一生经历过法国五个朝代，即法兰西第一帝国、波旁复辟王朝、七月王朝、法兰西第二共和国、法兰西第二帝国。托克维尔身处急剧的社会转型期，民主社会初露端倪，他对民主社会发展的判断、预见和设想都有着独特的视角，对各种社会问题拥有不同的见解和看法，对公民教育有一套完整的理念，意识到贵族时代即将被新型的民主时代所代替，并逐渐形成了托克维尔政治理论。在公民教育相关论述中，托克维尔指出公民是民主政治社会的建设者、参与者，公民教育要突出其政治性，尤其要重视公民责任感、自豪感、爱国主义等公共精神的培育。

第一节　托克维尔公民教育思想产生的背景

一、托克维尔的生平及著作

1805年7月29日，托克维尔出生于今法国伊夫林省塞纳河畔维尔内伊一个诺曼底贵族世家。托克维尔从小接受的是贵族化教育，有家庭教师来专门授课；中学时期进入梅斯皇家中学，接受的是传统古典教育；高中毕业后进入巴黎的皇家学院学习法律，1827年进入凡尔赛初审法院担任法官，并结识了担任检察官的古斯塔夫·德·博蒙。

1830年法国七月革命后，托克维尔在宣誓效忠奥尔良王朝的问题上与拥护已被推翻的波旁复辟王朝的家庭和亲友有分歧，于是他与好友古斯塔夫·德·博蒙商定，以考察美国的监狱管理制度为契机，向司法部申请去美国。1831年4月2日两人乘船前往美国，并在美国考察了九个多月，回到法国之后，两人合作撰写了《论美国的刑事制度及其对法国的应用》，该报告于1833

年完成并被译为多种文字。经过酝酿，托克维尔将他游历美国的见闻记载成书，即《论美国的民主》（上卷），这本书于1835年出版，随之，下卷于1840年出版。该书出版后受到普遍好评，托克维尔也因此荣膺法兰西学院院士，名扬海内外。1842年至1848年，托克维尔担任芒什省议员，1848年法国二月革命爆发后，托克维尔担任制宪会议的议员，1848年6月至10月他出任法兰西第二共和国外交部长。1851年12月，托克维尔因反对路易·波拿巴称帝而被逮捕，次日被释放。从此他便退出政界，著书立说，先后完成了《回忆录》、《旧制度与大革命》。1859年4月16日，托克维尔逝世于法国戛纳。

托克维尔的代表作品主要有《论美国的民主》和《旧制度与大革命》，这两部著作分别成为政治学、历史学研究的经典。托克维尔深入探讨了西方社会中民主、平等、自由之间的关系，并对法国大革命和美国民主制度等做出独到的比较分析。《旧制度与大革命》于1856年出版，托克维尔对法国大革命的原因和后果做了精辟分析，揭示了大革命的深层动因、间接或直接的影响因素，并对大革命后的法国社会现状和发展做了深入阐释。《论美国的民主》是托克维尔的又一力作，是历史上第一部对美国社会、政治制度和民情进行全方位思考的著作，也是第一部论述民主制度的专著，是19世纪最伟大的社会学著作之一。在该书中，托克维尔对美国社会进行全面考察后，从古典自由主义的思想传统出发，探索美国的民主制度及其根源，指出平等和民主是历史发展的必然趋势，同时指出公民在民主社会发展中扮演着重要角色，公民教育是未来国家、社会发展的基础。最初托克维尔的思想理论并未受到足够的重视，直到第二次世界大战以后西方才逐渐兴起研究热潮，托克维尔在欧美的名声和学术地位是近几十年才逐步确立的。研究者以不同的理论视角、方法来解读托克维尔思想，深入挖掘其中的理论精髓，其中最有影响的是施特劳斯学派，代表性著作有曼南的《托克维尔和民主的本性》、蔡特鲍姆的《托克维尔和民主的问题》，还有法国学者雷蒙·阿隆与美国的丹尼尔·贝尔合著的《托克维尔与民主精神》，该书探讨了托克维尔关于民主、集权、政治参与、公民教育以及宗教的思想，还有米切尔的《自由的脆弱：托克维尔论宗教、民主和美国的未来》等。

二、托克维尔公民教育思想的社会背景

18世纪末至19世纪初，是法国大革命和大革命后社会最动荡不安、政权更迭的时代，是革命与民主交织的时代，更是旧的理念和秩序覆灭与新的政治

制度和文化艰难构建的过渡时代。托克维尔在这一特殊的历史际遇中，冷静深邃地审视人类社会所发生的一切。

（一）法国大革命剧烈动荡和自由民主的缺失

19世纪的法国社会处于激烈的政治动荡之中，阶级矛盾尖锐复杂，大革命的爆发是法国近代史上一个重要的转折点和里程碑，标志着法国以轰轰烈烈的革命方式进入了对民主的试验阶段。在法国大革命后的半个多世纪里，法国人民先后经历了拿破仑帝国的建立和覆亡，波旁王朝的复辟，"七月革命"和1848年的"二月革命"，之后建立了法兰西第二共和国。托克维尔虽然没能亲眼看到法国大革命的进行，但在他生活的年代仍是暴风骤雨、山呼海啸般的政治动荡，仿佛是大革命的继续。"在前进当中备受阻挠，但又敢于无法无天地纵情发展的法国民主，横扫了前进途中遇到的一切障碍：凡能打倒的打倒之，不能打倒的动摇之。它完全不是一步一步地占领社会，以和平方式建立其对整个社会的统治的，而是在混乱和战斗的喧嚣中不断前进的……于是，出现了我们本来不愿意见到的异常大乱"。① 托克维尔在《论美国的民主》中这样描述法国大革命使法国社会陷入混乱。

"我们被投于一条大江的急流，冒出头来望着岸上依稀可见的残垣破壁，但惊涛又把我们卷了进去，推回深渊。我方才叙述的伟大社会革命，在欧洲的任何国家都不曾像在法国这样迅猛激进。但在法国，这个革命通常都是任意进行的。"② 法国民主革命的道路走得异常曲折和艰辛，深受启蒙运动"自由、平等、博爱"思想的影响，法国人反思为何大革命反而导致政治的无序和自由的缺失，思想的冲击和现实的矛盾都令人感到无所适从，于是开始怀疑、开始强烈批判启蒙思想家们所谓的自由、平等和博爱。政权制度的连续和反复，已经废除的法律和习惯又不断重复出现，让法国人在推翻了旧王朝的同时，也丢掉了传统道德和古老信仰，没有了精神寄托和目标方向。正如托克维尔所说："在我们摆脱祖传的社会情况，并且不管三七二十一，把祖先的一切制度、观念和民情全部放弃之后，将用什么来取代它们呢？"③ 革命以盲目的斗争激烈爆发，没有人知道将要建立一个什么样的政府和社会，社会制度是进步还是止步不前。目睹动荡变幻的时局，托克维尔也在思索关于民主、自由、平等的关系，探索未来公民社会建设，不断丰富自己的理论。

---

① ［法］托克维尔：《论美国的民主》，商务印书馆1991年版，第13页。
② ［法］托克维尔：《论美国的民主》，商务印书馆1991年版，第8~9页。
③ ［法］托克维尔：《论美国的民主》，商务印书馆1991年版，第12页。

托克维尔深受启蒙运动的影响和法国启蒙思想家的熏陶,最主要的有三位,分别是孟德斯鸠、卢梭和帕斯卡尔。他曾说:"我每天都要同三个人:帕斯卡尔、孟德斯鸠与卢梭相处一会。"① 法国大革命的初衷是变革旧政府,瓦解旧的社会结构,然而建立的新政权却是如此软弱无力,法国在自由民主的道路上步履维艰,但托克维尔从未放弃过对自由、平等和民主的追求,也从未停止对法国大革命的反思。对于这样一场轰轰烈烈的伟大革命,为什么它所追求的自由平等却被一场突如其来的专制复辟所泯灭?法国追求自由民主的出路又到底何在?在那个时代,只有英国革命和美国革命结出了善果,但在托克维尔看来,英国革命是一场不够彻底的资产阶级民主革命,自由民主并未得到真正的实现,法国应效仿的是大洋彼岸的美国。

(二) 美国民主制度的建立

身处大洋彼岸的美国几乎和法国同时发生了革命,却探索出一条成功的"美国特色"民主制宪发展道路。在托克维尔看来,美国是现代民主制度运作最成功、民主制度发展最成熟完备的国家,同时也是一个朝气蓬勃的新生国家。"17 世纪初在美洲定居下来的移民,从他们在欧洲旧社会所反对的一切原则中析出民主原则,独自把它移植到新大陆的海岸上。在这里,民主原则得到自由成长,并在同民情的一并前进中和平地发展成为法律。"②

从欧洲远赴重洋来到美洲新大陆的人民,勇敢地开辟新大陆,靠自己的辛勤劳动和巨大努力,建设新的家园。1787 年,12 个州的 55 位代表来到费城,这些联邦党人成功地把 13 个殖民地拧成了一个美利坚合众国。在构建新体制的过程中,美国既继承了英国式自由主义观念和宪政传统,又自觉地采取一种务实、渐进的改革思路,在探索中不断前进。在这些卓越的领导者带领下,美国民主革命既强调个人权利又继承和发扬自治传统,自下而上缓和有序地完成了。

美国拥有成熟完善的民主制度,民主制度和习惯深入人们的生活方式、习俗、思想和民情中,并反映在社会生活的方方面面。民众习惯于自立自主,以主人的姿态参与自身事务的管理而不是乞援于政府,在亲身实践中习得了保护自由的知识和技巧;个人在日益独立的同时并未陷入冷漠的孤立,活跃的社团组织重建了维系社会团结的纽带;追逐私利的激情没有使人们忘记自己的公民

---

① 转引自胡勇:《一种中道自由主义:托克维尔政治思想研究》,武汉大学出版社 2007 年版,第 37 页。

② [法] 托克维尔:《论美国的民主》,商务印书馆 1991 年版,第 15 页。

身份，而时时准备以负责的态度履行自己的公共义务；忙碌于物质世界而并不忽略精神事务，虔诚的宗教信仰使道德人心时时得以净化提升；对法律和秩序的尊重使人们稳健务实，使民主的大众激情不致冲破理性的堤坝。正是这种独特的民情使美国民主有深刻持久的基础，使美国人在获得身份平等所带来的好处时节制了不良倾向，避免了多数暴政和中央集权等一系列消极后果，使平等和自由得以协调发展，进而培育出健全成熟的民主社会。

美国迅速建立起民主制度，一切都是那么井井有条，到处呈现出生机盎然的景象。这些恰是法国需要学习和借鉴的，正如托克维尔所言"我之所以考察美国，并不是单纯出于满足自己的好奇心，……我的希望，是从美国找到我们可资借鉴的教训"①。托克维尔通过考察美国民主社会的模式和美国民主制度来寻找公民社会建设中的有益成果，为欧洲社会的成长提供参考和引导。托克维尔认为美国的教育和习惯有助于维护其政治制度，他对美国教育的观察正如书中所写，"全体美国人民的知识水平处于最高者和最低者之间。在康涅狄格州和马萨诸塞州，很难碰上一个对这些事情不甚了了的人；对这些事情一无所知的人，简直可以说是怪物。……随着他们的定居，也把原有的知识带来，并且继续尊重知识。教育使他们知道了知识的功用，并能使他们把这些知识传给后代。因此，美国的社会没有摇篮时期，它在建立时就已经是成年"。②

在考察过程中，他不仅看到了美国的风土人情，更为重要的是，他研究了美国的民主社会制度。就像托克维尔所描述的那样："我在合众国逗留期间见到一些新鲜事物，其中最引我注意的，莫过于身份平等。我没有费力就发现这件大事对社会的进展发生的重大影响。它赋予舆论以一定的方向，法律以一定的方针，执政者以新的箴言，被治者以特有的习惯。不久，我又看到这件大事的影响远远大于政治措施和法律，而且它对政府的钳制作用绝不亚于对公民社会的这种作用。它不仅在制造言论，激发情感，移风易俗，而且在改变非它所产生的一切。因此，随着我研究美国社会的逐步深入，我益发认为身份平等是一件根本大事，而所有的个别事物则好像是由它产生的，所以我总把它视为我的整个考察的集中点。"③托克维尔向往的无非是美国社会所特有的那种自由

---

① ［法］托克维尔：《论美国的民主》，商务印书馆1991年版，第16页。
② ［法］托克维尔：《论美国的民主》，商务印书馆1991年版，第350~351页。
③ ［法］托克维尔：《论美国的民主》，商务印书馆1991年版，第4页。

平等精神，其终极关怀便是确立民主社会的个人自由。

第二节　托克维尔公民教育思想的内容及特点

公民教育是为了满足民主国家和公民社会的发展要求，培育具有公民意识、且能正确行使公民权利、承担相应义务的现代公民。通过公民教育，推进他们关注公共事务，积极参与公共生活，培育公共精神，明确个人与国家、社会的责任关系，能够在追求个人福祉与维护社会利益间维系平衡。

一、公民教育的主要内容

（一）"本能的爱国心"与"理智的爱国主义"

托克维尔在《论美国的民主》中深入探讨了美国的公共精神。首先，托克维尔介绍了两种不同的爱国心，"本能的爱国心"和"理智的爱国主义"。他认为，"本能的爱国心"是"主要来自那种把人心同其出生地联系起来的直觉的、无私的和难以界说的情感"①，这种爱国心就是一种宗教，它驱使人们凭自己的信仰和感情行事，不做任何推理。这种爱国心如同轻率的激情，能暂时激起强大的干劲和动力，但是难以持久；"理智的爱国主义"是基于理性的理解，法律的帮助下成长起来的爱国心，它有非常坚定和持久的感情，虽然不及前一种爱国心那样看似激情和豪爽。

托克维尔认为，本能的爱国心"既有对古老习惯的爱好，又有对祖先的尊敬和对过去的留恋。在宗教虔诚的鼓舞下，往往更加炽烈"。但是"它把国家从危机中拯救出来以后，往往便任其于安宁中衰亡"。②所以，在本能的爱国心消失时，各国都要全力以赴地去培养公民理智的爱国主义，这也是公民教育最基础、最重要的内容。理智的爱国主义伴随着权利的行使而发展，但美国是以个人主义为主导的民主社会，美国人的爱国主义实际上是"建立在利害关系之上的"。③

---

① ［法］托克维尔：《论美国的民主》，商务印书馆1991年版，第268页。
② ［法］托克维尔：《论美国的民主》，商务印书馆1991年版，第268~269页。
③ ［法］托克维尔：《论美国的民主》，商务印书馆1991年版，第435页。

托克维尔认为，本能的、无私的爱国心在民主社会里是难以做到的，随着公民权利的运用，它在个人利益的影响下会逐渐削减。而培养理智的爱国心，需要把个人利益和国家利益联系起来。拥有理智的爱国主义的公民之所以关心社会公共生活，关心国家和社会的繁荣发展，是因为这些与个人利益具有关联性，同时国家和社会的繁荣发展也有个人的功劳。"在美国，到处都使人感到有祖国的存在。从每个乡村到整个美国，祖国是人人关心的对象。居民关心国家的每一项利益就像自己的利益一样。他们以国家的光荣而自豪，夸耀国家获得的成就，相信自己对国家的成就有所贡献，感到自己随国家的兴旺而兴旺，并为从全国的繁荣中获得好处而自慰。他们对国家的感情与对自己家庭的感情类似，而且有一种自私心理促使他们去关心州。"①

为了获得这样的结果，就得使每个人通过自己的活动参与政府的管理工作，参与公共事务，参加社会管理。在这个过程中，每个人都能关心祖国的命运，为国家的富强贡献自己的力量，创造公共财富。人们愿意为国家效劳，不仅出于责任感和自豪感，而且出于贪婪的心理，但是公共精神的发育和生成来自社会成员的共同参与，如同托克维尔在考察美国社会时所认为的那样，美国人的公共精神与政治权利的行使是密不可分的。

（二）政治实践教育

政治实践教育既是政治活动，也是教育活动，二者相互统一。通过政治实践教育，达到公民教育的要求和目的，才能推动政治活动有效顺利进行；同样，政治活动也是进行公民教育的有效路径和手段。托克维尔在《论美国的民主》中对美国的公民政治实践教育有详细的论述，他认为，政治实践教育是培育公共精神，实现公民教育的重要组成部分，是社会秩序和个人发展的保障。

公民教育对于培育公共精神，维护民主社会是必需的，其中政治实践教育能够最好地履行这种功能。美国教育的核心是政治实践教育，所以对人们进行的教育大多以政治为目的，这样公民在接受教育的同时也接受了政治的洗礼。托克维尔比较了以政治为目的的美国教育和以培养私人能力为目的的欧洲教育，指出正是这两种教育的差异造成不同的社会效果。

公民教育的实质是为现代民主社会和国家培养具有公民意识的现代人，培育人们有效参与国家和社会公共生活的教育，其中权利观念是首要的，尤其是政治权利。"除了一般道德观念之外，我不知道再有什么观念可与权利观念媲

---

① ［法］托克维尔：《论美国的民主》，商务印书馆1991年版，第105页。

美的了。"① "民主政府使政治权利的观念普及到了每个公民。我认为这也是民主政府的最大优点之一。"② 现代公民教育就是要塑造现代社会的权利主体,培养公民的权利观念特别是政治权利意识,如何正确有效地行使权利显得格外重要,这都要通过政治实践教育来达至目的。

托克维尔考察了美国的社会状况后,在其著作中专门介绍了美国的政治实践教育。他深入探讨了美国的陪审团(美国人将陪审团视为政治机构,而陪审制度是进行政治实践教育的主要形式),指出"所谓陪审制度,就是随时请来几位公民,组成一个陪审团,暂时给予他们以参加审判的权利"。③ 他认为,陪审制度应当首先是一种政治制度,从这个角度来评价,而不是传统意义上的司法制度。"它是作为司法制度而存在的,作为政治制度而起作用的。"④ 陪审制度实质就是把领导社会的权力置于人民或一部分公民之手。在美国,这一制度应用于全体人民,每个公民都有资格当陪审员。美国实行的陪审制度是"人民主权学说的直接结果与最终结果"。⑤ 陪审制度的应用,会对整个国家产生重大的影响。陪审制度让法官的思维习惯深入公民的头脑和生活中,使公民养成维护自由和权利的习惯,教导人们对自由的爱好要在尊重法律的前提之下,促使公民牢固树立并养成权利与义务的观念;教导公民要办事公平正义,公民在陪审他人的过程中最能体会公道的重要性;教导公民要对个人的行为负责,责任意识是政治道德存在的基础;促使公民产生主人公感,公民参与政府组织的公共事务是对社会和国家负责,积极参与和关心公共生活有助于克服自私自利,消除民主的弊端;有助于形成判决和提高人的知识水平,托克维尔认为应当把陪审团看成是一所常设的免费学校。公民在担任陪审员行使权利的过程中,在有学识的人、律师、法官的帮助下,能够学习和运用法律的知识和技术,美国人的法律知识和实践知识就是在运用陪审制度中习得的。托克维尔写道:"我把陪审团视为社会能够用以教育人民的最有效手段之一。"⑥

(三)"正确理解的利益"

托克维尔认为"正确理解的利益"是美国公认的行为准则,也是最符合当代人需要的理论。它深入人们的一切活动中,指导人们的一切行为。所谓

---

① [法]托克维尔:《论美国的民主》,商务印书馆1991年版,第271页。
② [法]托克维尔:《论美国的民主》,商务印书馆1991年版,第273页。
③ [法]托克维尔:《论美国的民主》,商务印书馆1991年版,第313页。
④ [法]托克维尔:《论美国的民主》,商务印书馆1991年版,第311页。
⑤ [法]托克维尔:《论美国的民主》,商务印书馆1991年版,第314页。
⑥ [法]托克维尔:《论美国的民主》,商务印书馆1991年版,第317页。

"正确理解的利益",就是公民都有关注自己利益、追求自身利益的权利,但不必为了国家的利益而牺牲自己的全部;它不要求人们有献身的精神,只需牺牲个人的部分利益就可保全其余部分。托克维尔分析认为,"正确理解的利益"原则明确易懂,所有公民都能学习掌握,同时这个原则符合人性特点,对个人利益的追求有着不可抗拒的力量,然而要想占有全部利益的结果就可能是全部利益的丧失,所以这一原则是用个人利益来对抗个人主义,并引导着对个人利益的合理追求,同时促进国家、社会利益的共生与发展。

"正确理解的利益"原则在民主社会的广泛运用,培育了自律自制的精神,公民自觉按这一行为准则行事,自觉将个人幸福和同胞的幸福结合起来,将其视为基本道德的信条。在平等、自由的民主社会,个人主义不断滋生利己主义,若在无知的状态下,会出现极端的行为;倘若公民不能为国家、公共利益牺牲个人的一些福利,公民的未来发展将会陷入可悲的境地。在民主社会,已不需要盲目的献身精神和本能的为善,为他人利益克制个人的某些行为,有助于自由平等的实现和社会秩序的稳定。

"正确理解的利益"原则从公民自身利益出发,为了自身利益的需求而自愿主动关心他人的利益,关心国家、社会的公共生活。这一原则有效地消除了个人主义的弊端,平衡了个人利益、他人利益与公共利益的关系,将个人利益与社会公共生活联结起来,有利于公民积极参与社会公共生活,从而促进公共意识和公共精神的提升,增强权利义务观,为民主社会的发展做出贡献。因此,"正确理解的利益"这一原则是公民教育的重要内容。

二、公民教育的特点

作为自由主义者的托克维尔认为,在自由主义和个人权利至上的观念影响下,公民教育对民主国家和公民社会来讲是必不可少的。只有通过培育公共精神,进行政治实践教育,在"正确理解的利益"道德信条指导下,才能塑造自律、具有公共精神的、有德性的公民,使其成为公共生活的一分子。当每个公民都能参与管理国家和社会公共事务,为个人和社会的福祉努力,才能称得上是真正的国家主人,真正构建了自由、民主、平等的公民社会。

(一)公民教育与政治权利的行使相结合

公民教育是公民社会建构的重要基础,无论是培育公共精神,对公民进行政治实践教育,还是指导公民生活的"正确理解的利益"原则,都是为了造就合格公民。只有进行公民教育,才能传授社会知识、培养公民意识、弘扬公民精神，不断提高公民参与社会政治生活的水平和能力，从而促进公民社会的进步和发展。托克维尔认为，有效行使政治权利可以抑制个人利益的偏私，使公民减少对个人问题的关注，增加对社会公共生活的关心，促进人与人之间的交流，加深人们彼此间的情感，逐步以公共道德为共同信念。托克维尔认为当公民学会了行使民主政治权利，参与社会公共生活，将对国家和社会产生微妙而深刻的影响。因此，民主社会的现代公民，在谈论自己的国家时，可以清晰准确地知道他们享有的权利以及如何行使这些权利。"没有疑问，美国的国民教育对维护民主制度是有大帮助的。而且我相信，在启迪人智的教育和匡正人心的教育不相分离的地方，情况更会如此。"①

行使政治权利的目的就是让公民走出私人空间，参与到公共生活中来。"他们认为，使国内的各个构成部分享有自己的独立政治生活权利，以无限增加公民们能够共同行动和时时感到必须互相信赖的机会，是恰当的。"② 通过政治权利的行使，加强了公民间的共同协作和交流，消除了社会陌生和冷漠，培育了公民意识和公共精神，只有在公共生活和公共事务的参与中才能不断激发公民意识，促进公民教育的发展，因此，在民主社会公民政治权利的行使成为首要的任务。

（二）重视经验与实践教育

通过公民教育，不仅要提升公民的内在知识素养，更要提高他们参与社会的实践能力，这些都需要公民的自主参与和实践。只有公民参与实践，参与社会公共事务，才能将常识、政治和法律知识转化为实践指南，促进公民教育发展。

托克维尔观察到美国居民非常重视实践经验的作用，"真正的知识，主要来自经验。"③ 正是依靠自己的实践活动，他们才能将书本知识转化为积极的实践能力。"美国的居民不从书本去汲取实际知识和实证思想。书本知识只能培养他们接受实际知识和实证思想的能力，但不能向他们直接提供这些东西。美国人是通过参加立法活动而学会法律，通过参加管理工作而掌握政府的组织形式的。"④ 托克维尔认为美国社会繁荣有秩序的发展正是民主制度下美国公民自我管理的结果，从殖民地时期到美利坚合众国，他们将自己组织起来，确

---

① ［法］托克维尔：《论美国的民主》，商务印书馆1991年版，第353页。
② ［法］托克维尔：《论美国的民主》，商务印书馆1991年版，第631页。
③ ［法］托克维尔：《论美国的民主》，商务印书馆1991年版，第353页。
④ ［法］托克维尔：《论美国的民主》，商务印书馆1991年版，第353页。

立了乡镇自治等民主制度，使权力为社会所有。"正是在这一条不毛的沙嘴地带，成长和壮大起日后诞生美利坚合众国的英国殖民地。"① 美国是个移民国家，当年的开拓者来到一无所有的北美，在披荆斩棘的拓荒过程中，为了生存和追求美好的生活，他们变得更加务实，凭着辛勤劳作，他们为美国的建立奠定了基础。开拓者重视经验、实践和效用的思想也渗透到美国政治、经济、文化生活的各个方面。

（三）注重心灵与精神的净化

托克维尔在书中这样写道："在美国，每星期的第七天，全国的工商业活动都好像完全停顿，所有的喧闹的声音也听不到了。人们迎来了安静的休息，或者毋宁说是一种庄严的凝思时刻。灵魂又恢复了自主的地位，并进行自我反省……传教士向他们说：人必须抑制自己的欲望，只有美德才能使人得到高尚的享乐，人应当追求真正的幸福。""美国人就是这样挤出一点时间来净化自己，暂时放弃生活上的小小欲望和转瞬即逝的利益，而立即进入伟大、纯洁和永恒的理想世界的。"② 美国人注重心灵与精神的净化，虔诚的宗教信仰及其产生的巨大影响让托克维尔感到惊讶。

托克维尔认为，民主社会中膨胀的个人主义和物欲，利己主义和物质主义的弊端，会使人们越来越追求物质的享乐，醉心于个人的利益，使公民的心灵退缩到私人世界的狭仄领域，人性堕落；同时使公民逐渐沉迷于自己的小世界，日益远离政治生活，脱离公共事务，销蚀公共道德，将最终导致政治冷漠，公共精神缺失。"个人主义是一种只顾自己而又心安理得的情感，它使每个公民同其同胞大众隔离，同亲属和朋友疏远。因此，当每个公民各自建立了自己的小社会后，他们就不管大社会而任其自行发展了……利己主义可使一切美德的幼芽枯死，而个人主义首先会使公德的源泉干涸。"③ 注重公民心灵与精神的净化，对于抵御利己主义、物欲主义的侵蚀是有必要的，这样的公民教育对于培育公共精神，维护民主社会是必需的。正如托克维尔所言："民主国家的立法者和一切有德有识之士，应当毫不松懈地致力于提高人们的灵魂，把人们的灵魂引向天堂。凡是关心民主社会未来的人，都应团结起来，同心协力，不断努力，使永恒的爱好、崇高的情感和对非物质享乐的热爱洋溢于民主

---

① ［法］托克维尔：《论美国的民主》，商务印书馆1991年版，第23页。
② ［法］托克维尔：《论美国的民主》，商务印书馆1991年版，第675页。
③ ［法］托克维尔：《论美国的民主》，商务印书馆1991年版，第625页。

社会。"①

第三节 托克维尔公民教育的培育体系

托克维尔认为，民主时代的到来是大势所趋，但也要看到民主的弊端和危险，因此，他尤其注重公民教育在培养公共精神、培育公共美德和维护民主社会中的重要作用。在托克维尔的著作中，虽然没有系统地探讨培育公共精神的方法途径和公民教育的培育体系，但可以从他的相关论述中归纳出一系列公民教育的方法和路径。公民教育能够使公民获得必需的政治知识、政治能力和政治技巧，增强他们的民主观念和民主能力，更好地推动民主制度的发展。能否培养出适应国家社会发展需要的、具有自律精神、公共精神和有德性的合格公民，将决定民主社会的存在和发展。

一、乡镇自治是公民教育的基石

托克维尔认为维护美国民主制度的支柱有三个，按照贡献程度依次是民情、法制和社会环境，其中民情贡献最大，而民情扎根于乡镇自治制度。托克维尔考察美国政治制度首先也是从乡镇自治开始的，他对乡镇的定义为："乡镇是自然界中只要有人集聚就能自行组织起来的唯一联合体。"② 乡镇组织是国家机构中最基层、最基础的单位组织，正因为乡镇处于最底层，也最容易受到来自中央政府和国家政权的侵犯，所以乡镇自由也是各种自由中最难实现的。托克维尔在观察美国社会和乡镇生活后认为，美国的乡镇自由和乡镇精神得益于乡镇自治制度。他曾这样评价："在美国，乡镇不仅有自己的制度，而且有支持和鼓励这种制度的乡镇精神。"③ 而乡镇精神是乡镇成员在参与乡镇建设和管理中不断产生的对乡镇及乡镇生活的眷恋和热爱之情，是在乡镇公共生活实践中产生的感情。

（一）乡镇自治是公民政治参与的社会基础

托克维尔认为，美国的乡镇自由是保持个人自由的基本手段。美国继承了

---

① [法]托克维尔：《论美国的民主》，商务印书馆1991年版，第677页。
② [法]托克维尔：《论美国的民主》，商务印书馆1991年版，第66页。
③ [法]托克维尔：《论美国的民主》，商务印书馆1991年版，第74页。

英国统治时期新英格兰的殖民自治制度,而后逐渐形成了美国的乡镇自治制度。因为"乡镇成立于县之前,县又成立于州之前,而州又成立于联邦之前"①,所以美国的国家政治生活开始于乡镇。"乡镇一般在各乡镇共享的利益上服从于州。"② 在人民主权原则的指导下,乡镇居民大会是乡镇权力的最高机构,成年的乡镇居民可以行使公民权利,直接参与乡镇公共事务的管理,享有乡镇事务的决策权,做自己的主人。个人是自身利益的最佳裁判者,可以通过努力满足自身的需求,只有积极参与乡镇公共事务和社会管理,使自己习惯于自由赖以实现的组织形式,同时明确自身权利义务的职责和范围,才能为居民的正当权益奋斗,从而实现乡镇的民主、自由和幸福的生活。

实行乡镇自治制度使乡镇的权力得以保证,其他任何政府都不得侵犯,避免暴政集权;同时,也使居民直接参与政治实践,积累丰富的政治经验,培育公共精神。公民对地方政治和公共事务的直接参与,是民主精神最重要的表征。乡镇自治制度提高了人民积极参加公共事务的觉悟,为联邦的地方分权制度奠定了基础。

"新英格兰的居民依恋他们的乡镇,因为乡镇是强大的和独立的;他们关心自己的乡镇,因为他们参加乡镇的管理;他们热爱自己的乡镇,因为他们不能不珍惜自己的命运。"③ 托克维尔在书中这样描述:"乡镇生活可以说每时每刻都在使人感到与自己休戚相关,每天每日都在通过履行一项义务或行使一次权利而实现。这样的乡镇生活,使社会产生了一种勇往直前而又不致打乱社会秩序的稳步运动。"④ 正是由于美国居民对乡镇的依恋和热爱,对乡镇事务的参与和用心管理,让他们享有做主人的自豪感和获得感。

(二)乡镇精神是实现公民教育的必要条件

乡镇精神是乡镇自治的产物,美国的乡镇精神给托克维尔留下了深刻的印象,在乡镇制度和乡镇精神的共同发展下,不断培育出符合民主社会要求的公民。在人民主权的政治理念下,乡镇居民有着主人翁的自豪感及对乡镇的依恋和热爱。这样的乡镇生活,使居民认识到乡镇权力与每个居民的切身利益休戚相关,没有乡镇自治就没有自己的幸福生活,同时乡镇居民也需协作寻求共同利益,这样才能突破自身利益的束缚,共同面对乡镇公共事务,不断消除矛盾

---

① [法]托克维尔:《论美国的民主》,商务印书馆1991年版,第45页。
② [法]托克维尔:《论美国的民主》,商务印书馆1991年版,第72页。
③ [法]托克维尔:《论美国的民主》,商务印书馆1991年版,第76页。
④ [法]托克维尔:《论美国的民主》,商务印书馆1991年版,第75页。

和解决问题，实现乡镇公共生活的顺利发展和繁荣。

乡镇自治制度与乡镇公共生活是培育公共精神的温床。乡镇精神体现着居民积极参与乡镇公共事务的热情，乡镇生活是每个居民直接共同参与的领域，他们自觉关心着乡镇的公共事务，在参与乡镇的政治实践中不断涵育公共精神，密切公民之间的关系，化解人际冷漠。乡镇自治也培育了公民的爱国心。"在美国，爱国心是通过实践而养成的一种眷恋故乡的感情。"① 在这样自由强大的集体中生活，居民感到由衷的自豪感，托克维尔从中看到了民主社会所表现出来的对自由的热爱和对公民权利的捍卫。

托克维尔认为乡镇精神是美国社会能够持久发展和充满活力的原因所在，"新英格兰的居民依恋他们的乡镇，因为乡镇是强大的和独立的；他们关心自己的乡镇，因为他们参加乡镇的管理；他们热爱自己的乡镇，因为他们不能不珍惜自己的命运。他们把自己的抱负和未来都投到乡镇上了，并使乡镇发生的每一件事情与自己联系起来。他们在力所能及的有限范围内，试着去管理社会，使自己习惯于自由赖以实现的组织形式，而没有这种组织形式，自由只有靠革命来实现。他们体会到这种组织形式的好处，产生了遵守秩序的志趣，理解了权力和谐的优点，并对他们的义务的性质和权利范围终于形成明确的和切合实际的概念。"② 如同托克维尔的描述，乡镇精神在美国社会和乡镇生活中产生了巨大可喜的效果，也培育了公民的权利义务观念、公民意识和公共精神，是实现公民教育的必要条件。

二、结社是公民教育的平台

托克维尔认为结社是公民自由开展各种行动、行使权利的有效手段，结社权的行使为公民教育提供了良好的平台。结社在美国是非常普遍的行为，它已融入美国人的生活中。"美国是世界上最便于组党结社和把这一强大行动手段用于多种多样目的的国家。"③ 美国存在的社团组织数量众多，政治团体、文化团体、宗教团体、商业团体等，涉及社会生活的各个领域，为调节和组织社会公共事务发挥了重大的作用。托克维尔这样感叹道："美国人似乎把结社视

---

① ［法］托克维尔：《论美国的民主》，商务印书馆1991年版，第75页。
② ［法］托克维尔：《论美国的民主》，商务印书馆1991年版，第76页。
③ ［法］托克维尔：《论美国的民主》，商务印书馆1991年版，第213页。

为采取行动的唯一手段。"① 无论是传播某一思想、真理还是创办事业，无论干一点小事还是做一番大事业，美国人都要成立社团组织，无论建立教堂、创办医院、开设商店，甚至号召戒酒，都有社团组织活动的身影。美国人认为个人的力量是软弱和孤立的，要想达到目标或做好一件事，需要寻找更多的力量，成立社团组织，才能让更多的人听到自己的声音和意见，才能使多数的人推动着共同目标不断前进。结社权在美国的广泛运用让人惊叹，托克维尔得出这样的结论："要是人类打算文明下去或走向文明，那就要使结社的艺术随着身份平等的扩大而正比地发展和完善。"② 结社提升了公民社会的组织化程度，便于有效地开展集体行动，为正当诉求的满足开辟了新的渠道。

（一）结社有助于公民权利的行使

美国公民深受结社观念和精神的影响，深知依靠自己解决问题的重要性，并培养遵守自己制定的规则的习惯，这种精神也逐渐影响参与社会生活的行为。无论做什么事情，美国人会自动组织起来研究问题，组成坚强有力的社团，依靠共同的力量践行其宗旨。他们明白结社可以带来的好处和方便，并乐于其中，通过社团组织可以清楚地表达自己的看法和意见，并能收到令人满意的回应。这样，大量的社会公共事务无须借助政府的力量就由这些社团组织自发地解决，使社会集聚了充沛和持久的活力。

"在民主国家里，全体公民都是独立的，但又是软弱无力的。"③ 人们几乎很难凭借单个的力量去做一番大事业，只有寻找志同道合者，互相帮助，结成团体组织，通过共同的行动来维护利益、自由，实现共同目标。在美国，五花八门的社团组织广泛存在，但这些社团能集结个体公民，有极强的动员能力，这让托克维尔感到惊叹不已。"人只有在相互作用之下，才能使自己的情感和思想焕然一新，才能开阔自己的胸怀，才能发挥自己的才智。"④ 正是通过结社权利的广泛运用，人们的交流和往来日益密切，使个体的力量和智慧融汇成集体的力量，可以依靠社会组织解决社会生活中的诸多问题，进而产生强烈的认同感、责任感和归属感，这也是实现公民教育的有效平台。

广泛的结社可以防止人们陷入孤独而冷漠的原子化世界，在相互交往中不断开阔胸怀，发挥聪明才智，促使人们团结一致，共同合作，把自私自利的个

---

① [法] 托克维尔：《论美国的民主》，商务印书馆1991年版，第636页。
② [法] 托克维尔：《论美国的民主》，商务印书馆1991年版，第640页。
③ [法] 托克维尔：《论美国的民主》，商务印书馆1991年版，第636页。
④ [法] 托克维尔：《论美国的民主》，商务印书馆1991年版，第638页。

体转变为以公共利益为重的公民。结社使孤立的个人转变为不可侵犯的强大公民,为建立自由、平等的民主社会奠定了组织基础。

(二) 结社有助于公共精神的培养

公共精神是在结社权的广泛运用中得以涵育、巩固和发展的。人们在结社的过程中,志同道合者汇聚在一起,使原本不同年龄、不同思想、不同阶层、贫富各异的人们放弃差异和偏见,不断增进了解,互相往来,直至日渐密切,为了团体的利益共同奋斗。他们愿意分享个人的想法和感受,学习共同行动的技巧和方法,并将个人的力量融合于集体行动中,逐渐联合起来共同面对并化解难题。结社权的广泛运用,使人们明白个人与社会、国家之间是不可分割的、荣辱与共的关系,国家和社会的福利影响着个人福利,而个人为国家和社会的发展也能做出自己的贡献。所以,托克维尔非常重视结社,甚至将政治结社看做是"开办一所免费的大学"①,让公民在结社中学会使个人的意志服从集体的意志,个人的行动和努力指向共同行动。

三、合理的宗教信仰是公民教育的有效保障

"我一到美国,首先引起我注意的,就是宗教在这个国家发生的作用。我在美国逗留的时间越长,越感到这个使我感到新鲜的现象的政治影响强大。"②正如托克维尔的观察,宗教在美国人的生活中占据着非常重要的位置,发挥着重要的作用。宗教不仅是作为信仰洗涤人的心灵,而且是有效维护美国民主共和制度的支柱。

开拓者在荒无人烟的北美,凭着艰苦勤奋的劳动,务实的精神白手起家,创造了巨大的财富,为美国的建立奠定了物质基础。重视实践经验,尊崇实业经济,后来的美国人继承了这些传统精神和习惯,但是商业化和物质主义泛滥,使人们爱好物质享乐和追逐名利。"在美国,对于物质福利的热爱并不是个别的,而是普遍的……喜爱物质生活的享乐,正在变成全国性的和居于统治地位的爱好。"③但他们又都笃信宗教,坚信幸福的获得离不开上帝。尽管在现实世界每个人都不顾一切地追逐名利,但教堂却提供了净化心灵的神圣庄严之所。

---

① [法] 托克维尔:《论美国的民主》,商务印书馆1991年版,第647页。
② [法] 托克维尔:《论美国的民主》,商务印书馆1991年版,第342页。
③ [法] 托克维尔:《论美国的民主》,商务印书馆1991年版,第659~661页。

(一) 宗教信仰有助于个人心灵的净化与提升

宗教信仰在民主社会有助于个人心灵的净化与提升。人们定期来到教堂，接受洗礼和心灵的净化。回到家后，人们不是打开账簿，而是打开圣经，在圣经的熏陶中远离物质、利益和世俗，寻找人生的价值和意义。圣经中探讨了关于人的生命意义、生命归宿、人的职责和权利，关于上帝和造物主的伟大，种种美好描述和规劝人们行善的语言，洗涤着被物欲熏染的心灵，使人们在现实生活中不断调整和鞭策自己的行为，反思自己的行为是否违反了上帝的旨意，从而得到心灵的救赎和慰藉。

"60年的短暂人生，还不足以使美国人发挥其全部的想象力；不是十全十美的现世生活，也绝不会使他们心满意足。在所有的生物中，只有人对本身的生存有一种天生的不满足感，总是希望人生无可限量。人既轻视生命，又害怕死亡。"① 人生的短暂与对欲望的不满足、对人生的不甘心，让人们既对生命抱以轻视的态度又寄希望于来世，托克维尔认为，这些不同的、挥之不去的情感，让人的灵魂期待着来世。宗教指引着人们接受洗礼，接受信仰的告诫和安慰，"宗教的主要任务，在于净化、调整和节制人们在平等时代过于热烈地和过于排他地喜爱安乐的情感"。② 社会经济的快速发展和民主的弊端，造成利己主义和物质主义潜滋暗长，人们纵情于物质享乐，忽视精神世界和公共生活，致使社会道德滑坡，精神水准下降，而宗教则把人的追求目标置于现世幸福之上，从而赋予公共道德以更纯粹、更精神化、更超脱的特性，从而调整人们的行为规范，节制人们过于喜爱物质和享乐的情感，促进公共道德水平的不断提升。

(二) 宗教信仰有助于公共精神的培育

民主社会身份的平等容易产生自以为是，蔑视权威的现象，人们彼此独立，只顾自己，容易危及社会团结共存所必需的规则，而宗教则在精神领域里为人们提供了一套普遍的思想标准，从而抑制了虚无主义和混乱无序。宗教总是使人注重内心世界，鞭策个人行为，减少对物质生活的追求和热爱，引导人们更多地关注公共美德和公共生活。在托克维尔眼中，美国的宗教精神和自由精神紧密配合，实现了完美统一，共同统治着国家，不像在法国二者几乎总是背道而驰、差强人意。

宗教在民主社会对公共精神的培育有着重要的作用。托克维尔认为，宗教

---

① [法] 托克维尔：《论美国的民主》，商务印书馆1991年版，第343~344页。
② [法] 托克维尔：《论美国的民主》，商务印书馆1991年版，第544页。

的首要目的及好处之一是能够提供一项"清楚的、确切的、人人都可以理解的和永久性的解决方案"①。合理的宗教能使人们的智力活动得到有益的规范,对上帝、对自己的灵魂产生坚定的责任感,产生行动的动力和信念,对人们现世的幸福有着重要作用。反之,当宗教受到破坏,人们不知所措无力解决问题而绝望时,人的精神就会颓废不振,意志就会松弛,只能培养甘于接受奴役的公民。同时,宗教信仰对于民主社会中人与人之间关系的疏离有很大的改善,让人们的关系密合,关心共同的事务和生活,积极交流与配合。

托克维尔认为宗教是以教化人们对造物主、对他人、或对自己承担责任和义务为基本原则,不能对他人不管不顾。宗教使人们明确自己的权利义务,承担相应的责任,调整行为规范,不过分关注和沉迷于个人利益,节制人们过于喜爱物质、享乐的情感,引导人们追求现世和来世的平等幸福,这些都有利于公共精神的成长。

四、女性教育与家庭教育是实现公民教育的有效路径

托克维尔在《论美国的民主》中明确论述了美国女性的为妻之道和她们在家庭中的重要地位和价值,突出女性教育和家庭教育是其公民教育思想的重要特点。

(一)女性教育

女性教育对整个社会、国家的繁荣发展起着至关重要的作用,托克维尔认为,"社会的民情是由女性创造的。凡是影响妇女的地位、习惯和思想的一切东西,在我看来都具有重大的政治作用。"② 在自由民主的美国社会成长的女青年,从小就养成独立思考的习惯,自由发表见解,单独行动。在父母的教育引导下,她们学会冷静细致地观察问题、正视问题;学会了如何辨别是非善恶,勇于面对危险和困难并理智地做出判断。"几乎不可能指望在美国的女青年身上见到情窦初开时期表现出来的那种处女的稚气,更不可能见到欧洲女青年在从童年过渡到青年时通常伴有的那种天真无邪的风韵。美国妇女,不管年龄大小,都很少表现出孩子气的怯懦和无知。"③ "当我看到美国女青年在欢欢喜喜的交谈中发生争执时能够极其巧妙地和泰然自若地表述自己的思想和话

---

① [法]托克维尔:《论美国的民主》,商务印书馆1991年版,第538页。
② [法]托克维尔:《论美国的民主》,商务印书馆1991年版,第739页。
③ [法]托克维尔:《论美国的民主》,商务印书馆1991年版,第739~740页。

语时,往往使我吃惊不已,几乎为之倾倒。一位哲学家在一条狭道上可能跌倒百次,可是美国女青年却能轻易地走过去而不发生意外。"①

在法国本土,在封建势力影响下对妇女进行的是严格的修道院式教育,而到了民主时期又将女性弃之于社会混乱中,不给予引导和支援。而在美国,个人的独立被认为是不可或缺的重大原则,要尽早教会女性学会控制自己的内心情感,增强自信心和意志力,掌握处理各种事物的知识,了解世间的腐败情形以增强抵御的能力、培养自己的操行。这样,深受民主教育影响的女性在未来的家庭和社会中才能发挥巨大作用,这也是家庭安定和繁荣的可靠保障,"要是有人问我你以为这个国家的惊人繁荣和国力蒸蒸日上主要应当归功于什么,我将回答说:应当归功于它的妇女们优秀"。②

(二) 家庭教育

家庭教育是整个社会教育的基础。托克维尔认为,家庭教育能维护民主社会良好的民情。民主社会自由、平等观念影响下的婚姻观认为,得到社会支持、父母认可、自由选择的婚姻关系为家庭安定和繁荣奠定了基础。这样的婚姻,家庭内部会更和谐,夫妻间会更忠贞。"他们认为婚姻是一种负担很重的契约,但又必须严格执行其中的一切条款,因为他们事先就可以知道这一切条款,而且享有拒不缔约的完全自由。"③ "笃信宗教的人民和重视实业的民族,对于婚姻具有一种极其严肃认真的观点",④ 这使他们结为夫妻后更加忠贞地约束自己的行为。美国人的严谨品质和契约精神也来自于家庭教育的影响。

民主社会女性的为妻之道也是家庭教育的重要组成部分。宗教信仰和社会民情要求女性具有自我牺牲精神和独立精神,女性在家庭生活中的循规蹈矩是社会道德精神的最好保证,是社会安定和谐的最好保障。托克维尔眼中的美国女性,婚前接受的教育使她们富有理智的判断和成熟的思想,具有刚毅的性格和顺应社会的能力。因而,面对婚姻,她们有慎重的态度,只有经过审慎的考虑和衡量才会结婚;面对家庭生活,她们自动接受婚姻的枷锁,冷静而坚毅地对待社会、生活的各种变化以及角色的转变等,同时担负起照顾家庭的责任,将优秀的传统精神、观念传承下去。民主社会的公民重视使生活美好、安定恬静的情感,尊重信仰,追求家庭幸福,爱好良好秩序,这对社会的道德和精神

---

① [法] 托克维尔:《论美国的民主》,商务印书馆1991年版,第740页。
② [法] 托克维尔:《论美国的民主》,商务印书馆1991年版,第756页。
③ [法] 托克维尔:《论美国的民主》,商务印书馆1991年版,第747页。
④ [法] 托克维尔:《论美国的民主》,商务印书馆1991年版,第742页。

风貌发展有着积极、正面的作用。

第四节　托克维尔公民教育思想的启示

托克维尔关于民主社会的理论在西方政治思想史上具有划时代意义。在19世纪风云变幻的时代，托克维尔通过观察和思考，预见了民主社会的到来。他看到在民主社会里，自由、民主、平等获得至上的地位。随着自由、平等的普及，个人主义也畅行无阻，人们专注于个人生活，沉溺于物质享受，于是，人与人之间变得漠不关心，很少参与公共事务和公共生活。面对涌现出的新问题，托克维尔呼唤新的政治科学的诞生与发展，来适应与调节一个全新的社会。

一、托克维尔公民教育思想的评价

托克维尔认为公民教育要求人们在发展个人生活和关注个人利益的同时，积极参与公民事务，经营公共生活。它能够消弭个人主义造成的社会冷漠，能够让人们不过度沉溺于物质生活享乐。在托克维尔的著述中，乡镇自治、结社实践、宗教信仰、家庭教育与女性教育等都是进行公民教育的途径。通过公民教育，有效地实现个人与社会的和谐共处，这是当代很多学科理论研究的重要主题，也是托克维尔的公民教育思想在现代社会仍具有现实意义的原因所在。

托克维尔出身于法国的贵族家庭，在民主革命的时代背景下，他看到了贵族制度的必然衰落，自由民主的发展趋势，时刻关注着民主社会中的各种问题，在观察民主社会状况的基础上形成了自己的公民教育思想及民主理论，从而确立了他在社会和政治思想史上的地位。但是，托克维尔自身的贵族烙印与民主的矛盾，复杂的思想冲突和文化背景差异，导致了其公民教育思想的历史局限性。同时，托克维尔对19世纪美国民主社会的考察，在其著作中所做的描述，需要我们客观地看待。他对美国社会状况的叙述有些并不属实，对美国社会问题的看法也不太客观，虽然他希望尽可能做到客观公正地描述和分析问题，但由于特定的生活背景和政治环境的影响，部分观点还值得商榷。托克维尔的公民教育思想融合了古典公民教育思想，特别受到了启蒙思想家的影响，是对古典公民教育的自由主义改造。但是托克维尔对自由主义不断妥协的公民教育思想，本身却有一定的脆弱性，实现条件也是比较苛刻的。

二、托克维尔公民教育思想的现实意义

公民教育是整个社会教育的基础，关系着公民整体素质的提升、社会的文明健康发展、国家的繁荣富强。当前我国的公民教育还处在初步发展阶段，探讨和研究托克维尔公民教育思想，借鉴其有利的成果，为我国的公民教育发展提供经验和案例，才能不断推进我国公民教育的发展进程。

（一）回归公民教育的实践本性

回顾托克维尔公民教育思想，不难看出实践这一特性在其思想体系中占有重要地位。无论是通过乡镇自治管理居民生活，还是结社权的运用达到团体的目标，或者通过宗教信仰实现公民教育，这些都离不开公民实践能力的运用，离不开公民实践活动。只有公民实践，才能使知识转化为能力，空想变为现实，才能让公民有效地参与社会公共生活，行使公民权利，履行公民义务和责任。

当前我国公民教育的内容、方式、途径和培育体系还不完善，存在着一些亟待解决的问题。在传统灌输教育下，受教育主体的实践能力和实践活动往往被忽视。公民教育不仅仅要传播公民知识、提升公民素质、培育公民意识，还要将这些转化为实践能力，使其能够正确维护和行使自身的权利，履行自身的义务责任。我国公民教育重理论知识的传授，轻实践活动的体验。掌握了公民知识不代表可以转化为实际的实践能力，不代表真正掌握了实践的技巧，脱离了实践的公民知识就没有了现实的意义。脱离了实践环节的公民教育，就是理论与实践、思想与行动相分离的教育，在这个过程中公民只能接受到抽象的理论知识，缺乏公民实践的锻炼，这样的公民教育也是不完整的。

回归公民教育的实践本性是建设现代公民社会、民主社会和社会主义和谐社会的基本要求，是实现公民教育的本质要求。因此，要利用各种实践活动进行公民教育，首先要改变以灌输式说教为主的教育方式，过多的灌输和说教可能会导致反感和抵触心理；其次要将公民教育的内容、目的、意义渗透于实践活动和教育环境中，发挥公民的能动性，引导他们自觉从实践活动中学习、感悟；最后创新公民教育活动形式，促进理论与实践的结合。要不断更新公民实践活动的方式，采取人们易于接受、喜闻乐见的形式。公民只有真正融入社会，融入公共生活，积极参加公民实践活动，才能实现公民角色认同，培养强烈的公民意识和责任意识。

（二）突出公民教育的主体参与性

突出公民的主体参与性是公民社会发展的基础。公民社会的发展是以公民的广泛参与为前提的。公民教育的参与主体，既包括作为个体的公民，也包括由个体公民组成的公共组织、社会团体等。在公民社会中，参与是公民自主自发的个人行为，是其主观能动性的体现，是公民从自身、团体的利益和要求出发，通过合法参与社会公共生活，并试图影响公共生活的实践活动。托克维尔认为，公民社会是免费的民主学校，正是通过积极主动地参与公共生活，学习到公民社会的理论，才能自觉地表达个人、团体的利益诉求，使公民社会的政治、经济、文化等顺畅运转起来。

在公民教育实践中，公民教育主体参与不仅十分必要而且具有可行性。公民教育的主体参与性源自于公民教育理论与实践的发展。当前国家对公民教育高度重视，制订了中长期教育发展规划，为社会发展储备优秀人才奠定了基础。同时各类社会组织不断涌现，在一定程度上推动了公民积极参与国家、社会生活，促进了公民参与社会实践能力的提升，为公民参与提供了组织基础。

突出公民教育的主体参与性，对实现社会主义民主，社会安定有序繁荣发展有着重要价值和意义。公民主体参与是行使公民权利的基本途径，只有通过积极有效的参与实践，公民权利才能得到最大的实现；公民主体参与是有效维护公民权利不受侵犯的主要手段，如果公民对社会事务不关心，就难以对公共权力进行制衡，个人的正当权利就容易受到侵犯；只有通过积极的公民参与，才能真正促进公民全方位的进步和发展。

（三）明确公民教育的价值导向性

明确公民教育的价值导向性就是在公民教育过程中，要明确个人、社会与国家的关系定位，强调公民个人的主体地位，坚持权利本位，使权利义务观念深入人心。在我国明确公民教育的价值导向性就是要以社会主义核心价值观为根本，坚持马克思主义指导思想，培育具有社会主义公民意识、权利义务观念的未来建设者。公民是国家、社会发展的建设者、实践者、维护者，明确主体地位才能促进公民发挥主动性，自觉关心国家社会的事务，才能增强公民责任意识，促进公民教育的发展。

公民教育要明确价值导向，就应坚持权利本位。对权利与义务观念的自觉认识是公民意识的重要组成部分，也是进行公民教育的重要内容。在当前我国社会主义建设中，树立正确的权利义务观是发展社会主义民主政治的构成要素。只有坚持权利本位，树立权利义务观，才能维护公民的正当权益，才能促进公民意识的提升和发展，促进国家民主政治生活、社会经济、精神文化等协同发展，这对中国特色社会主义建设有着深远的意义。

（四）增强公民教育的渗透性

纵观托克维尔公民教育思想，无论是通过宗教信仰培育公共精神，还是通过家庭教育、女性教育达至公民教育目的，良好的社会环境都为增强公民教育的有效性营造了氛围。公民教育是一个复杂的体系，其目的是培养未来国家和社会的合格公民，使其具备参与民主社会的公民知识和实践能力，具有社会责任感、民族自豪感。

增强公民教育的渗透性，最主要的是以公民教育的内容和方式为抓手。从公民教育的内容上来看，要减少直接灌输的抽象理论、概念，将理论内容渗透于活动和实践中，引导人们在教育过程中自觉学习、认同价值观念，减少对公民教育的抵触和抗拒，自觉接受国家意识形态教育、价值观教育等，不断增强公民教育的渗透性。从公民教育的方式上看，不应拘泥于学校课堂教育，而是渗透于学校、社区及各种活动和社会环境中，走进日常生活，鼓励学生多参与课外实践、各种公益、志愿活动。公民教育要渗透在整个国家、社会的大环境中，充分发挥公共文化设施的宣传和教育功能，运用微博、微信等新媒体扩大公民教育的辐射范围。

第六章 涂尔干道德教育思想

涂尔干①（1858—1917年）是法国社会学家和教育家，与马克思·韦伯、卡尔·马克思齐名，共同被誉为19世纪西方三大社会学家。然而，当人们赞誉涂尔干在社会学领域取得的突出成就时，却忽略了他的另一个身份——道德教育学家。在某种程度上可以说，道德在其社会学理论中占据着核心地位，涂尔干将道德要素分为首要的纪律精神、次要的对社会群体依恋和居第三位的知性精神。社会群体依恋作为承上启下的关键因素，主张从群体角度出发，注重个人与社会的道德互动机制，强调从儿童开始，为培养充满道德与正义感的人而努力，这是涂尔干道德教育思想的重要内容，是法国学校德育的重要指导原则，并构成西方德育思想的有机组成部分。

第一节 涂尔干道德教育思想产生的背景

涂尔干的道德教育思想产生于法国社会剧烈变革时期，处于农业社会向工业社会的过渡期，各种新思想、新观念层出不穷，无论是宏观方面的政治、经济、文化等，还是微观上人们的习惯、信仰、爱好、追求等，都在发生剧烈的变动；同时，新旧观念的冲突集中爆发，导致"社会失范"，自杀率不断上升。涂尔干目睹这些怪诞的社会病态之后，以强烈的入世情怀对这些现象进行了研究。

一、涂尔干的生平及著作

1858年4月15日，涂尔干出生于法国东部的浮日省埃比纳勒镇一个犹太教士家庭。祖父和父亲都是犹太教士，家庭教育严格，这对他后来人格的形成

---

① 也有学者译为"迪尔凯姆"、"杜尔凯姆"等，本书统一译作"涂尔干"。

有很大的影响。父亲希望涂尔干能成为一位犹太拉比，但涂尔干后来没有信奉犹太教，这可能与其就读于埃皮纳勒中学时，受到一名天主教教师的影响有关。1879 年，涂尔干考入巴黎高等师范学校，当时，法国高等教育崇尚典雅的修辞学和古典文学，而与科学发展有关的课程几乎空白。对此，涂尔干表示十分不满，他希望在科学知识方面有所收获和建树。

1882 年大学毕业至 1887 年，涂尔干先后在桑斯、圣康坦和特鲁瓦三所公立中学担任哲学教师。在这期间，他曾请假一年（1885—1886 年）到德国去考察交流，并与德国心理学家冯特相识。德国大学生机勃勃的面貌以及德国社会学、经济学思想给涂尔干留下了深刻的印象。

1887 年，涂尔干受聘担任波尔多大学教育学和社会学系讲师。在那里，他开设了法国大学第一批社会学课程，受到学生的欢迎。这是法国大学第一次公开承认"社会学"这门新的学科，是社会学发展的一个突破。半个世纪前，孔德虽然创立社会学，但未能确立社会学的学术地位，而涂尔干为社会学在法国学术界的发展打开了突破口。1902 年，涂尔干受聘担任巴黎索邦大学教育学系教授，讲授教育学和社会学课程。1906 年起，涂尔干主持该系工作。1913 年，教育学系更名为教育学和社会学系，社会学终于在法国最有声望的高等教育机构中公开地建立起来了。1917 年 11 月 15 日，涂尔干因心脏病在巴黎去世，鉴于他在社会学方面的卓越贡献，法国政府追认其为国家研究院院士。

涂尔干一生著述颇丰。生前发表的著作主要有：《社会劳动分工论》、《社会学研究方法论》、《自杀论》、《宗教生活的基本形式》、《孟德斯鸠与卢梭》、《职业伦理与公民道德》等。涂尔干去世后，经后人整理出版的著作主要有：《实证主义与社会学》、《道德教育》、《教育思想的演进》等。其中，《实证主义与社会学》是涂尔干教育社会学的代表作，被认为是早期教育社会学的经典著作；《道德教育》是涂尔干道德教育思想的精华，该书是其弟子根据他在波尔多大学教书期间所用讲稿整理而成，核心内容涉及三大德性，即纪律精神、对群体的依恋以及知性精神，内容体现了世俗性、社会性、科学性和理性几大特点，并在三大德性基础上提出了学校道德教育准则：尊重儿童天性以及心理发展规律，发挥教师权威的作用，建设良好班集体和学校教育环境，重视学科教学对道德教育的影响等。

二、涂尔干德育思想产生的时代背景

涂尔干所在的 19 世纪法国，正处在社会大变革、大转型时期，也是一个动荡不安的时期。对此,他描述道:"我们正经历一个危机的时期,历史上最严重的危机莫过于近百年的欧洲社会。传统的集体纪律丧失了权威,这从公众良心的涣散以及由此产生的公众普遍的忧虑中可以看见。"① 这种危机不仅表现在资产阶级革命以及工业化带来的日益严重的教育、民族意识和宗教信仰危机,而且还表现在工厂中劳资关系恶化、社会与个人的对立带来的危机。涂尔干指出这些危机的根源在于维系社会团结和稳定的道德秩序的混乱,是因为旧体制瓦解、传统规范式微,新体制尚未完全建立、新道德还未形成而出现的"道德真空"状态。

在欧洲文明史上,道德和宗教是紧密联系在一起的。道德就是宗教道德,人们的思想和行为主要靠宗教戒律来规范。但是19世纪以来,随着自然科学、生物科学等新兴科学的发展,上帝已经被证明不存在,伴随着世俗道德的兴起,传统的宗教道德也受到了极大的冲击,规范人们思想和行为几百年之久的宗教教义失去权威性。此外,随着资本主义工业的发展和社会财富的积聚,人们沉醉于物质享受、追求当下感官愉悦,轻视道德的风气日益严重,道德的尊严和权威作用丧失殆尽。涂尔干之所以提出道德教育思想,其关注的不仅仅是道德领域改革,从更深层次而言,是为了挽救社会危机,使当时的法国人能从社会失范状态中清醒过来,最终确立一个稳定的社会秩序,涂尔干开出的良方是:以社会取代宗教,通过道德教育来树立社会权威,并借此来进行社会秩序改造和重建,从而给人确立新信仰,保证社会稳定与和谐。② 涂尔干指出:"我现在以道德教育问题作为讲课题目,其原因不仅在于道德教育历来被教育者看成是一个最重要的问题,还因为在现实生活中,道德教育问题迫切需要予以解决。"③ 在涂尔干看来,当前的道德教育之所以需要解决,一方面是因为社会危机严重、公共道德败坏、要求重整社会道德,维持社会的稳定与和谐;另一方面是法国传统的道德体系是宗教的道德教育,需要以理性的精神来重塑,更好地符合时代环境和社会要求。

此外,法国大革命后,资产阶级的发展要求国家建立中央集权政府,而当时特殊的历史局面又使法国的中央集权倾向于独裁统治,传统三权分立的民主精神难以对其进行制衡。而在国际政治思潮中,又出现左派思想和无政府主义,法国国内的政治状况变得一团糟,甚至潜伏着政治危机。

---

① [法]爱弥尔·涂尔干:《道德教育》,上海人民出版社2001年版,第65页。
② 戚万学:《现代道德教育专题研究》,教育科学出版社2005年版,第57页。
③ 张人杰、赵祥麟:《外国教育家评传》,上海教育出版社1992年版,第389页。

传统道德衰败，而适应新时代的道德规范在短期内难以产生，社会危机便势所必然，涂尔干指出法国摆脱这种危机的出路在于重建社会和道德秩序，加强道德在调节人们行为中的作用。在他看来，道德和社会的稳定与和谐是连在一起的，道德是社会健康发展的必要条件，"人类的私欲只能在他们所尊重的道德力量面前有所收敛"，① 而这种力量失去权威后，就会陷入一种混乱的状态。为此，必须采取有效方法使人们遵守这些行为规范，自觉维护道德的权威性，而这也正是道德教育的目的。

如何建立一种纯粹的以理性为基础的道德体系，就成了涂尔干思考的问题。但在当时的教育界很多人认为从教育中抽出一切宗教因素，就足以使教育和宗教分离，使教育成为唯理的事物。只要简单地从道德中剔除宗教因素，就会摆脱一切外来的和寄生的因素而得到充满理性的道德，同时只要不掺入任何宗教观念，把先辈的古老道德教给儿童就足够了。然而涂尔干却不这么认为，他指出应当建立一种唯理的教育，"仅仅从道德教育和道德中排除宗教因素是不够的……使之有深刻的变化实为必要"。② 如果道德和宗教的联系只是表面的，那么只用抽去宗教因素，便能获得纯正的道德。但是事实上，这两个涉及信仰和实践的系统，其联系非但不是表面的，而是相当紧密以至某些道德观念会因为不存在相应的宗教观念而消失，或因有相应的宗教观念而显得完善。所以，涂尔干建议，应该分析宗教的概念，认清宗教的本质保护着什么，找到宗教道德要素的替代者。只有如此，才能产生真正意义上的新道德。

概而言之，在传统道德和制约机制濒于灭亡、新的道德秩序还没有建立的状态下，如何形成融于普遍社会道德的个人道德原则，使个人行为免于失范，是涂尔干道德教育理论的基本出发点。

三、涂尔干德育思想产生的理论渊源

涂尔干道德教育学说的产生，正是其社会学研究的归宿，道德教育学说的最终目的是用道德教育来解决社会问题，而并非将社会问题归因于道德教育。在涂尔干看来，社会中的道德问题是一种社会现实，必须用社会学的观点来解决。

---

① ［法］雷蒙·阿隆：《社会学主要思潮》，上海译文出版社 1988 年版，第 341 页。
② 张人杰：《国外教育社会学基本文选》，华东师范大学出版社 1989 年版，第 393 页。

（一）孔德的实证主义社会学说

涂尔干秉承了圣西门、孔德以实证方法来研究人与社会的学术追求。他在第一部学术著作——《社会分工论》第一版序言中开篇明义指出，该书是根据实证科学方法来考察道德生活的一个尝试。在其学术生涯晚期的著作《宗教生活的基本形式》中又说道：社会学的宗旨，并不仅仅在于了解和重建业已消逝的各种文明形式；它解释的是与我们近在咫尺，从而能够对我们观念和行为产生影响的现实实在，即人。这两段话表明，涂尔干的实证立场从表面上看自始至终都是一致的。但涂尔干从未对"实证"一词做出任何明确的解释，也从未将他在《社会学方法的准则》中阐明的方法论原则冠之以"实证主义"的名号，甚至在该书的正文中根本没有出现"实证"两个字。尽管涂尔干从未对"实证"做出明确解释，但《社会学方法的准则》第一版序言为我们理解涂尔干实证主义的立场提供了非常有价值的线索："认真说来，无论是唯物主义者还是唯心主义者，用在我的头上都不准确。我唯一能接受的称号是理性主义者。事实上，我的主要目的在于把科学的理性主义扩展到人们的行为中，即要让人们看到，把人们过去的行为还原为因果关系，再经过理性加工，就可以使这种因果关系成为未来行为的准则，人们所说的我的实证主义，不外是这种理性主义的一个结果。"① 这表明涂尔干所指的"实证"与"理性主义"有密切的关系。

除此之外，涂尔干的理性主义继承和发展了孔德的实证主义学说。涂尔干也曾公开承认自己受到了孔德实证主义的影响。1900年，在写给罗比普鲁的信中，涂尔干说，"我确信我之所以特别强调社会事实之重要，乃是继承孔德的传统而来的"。② 孔德提出了实证主义这个概念，或者说是做了前期搭骨架的工作，提出将社会发展分为三阶段，显然这是一种机械实证主义。而涂尔干对孔德的继承是一种批判性的继承，反对孔德依然把社会学现象仅当做概念而不是事实来看待③，孔德更多地倾向于一种形而上学的唯心主义；孔德社会学是单线进化形式，认为社会将会按照单一线条发展，而涂尔干倾向于一种宿命

---

① ［法］迪尔凯姆：《社会学方法的准则》，商务印书馆2009年版，第28页。
② 陈秉章：《实证社会学的先锋——涂尔干》，台北允晨文化实业股份有限公司2011年版，第65页。
③ 潘齐伦、刘娜：《涂尔干在社会学对象上对孔德的传承和革新》，《社科纵横》2007年第1期。

论，而不考虑具体情况的变化；孔德将社会的发展当做人的心智发展，而"涂尔干认为假如这样来解释社会，不仅是陷入意识形态决定论，而且把与社会学毫无关系的概念当做社会学对象了"。①

(二) 斯宾塞的社会有机体理论

斯宾塞是英国的社会学家，他把功利主义和进化论的原理应用于社会研究。他的经验方法论是现代社会归纳比较方法的先驱。涂尔干深受其社会有机体理论的影响。斯宾塞从生物学出发，将社会比做一个生物体，进而提出社会有机体和社会进化论两个概念。通过将社会比做单个的生命有机体，他说"聚集体的特性是由各组成单位的特性所决定的……组成单位的性质决定了聚集体的一定性质"。② 斯宾塞同时也认为，进化就是社会从相对模糊的、松散的同质状态向明确的、紧凑的和异质状态转变的普遍过程③，社会的个性就是人的个性的集合。涂尔干也认为社会是个有机体，但与斯宾塞不同的是，他认为社会集合并不是简单个人的相加，社会的个性不仅仅是人的个性，而是由"共同意识"决定的。而且社会的生命路径同个人的不同，是由无数合力造成的，相比个人来说，社会的运行更复杂，应该考虑的因素更多，社会属性和个人特质完全不同，"就像社会在保持同一性的同时也持续发生演变一样，道德也经历着一种并行的转型过程"。④

除此之外，涂尔干还受到斯宾塞的社会结构功能分析论的影响。斯宾塞认为随着社会结构由简单到复杂，社会不同部分原来承担的功能也在不断变化，而且开始逐渐有分化倾向，在分化的过程中，这些功能还能共同作用，使各个部分的功能得到合力效应，加强彼此之间的合作，最终推动整个社会的进步。涂尔干在这一思想的基础上，提出道德教育的一个重要目的就是促进"法人团体"的分工，只有通过这种合理的职业分工，才能解决当时的两极分化及社会上的道德问题，"我们可以想象，在整个国家里，各种各样的工业都以相似性和自然亲和性为基础，根据不同的范畴加以归类"。⑤

---

① [法] 迪尔凯姆：《社会学方法的准则》，商务印书馆2009年版，第18页。
② [英] 赫伯特·斯宾塞：《社会学研究》，华夏出版社2001年版，第40~41页。
③ [美] 刘易斯·科瑟：《社会学思想名家》，中国社会科学出版社1990年版，第102页。
④ [法] 爱弥尔·涂尔干：《道德教育》，上海人民出版社2001年版，第105页。
⑤ [法] 爱弥尔·涂尔干：《职业伦理与公民道德》，上海人民出版社2006年版，第31页。

(三) 康德的道德律令思想

康德认为，造就理想道德王国的成员是教育的最终目的。道德的教育作用就在于如何使一个人在道德要求和个人自由之间达到一种平衡状态。一方面让儿童很好地享受自由，另一方面，又不会对其他人造成损害。通过对儿童道德行为进行约束，让儿童以道德律令为准则，知道哪些事情是可以做的，哪些事情是不可以做的。道德的第一目的在于养成品格，品格的形成只能依靠道德准则，只有按照行为准则的要求，才能够达到道德所要求的"善"。"自然规律是万物依此而产生的规律；道德规律是万物依此而应该产生的规律，它们却也兼顾那些令万物应当产生却又往往没有产生的条件。"①

涂尔干提出道德三要素，首要因素就是纪律精神，第二要素是对群体的依恋，最后的要素是知性精神。涂尔干认为，纪律精神也就是一种善，"纪律的存在理由是从其自身中获得的；人受纪律的约束，而不以他发现自己受到约束的行为为转移，这就是善"②。涂尔干试图对康德的道德律令学说进行解释，提供一种可以合理论证的结果，涂尔干的道德教育思想在一定程度上是康德道德教育思想的延续。在《道德教育》一书中，康德是被提到次数最多的学者。

然而，康德与涂尔干之间有一个很鲜明的矛盾。康德倾向于形而上学的宗教道德观，在他的道德教育思想中，宗教教育占了很大的比重。涂尔干的道德教育思想产生于资产阶级蓬勃发展时期，是"去宗教化"的时代，是对宗教进行无情批判的时代，他的社会学与道德教育思想是要将人们从宗教中解脱出来，这是二者的主要区别。

第二节 涂尔干道德教育思想的主要内容

纪律精神、对社会群体的依恋、知性精神三大道德要素以及学校道德教育是涂尔干道德教育思想的主要内容，应整体挖掘涂尔干关于道德的内涵及其产生的原因，厘清其道德教育产生的逻辑，进而深入社群依恋理论的具体分析和运用，防止割裂涂尔干道德教育思想。

---

① [德] 康德：《道德形而上学基础》，九州出版社2007年版，第5页。
② [法] 爱弥尔·涂尔干：《道德教育》，上海人民出版社2001年版，第27页。

一、道德的内涵及作用

（一）道德的内涵

什么是道德？涂尔干认为道德包含许许多多的方面，是一种义务的道德、一种善的道德，并在一定程度上表现为理想主义的概念；但是从深层次来看，道德更有本身的现实，是现实的组成部分，就是社会的现象和事实，包括一系列的社会规则和活动，他指出"从根本上讲，真正的德行在于以一种适当的方式行事，能够将自己身上某种内在的方面加以外化，而根本不在于对高尚的图景和动人的品格闷头进行精神构建和个人沉思"。①

涂尔干指出从"道德行为"的现实存在和可能存在来寻找道德的共同属性，进而分析道德性质并为教育者指明道德教育的目标。通过对人类行为目的的考察，他将人类行为分为两类，第一类行为是与自己相关的，只追求个人本身目的的行为，被称为"个人目的"行为；另一类是和个人行为不相关的行动，被称为"非个人的行为"。后一种行为因种类太多而且与其他个体、群体和事物相关。他首先分析了"个人目的"行为，指出"个人目的"行为又可以分为两种，一种是单纯地维护个人生命、追求个人提高和发展、为了达到行动者本身的目标，另一种则是与个人有关却又超越了个人、为了他人的行为。在对比分析基础上，涂尔干指出，如果行为仅仅是为自己描绘的图景，以个人为中心，指向个人目的，唤不起任何道德感，这种行为就不具有道德价值。因此，可以说涂尔干的道德观强调对其他人的贡献，是一种无私忘我的行为。

（二）道德产生的原因

涂尔干提出道德来源于社会性，来源于人们的交往，道德是可以观察、描述，并找出解释法则的。首先，道德行为是对社会的一种行为。"道德目标也就是那些以社会为对象的目标……很明显，道德行为，必须服务于某种有生命、有感觉的存在，甚至更为特别地服务于一种有意识的存在……在我这个有意识的存在之外，在其他有感觉的单个人之外，就只剩下社会这个有感觉的存在了。"② 其次，道德只能在社会中存在。涂尔干认为道德并非空虚的观念，

---

① ［法］爱弥尔·涂尔干：《教育思想的演进》，上海人民出版社2006年版，第290页。

② ［法］爱弥尔·涂尔干：《道德教育》，上海人民出版社2001年版，第60页。

第六章 涂尔干道德教育思想

或者人们头脑中的"德性","道德并不是人们发现铭刻在自己意识中的一套抽象规范系统,也不是由道德哲学家在私人办公室里推导出来的抽象规范系统,道德是一种社会功能……道德哲学家既不能创造道德,也不能建构它们,他们必须观察它们存在于什么地方,然后在社会中寻找它们的原因和条件"。①所以,涂尔干定义的道德是一种社会事实,只有在人们的交往中,通过个体对他人的无私行为才能表现出来,而这种行为的载体就是人们的交往,这种交往就是社会关系。涂尔干把社会环境实体视为超乎个人之上的事实,只要有社会存在,就可以通过社会连带以某些明显而重要的训令对人发出义务的要求。简单来说,社会的存在构成一种道德权威,产生社会期待,成为社会成员共同的道德规范。② 社会期待是集体意识,它代表集体的利益,以一种"行为规范体系"的形式出现;而行为规范的体系,必然和集体的理想和价值体系一致,道德规范提供社会生活的行动准则,并强制个人遵守社会性义务。因此,所谓道德行为乃是符合共同理想规范的个人行为。

(三) 道德的作用

道德的作用体现在道德行为的权威性和规范性上。在讨论道德行为的这两种属性时,涂尔干本着"社会先于个人"的观念,认为社会是由各种观念、理念、信仰与情操所造成的,社会理想便是道德理想。道德是一种社会现象,是社会为了维持自身的稳定、和谐而创造出来。对于社会而言,道德的功能在于维持社会秩序,使社会能协调、稳定、正常运转。道德通过个人的内化,产生道德的义务感,使外在的控制力内化为个人可预期的义务,以集体的理想和价值观来支配个人的行为。社会道德行为的权威性和规范性,不但控制了个人目的与手段的选择,甚至支配个人的需要与欲望,当规范结构有效地控制个人行为时,社会便达到完善的整合;相反地,若此共同理想规范结构解组,使道德权威失去控制力与支配力时,不但不会增加个人的自由,反而使社会不安定、个人不自由,甚至破坏社会秩序,形成迷乱的病态现象③。所以,"从功能主义的角度来看,道德在社会中的作用就是为维持社会秩序,道德将有助于

---

① [法]爱弥尔·涂尔干:《职业伦理与公民道德》,上海人民出版社2006年版,第189~190页。
② 陈秉璋:《实证社会学的先锋——涂尔干》,台北允晨文化实业股份有限公司2011年版,第65页。
③ 谭光鼎、王丽云:《教育社会学:人物与思想》,华东师范大学出版社2009年版,第204页。

维护社会稳定，并且能够把个人整合成统一的社会"。① 于个人而言，道德通过对个人生活、行为等作出规范和约束，从而使个人的能力、欲望控制在必要的限度内，因为"如果我们周围的道德力再也不能制约或裁抑我们的激情，人类无拘无束的行为就会迷于空虚，而无限性这个似是而非的华丽标签，就会被用来掩盖和装饰行为的这种空洞性"。②

作为事实而存在的道德，无论对社会还是对个人，都有重要意义。正如涂尔干指出的："人们迫不及待地寻找着每一个社会领域。这就是为什么人们一旦发现共同利益并联合起来的时候，他们不仅维护着自身的利益，而且还相互合作，共同避开来犯之敌。他们这样做，为的是进一步享受彼此交往的乐趣，与其他人共同感受生活，归根结底，这就是一种共同的道德生活。"③

（四）道德行为与道德原则

什么是道德行为，涂尔干指出"依道德而为即依照团体的利益而行动。因此，一项道德行为必须为某种有生命、有知觉的生物（更特别的是一种具有意识的生物）服务"，④ 而这个活的生物就是由人联合而成的群体即社会。

在涂尔干的眼中，社会具备了不同于个体的生命状态，他的社会观和舍弗勒类似，"社会不单纯是各个个人的集合，而且是在当今构成它的个人之前就已经存在的实体，它使个人保持生存的状态，它对个人的影响远大于个人对它的影响，而且它还具有自身的生命、意识（或良心）、情趣和命运"。⑤ 因此，涂尔干认为道德在脱离上帝的约束后，社会应该成为其源泉，道德行为应该以非个人为目的，而这种非个人的目的只能够来源于社会这一外在并超越个人的实体，他的道德的三要素也体现了这个观点。⑥ 涂尔干没有在书中对"道德原则"做出明确的解释，但从对"道德事实"和"道德理想"的分析中，能看出他对道德原则的理解。"在涂尔干看来，同自然现象一样，世界上存在一种道德事实，这种道德事实是自然、社会现象的一个组成部分，因而可以用客观

---

① J. Elias, *Moral Education: Secular and Religious*, Robert E. Krieger Publishing Co. Inc, 1989, pp. 98-99.
② [法]爱弥尔·涂尔干：《道德教育》，上海人民出版社2001年版，第50页。
③ [法]爱弥尔·涂尔干：《社会劳动分工论》，三联书店2000年版，第141页。
④ [法]爱弥尔·涂尔干：《道德教育》，上海人民出版社2001年版，第54页。
⑤ 转引[英]安东尼·吉登斯：《资本主义与现代社会理论——对马克思、涂尔干和韦伯著作的分析》，上海译文出版社2007年版，第79页。
⑥ 陈松风：《涂尔干道德教育思想及其当代意义——以个体与社会关系为视角》，华东师范大学博士论文2010年，第23页。

的、科学的方法来加以研究。"① 涂尔干认为,道德事实的特点有三个方面:第一,它本质上是社会的,是一种社会事实,是一种现实存在;第二,道德事实是一种行为规则体系,是包括我们必须完成的特定行动的命令性或指令性的陈述,包含着某种责任、义务和约束力,具有权威性,人们之所以服从它,就是因为这种权威性要求人们这么做;第三,道德事实还是一种更高的精神世界的要求,这对人们来说是一种向往,指引着人们进行道德行动。

道德理想,是指社会规定的成员标准总体。这些标准要求体现在社会生活的各个方面,包括风俗、传统和戒律等,是社会进行道德教育的内容。道德理想的来源是社会事实,并非由道德理想中抽象出来或神明指点得来。道德理想根基也在于社会事实,是"社会的灵魂,发挥着强大的动态的集体性力量的功能"。实际上,在涂尔干看来,道德理想是道德事实的升华和神圣化,道德是对社会现实的反映,是一种具体的行为规则,并且具有权威性和吸引力,道德原则并不是一种占有优势的普遍适用原则,其根基是社会事实,社会性才是人类与道德存在的首要因素。涂尔干指出,道德原则是作为道德生活指南而发挥道德功效的,因此道德教育的主要内容和途径是教授道德原则,而不是"美德袋"。②

二、道德教育的逻辑起点

涂尔干在《道德教育》开篇为我们证明了道德教育的世俗性,在此基础上才进一步论证他关于道德教育的其他观点,在一定程度上,世俗道德构成了涂尔干道德教育的逻辑起点。

(一) 道德教育的理性精神

"如果教育不是一门科学,那么它也不是一门艺术。"③ 涂尔干通过对艺术与科学的对比,说明教育是一项实践性很强的工作,"教学法"是教师的"实践经验","教育介于艺术和科学之间"。从逻辑上,涂尔干通过对道德教育进行科学性解释来验证道德教育理性的存在,"理性道德教育是完全可能

---

① 戚万学:《冲突与整合——20世纪西方道德教育理论》,教育科学出版社2005年版,第107页。
② 阚敏:《涂尔干道德教育理论及其现代启示》,南京师范大学博士论文2004年,第20页。
③ [法]爱弥尔·涂尔干:《道德教育》,上海人民出版社2001年版,第5页。

的；作为科学之基础的假设必然会包含这个方面"。① 在科学的发展中要依靠理性主义，科学就是一个不断假设并不断被证实的过程，涂尔干认为道德教育天生就具有理性主义精神，以生物学和化学为例，在这两门学科刚刚成立的时候，人们就以为这两门科学已经到了尽头，正是在理性主义的推动下，生物学和化学才能够不断地进入所谓的"禁区"，而"理性主义不会提出科学终究能够达到知识的极限"。

从人类历史发展角度看，道德是理性的产物。"不仅纯粹理性的教育从逻辑上说是可能的，而且这种教育似乎也取决于我们的全部历史发展。"② 涂尔干认为原始人类道德的产生是义务的演化。原始人类的义务，是对神的义务，最开始的道德教育就是宗教教育，而随着基督教和人类社会的发展，宗教与道德日渐分离，上帝在道德生活中扮演着保护人的角色，"道德纪律不是为了上帝的利益而制定，而是为了人的利益而制定……宗教义务与道德义务都是义务，换句话说，都是合乎道德的强制性仪轨。"③ 宗教义务的存在，更是人们在理性精神下冷静思考的产物，是借助上帝来对人们的行为做出规范，宗教义务只是人们道德生活中的"理性替代物"。

（二）道德教育的世俗性

涂尔干在对道德教育理性精神的阐述之中，对宗教与道德之间关系的剖析，为清晰辨别道德的本质即世俗性做好了铺垫。宗教义务的存在，归根结底还在于人们的需求，正是有了人的需求，才有神的存在，涂尔干精辟地概括出了这一点，并指出"神的这种道德功能变成它唯一的存在理由"。而道德是不可能脱离本体而存在的，"事实上，当道德作为一种事实，完全以事物本性为基础时，人们不可能感觉到道德的实在性"。④ 如果道德不是由于人们在实际生活中发生的交往，则不会产生道德，即一个人的社会产生不了道德，脱离了社会生活的道德是不存在的。

涂尔干认为道德教育的目的，不在于将父辈的旧道德灌输给孩子们，而在于提供一种"善"，因为道德不仅仅是维持社会存在的工具，更是指导社会的工具，道德提供的益处远远大于人们所能看到的，"社会的组织与道德组织越

---

① [法]爱弥尔·涂尔干：《道德教育》，上海人民出版社2001年版，第7～8页。
② [法]爱弥尔·涂尔干：《道德教育》，上海人民出版社2001年版，第9页。
③ [法]爱弥尔·涂尔干：《道德教育》，上海人民出版社2001年版，第10页。
④ [法]爱弥尔·涂尔干：《道德教育》，上海人民出版社2001年版，第13页。

高尚、越复杂，就越有必要为其日益增加的活动提供新的营养"。① 正是从这点出发，涂尔干提出道德应该世俗化，"必须在旧体系中发现隐藏其中的道德力，即隐藏在那些能够掩盖其内在本性形势下的道德力。我们必须发现他们得以存在的当下条件是什么，他们本身究竟在哪些方面依然保持不变"。②

三、道德教育的首要因素

在涂尔干看来，道德的首要因素是纪律精神，而在解释这个命题之前，涂尔干先对道德的要素进行解释，指出道德的要素并不是采用"德目主义"的形式，有一个个详细具体的名称和规范，道德教育是要培养一种道德能力。在此，他先对道德的基本要素做出一番解释："询问道德的要素是什么，并不是列出一张能够把所有德性，甚至是最重要的德性都包括在内的完整清单。它所涉及的是对基本性情的考察，是对处于道德生活核心心态的考察。若从道德的角度去影响儿童，并不是要在他身上培养出一个接一个的特殊德性；而是采用适当的方法去培育，甚至全面构造那些一般意义上的性情，它们一旦被创造出来，就会使自己轻而易举地适应特殊的人类生活环境。"③

涂尔干从道德行为和道德事实本身对纪律精神成为道德教育的首要因素给出了进一步解释，他认为通常称为道德的所有行为，它们都有一个共同的方面，即都受到一定规范的约束。道德是由无数的规范构成的，婚姻生活有婚姻的规范，社会生活有社会的规范，正是无数的规范才构成统一的道德。然而，这种道德并不是像其他学者所认为的存在于个人的良知中，而是外在于人的具体规范，是一种社会事实。道德存在的主要目的之一就是确保人们的行为按照固定或可预见的方式运行下去，消除不确定性，用涂尔干的话就是"消除个人随意性的因素"。因此，纪律的常规性就能确保人们的行为是遵守道德和可以预料今天的行为不会和昨天有太大差别，不会说昨天的行为模式和今天的行为模式南辕北辙。要消除这种不确定性，行为的常规性是很重要的。涂尔干以"流浪者和那些不能恪尽职守的人"为例，他们之所以总是受到怀疑，就是在于他们不服从常规性，从而导致他们的道德禀赋从根本上就存在缺陷，在行为无法预测的结果下，往往不被人信任和认可。由此，涂尔干得出了纪律精神的

---

① ［法］爱弥尔·涂尔干：《道德教育》，上海人民出版社2001年版，第13页。
② ［法］爱弥尔·涂尔干：《道德教育》，上海人民出版社2001年版，第17页。
③ ［法］爱弥尔·涂尔干：《道德教育》，上海人民出版社2001年版，第23页。

第一个重要方面——常规性，在常规性之后又提出了纪律精神的第二个重要方面——权威观念。在涂尔干的逻辑中，常规性是外在表现和最终结果，但是用什么来确保这种常规性能得到执行，这就是权威观念。古代人对常规性的尊崇，是看到了上帝的指令；今天的人们对常规性的遵守，是因为科学和经验赋予的权威，如对卫生准则、职业实践准则或从民间智慧中引发出来的各种训令的尊重。如果没有权威观念在道德生活中扮演着重要的角色，生活中的道德规范都不会得到尊重，那么常规性也无从谈起。所以，涂尔干认为"在道德生活的根基中，不仅有对常规性的偏好，也存在着道德权威的观念。进一步说，道德的这两个方面是紧密相连的，两者的统一来源于一个更为复杂的、能够将两者都包括在内的观念，这就是纪律的概念。实际上，纪律就是使行为符合规范，意味着在确定的条件下重复的行为，不过倘若没有权威，没有一种能够起到规定作用的权威，纪律就不会出现"。①

纪律精神不仅具有规范性而且具有权威性，在实际生活中具有重要作用。涂尔干指出纪律具有双面性，一方面可以强化人们对习惯的偏好，指导人们的行为，另一方面又具有规约作用，约束人们的行为，在这两条线之间的行为就是符合道德，否则就违反了常规性，会被人们所谴责。从某种意义上来讲，涂尔干坚持了辩证的观点，在强调纪律的同时，没有忽视纪律的相反面——"自由"的价值，正是这种纪律，压制着人们的欲望，而规范的作用，使个体的人格更加完善，是对人性本身的一种修正，教会人们如何约束和控制自己，使社会能够按照一定的规范往前运行。除此之外，涂尔干还介绍了纪律对儿童人格培养的作用。在实际生活中，一些不恰当的做法，例如指望儿童顺从大人的意见，或者压制儿童的远大抱负，给儿童灌输不切实际的目标等，这些行为对儿童的成长都是不利的。真正幸福的来源不是权力、知识和财富，而是实现人的本性，找到与之相适宜的福祉。而纪律一方面完善儿童的人格，另一方面规范他们的行为，防止他们在追求幸福的道路上出现差错，用涂尔干的话就是"道德力能够防范野蛮和无知的力"。

四、道德教育的次要因素

道德教育的次要因素是对社会群体的依恋，又被称为自制精神或牺牲精神，这种精神是基于相互关系的，而这种相互之间的关系又为道德教育内容的

---

① ［法］爱弥尔·涂尔干：《道德教育》，上海人民出版社2001年版，第33页。

展开奠定了基础，主要包括个人与社会的关系，家庭道德、国家道德以及人类道德的关系，要素与要素之间的关系等。

（一）社会与个人的关系

涂尔干非常关注个人与社会之间的关系。首先，涂尔干认为社会是道德的起点，社会中人与人的交往才会有道德行为的出现，可以说"社会领域的起点，即是道德领域的起点"。其次，涂尔干论证了社会与个人之间的关系，指出社会并不是个人的简单相加，而是一种特殊的存在，拥有自己的本性，不能过度放大人的作用。同时，涂尔干反过来强调不应过度放大社会的绝对性，社会也是一个有机体，人同样也可以影响社会。

（二）家庭道德、国家道德、人类道德的关系

涂尔干强调了家庭道德、国家道德、人类道德之间的关系，他认为这三者都是社会的一种具体表现形式，而且是较为普遍的三种。在规模和范围上呈现出由小到大的排列组合，同时在彼此的道德层级上，也有明显的高低之分。个人完美的道德品质也必然是这三种形式的社会力量相互制约与博弈的结果。

"尽管有人曾经提出过一些简单化的说法，不过，在这三种忠诚之间并没有任何必然的对立……家庭、民族和人类，代表着我们社会进化和道德演化的不同阶段，而且，这些阶段是一些互为准备和互为依赖的阶段。……只有当人们受到它们施加在他身上的这三重力量的支配时，他们在道德上才是完善的。"① 在家庭、国家、人类这三种社会群体上，国家利益高于家庭利益、人类利益高于国家利益，摒弃了个人价值至上的观点。而且，三者也是人类社会文明水平由低到高的一个发展过程，因此，三者之间存在着重叠，而通过这种重叠就会形成道德的完善。

（三）群体依恋理论与其他要素的关系

对社会群体的依恋，作为道德三要素中承上启下的关键部分，在涂尔干整个道德要素思想中起着关键的作用。对第一要素纪律精神来说，它和对社会群体的依恋要素合起来构成一个完整的整体，"是同一实在的两个方面"②；对第三要素知性精神而言，它是前两者结合的产物，前两者从外部来讲，是一种外化，而知性精神侧重个体，侧重点在于个人如何培养自己良好的道德品质，由此构成一个整体。因此，对社会群体的依恋，一方面介绍为什么要依恋社会，另一方面又解释了如何依恋社会这两个关键问题。

---

① ［法］爱弥尔·涂尔干：《道德教育》，上海人民出版社2001年版，第74页。
② ［法］爱弥尔·涂尔干：《道德教育》，上海人民出版社2001年版，第84页。

五、道德教育的第三因素

相对于前两个要素的阐释,第三要素知性精神的论证相对简单,但是其地位可以说是最重要的。如果说涂尔干道德三要素中的前两个道德要素是条件,第三要素就是最终的结果。第三要素的存在,就如同牛顿在设想宇宙运动能量的第一个来源是"上帝之手"一般,缺少了这个因素,前两个因素将毫无意义。

涂尔干在对第三个要因素进行论证之前,先对前面的两个要素进行了总结和归纳。将纪律精神和对社会群体的依恋分别概括为"善"和"义务"。"善就是道德,它被认为是一种可求的东西,能够自发地把我们的意志引向善,并激发我们对善的渴求;义务其实就是社会,因为义务构成了比我们自身的单个更为丰富的实在,我们只要涉入这种实在,就会丰富我们自己。道德在我们看来无疑具有双重面孔:一方面,道德作为一种绝对法则,需要我们完全服从;另一方面,道德作为一种完美的理性,我们自发地追着它。"① 在这里,涂尔干用凝练的语言概括出了道德三要素中前两个要素的本质,而且指出其最根本的矛盾是善与义务之间的矛盾。除此之外,还引申出其他的矛盾,个人与群体之间的矛盾,角色强加的限制和人性的固执展开之间的矛盾。而如何解决道德要素本身存在的这些矛盾?涂尔干指明合乎道德的行为,只有纪律的约束和群体效忠的自制是不够的,还需要我们尽可能地对行为及其理由有一个明晰的认知和了解,进一步提高行动的自觉意识,赋予行为以自主性,而这就是道德的第三要素即知性精神。

涂尔干从科学和宗教两个角度来解释道德的知性精神。首先,以科学的角度来看,知性精神是渐进的过程,人们应该先认识自己的内心,而这种认识的方式就是依靠科学,科学是人们自主性的源泉。科学在某种程度上允许我们合乎理性地确定什么样的信念是先验的前提,这样的遵守并不等于消极的屈从,而是受到过启蒙的忠诚。一个人因为确信一切应然之物都是实然之物而服从事物的秩序,这并不是屈服于某种约束,"这是在自由地渴求这种秩序,是通过理解其根源而达成一致,自由地渴求而不是渴求荒诞"。②

涂尔干还从反面来批判用宗教解释道德的荒诞。涂尔干一直强调理性在知

---

① [法]爱弥尔·涂尔干:《道德教育》,上海人民出版社2001年版,第96页。
② [法]爱弥尔·涂尔干:《道德教育》,上海人民出版社2001年版,第114页。

性精神中的重要作用,重视从理性的角度对宗教道德进行推理。他先是将科学与宗教进行比较,在宗教观念中,得出上帝超越于科学的前提,而宗教认为道德来自于上帝,因此道德就超出了人们理性精神的范围,使道德陷入了一种不可知的"魔性"。在这种情况下,无论人们是否对道德再进行探究,都是不可取的。倘若将道德当做自然科学现象来处理的话,会引起对上帝的不尊重,是一种亵渎;倘若不将上帝与道德分离开来,就无法将道德理性化,道德将永远是一个神秘王国,任何人都踏入不了。这种两难的境况,进一步说明宗教道德的不可靠,明确要靠人们的理性来解释道德,要靠人们的知性精神来进行道德行为。

在涂尔干看来,只有通过知性精神教会人们如何在道德的纪律性与义务性之间进行适度取舍,人们才能实现道德。之所以有道德行为,除了外界的规范之外,更强调道德是内心完善和人格完整的外在体现。不是道德要求人们去做什么和不做什么,而是人们自己知道应该去做什么和不应该做什么,这才是真正的道德科学。

第三节 涂尔干社会群体依恋理论

涂尔干社会群体依恋理论包括三个部分,分别是道德的产生、个人与社会的关系,以及三种不同群体之间的道德层次排序。他从社会角度出发,将社会或者群体置于理论的核心来看人与社会的关系,该理论观点与儿童德育发展具有相契合的地方,对于儿童道德教育具有重要的价值。

一、涂尔干社会群体依恋理论的内容

(一)社会存在与个人本性

涂尔干对社会有两个观点,首先,他认为社会和个人是对立的,虽然涂尔干在书中并未提出这个观念,甚至以反问的语调来否认社会与个人的对立,"难道我们一定得承认理论家们漫不经心地假定个人与社会之间的对立吗?恰恰相反,在我们身上,存在着一种与我们自身不同的状态,即社会,社会在我们身上并通过我们把这种状态表达出来。这样的状态构成了社会本身,同时也存留在我们的身上,我们的身上起作用……社会与个人之间,不存在任何不可逾越的鸿沟。社会为我们植入了根深蒂固的根基,我们当中最优秀的部分只是

集体的流溢"。① 而这恰好反映了涂尔干对社会与个人关系的观点,即社会和个人二者间充满对立。他强调社会事实力量压制了个体的力量,并指导和控制每个单一个体,进行所谓的社会化过程。在研究中,涂尔干成功地把社会学从心理学中转移出来,充分地证明了社会力量是何等的强大,也充分地树立社会学的科学地位。涂尔干认为,"非社会化"的个体是脱离社会生活、只追求一己之私的个人,而社会中普遍存在的个体则是"社会人",其行为受道德规范引导,所有的语言、思想、世界观、理性、道德、理想等文化现象,都和社会脱不了关系,唯有合乎社会需要的行为才是道德的行为。其次,涂尔干借用生物学的概念,将社会视为一个有机体,社会是一个有结构功能体系的身体,其中各部分相互作用、相互调适、相互支持,使整个身体能继续生存。各部分虽然不同,但各自都对整体产生影响或贡献,并形成一个整体结构,如家庭负责养育及教导下一代;宗教力量统合社会;政府颁布法律,消除纷争,制定决策以领导社会;经济活动则生产并流通商品以延续生命。除此之外,还用青铜为例,证明"各种要素的组合会呈现出一些新的属性,这些新属性不同于所有单独要素的特性。那么,这种组合就是通过把组成它的各个要素联结起来的新事物。锌与铜是两种基本要素都是柔软的、可塑的要素,当把它们组合起来时,得到的却是一种具有完全不同的属性的新物质,即坚硬的青铜"。② 由部分联合起来的有机整体并不等于各部分的简单相加,前者是量的变化,后者是质的变化。个人与社会的关系也是如此,社会各部分的功能虽互不相同,但彼此结合成一个完整的结构,从不同的方面影响社会整体;个体受到整个社会结构的影响,两者之间形成一种强制性的支配关系。

然而,"强调特定社会的道德权威,使涂尔干走上了社会或文化相对主义的道路"③,如果承认所有的道德同样是由现有结构决定的,那么它们也都同样合理。但是,这也就不承认其中某一形态占优势地位的客观标准。否认个人利益的行为为道德,显然站不住脚,一方面,社会发展到今天,人们仍然把追求他人利益的行为视为道德的行为。事实上,正是"他人利益"和"自我利益",而不是"大利益"和"小利益"的对立才构成了真正的矛盾关系。一些有益于自身利益,哪怕这一利益是社会或团体利益而无视"他人利益"的行

---

① [法]爱弥尔·涂尔干:《道德教育》,上海人民出版社 2001 年版,第 73 页。
② [法]爱弥尔·涂尔干:《道德教育》,上海人民出版社 2001 年版,第 62 页。
③ 戚万学、唐汉卫:《现代道德教育专题研究》,教育科学出版社 2005 年版,第 67 页。

为，比如像维护法西斯主义集团利益、纳粹德国国家利益的行为显然也都是不符合道德的；另一方面，个人利益和社会利益也并不是绝对的隶属关系，而是一种辩证的相互关系。如果认定社会是由个人组成的，为个人利益的行为是不道德的，为所有其他利益的行为也是不道德的，而只有为社会利益的行为才是道德的，那么，这种社会的利益是什么样的一种利益呢？既然社会是没有人的空洞的社会，这种社会的利益也必定是空洞和虚幻的。事实上，社会道德的存在本身就是为了满足社会中个人需要而产生的。

（二）集体意识与个体意识

"集体意识"一词，是涂尔干用来阐述社会整体性的，是某一特定社会大多数人所接受的共同信仰和情操，作为社会事实的存在，不受个别化条件的限制，不因时间和空间的变化而改变，构成既定的社会体系，散布于整个社会。同时，它还是一种独立存在的心理实体，起着约束个人行为、规范人类关系的作用，并成为一种社会事实；就其内容来说，包括社会价值、理想、道德、共同的情操、传统仪式或习俗、象征性行为模式等。而个人意识是以社会中的个人为主体的意识，其中，自我意识是个人意识中的主要内容，还包括对个人所处的自然和社会环境，对个人和自然、社会关系的意识。

涂尔干在说明集体意识的由来时指出，集体意识有别于个人意识，但需借由个人得以实现。换句话说，集体意识是一个独立于个人以外的实体，如果不是通过社会成员的活动，将无法实现。随后，涂尔干又提出了另一个相似的概念——集体表征。集体表征或集体意识是一种由个人心灵结合，而又超越个人心灵的一种独立外在物；它并不直接来源于个人心灵，而是源自心灵的结合；它是整体的产物，超越个体集体运作的结果，其一旦形成，即拥有自主性，依据它自身的原则来运作①。简单地说，社会个体虽有各自的区别，有不同的社会地位、身份、职业的差别，但是通过个体组成的集体意识，却成为社会的一种心理形态，它不同于个人意识，是一个具有独特存在的条件、属性以及发展模式的实体。此外，集体意识是一个客体的社会事实，不能再用原来的组合因素的属性去解释。

集体意识从社会或群体的基层发展出来以后，和个人意识完全不同。它具有超越个人的独特素质，而这种独特素质具有不可溯根的性质，无法在个人特质中找到。集体意识也成为一种权威，具有强制力和约束力，不但不随个人主

---

① 陈秉章：《实证社会学的先锋——涂尔干》，台北允晨文化实业股份有限公司2011年版，第136~137页。

观意识改变或消失，反而会促使社会个体服从。因此，集体意识既是社会整体所共有的信仰、感情、价值和理想，又是宰制社会生活的优先存在事实。社会和个人的关系，靠着集体意识而联结在一起；社会规范、道德权威和个人的社会化也都以集体意识为基础。

（三）三种社会群体形式的道德趋同

涂尔干指出个人归属的社会群体有三种形式：一是家庭，二是国家或政治群体，三是人类，由此也有三种不同级别的道德，分别是家庭道德、国家道德和人类道德。在三者之间的关系上，涂尔干认为首先是家庭目标应该服从国家目标，因为民族是处于更高水平上的社会群体，而家庭更接近于个人，而家庭利益的范围也非常有限，以至于在很大程度上与个人利益比较起来，国家目标的要求更崇高一些。此外，现在的家庭在社会生活中的作用日渐式微，涂尔干以家庭子女为例，他们常常在很早很年轻的时候就离开家庭，接受公共教育，成年后将搬出去组建自己的家庭，从而导致道德生活的中心也从家庭逐渐向国家过渡，"如今，家庭正在变成一种次于国家的机构"。

在国家和人类的道德要求层次上，则存在着一定的矛盾。因为在当时看来，比国家更高层次的人类群体的联合，还是一件遥不可及的事情。然而，道德来源于社会，没有这个社会实体，道德就不会存在，"人们不可能屈从于一个尚未形成、有可能永远只是一种设想出来的群体，并为后者做出牺牲，这似乎是不可能的事情。"① 在涂尔干看来，矛盾的解决办法就是每个国家都拥有自己的目标，都承诺不会以侵略其他国家去获得自己的利益，而是"坚守自己的家园，最大限度地为其成员创造一种更高水准的道德生活，那么国家道德和人类道德之间的所有罅隙都会被抹平"。② 涂尔干期望以一种世界性的爱国主义来解决这个矛盾，将爱国主义分为两种形式，一种是导向外部的，通过诱导不同国家的相互侵略，来加强内部的团结；另一种是导向内部的，是致力于社会内部的改进，"是科学性的和艺术性的，总之基本上是和平的"。③ 显然，涂尔干希望通过第二种形式的爱国主义来实现世界的大同。最终，三种道德能够按照内在的关联性成为相互融通的有机整体，使个体之外没有其他，只有社会群体。作为调节人际关系的道德，其目标也应是社会的目标，合乎道德的行

---

① ［法］爱弥尔·涂尔干：《道德教育》，上海人民出版社2001年版，第76页。
② ［法］爱弥尔·涂尔干：《职业伦理与公民道德》，上海人民出版社2006年版，第60页。
③ ［法］爱弥尔·涂尔干：《道德教育》，上海人民出版社2001年版，第77页。

为应是那些合乎社会群体利益的行为。

(四) 社会群体依恋理论的地位

作为涂尔干道德三要素中的第二要素，在整个体系中起着承上启下的关键作用，一方面，对社会群体的依恋对纪律精神进行了补充，使纪律精神在逻辑上和群体依恋理论有完美的衔接；另一方面，又通过新的矛盾，引申出道德的第三要素知性精神。

1. 对纪律精神的补充

涂尔干认为，纪律精神和对群体的依恋是相互依存的，"纪律似乎是一件事，而我们所承诺的集体理想却是另一回事，两者截然不同。然而，事实上，两者也有着密切的关系。它们不过是同一实在的两个方面而已"。① 纪律精神包含两个方面，其中一个是权威性，通过这种权威，人们才会遵守道德规范。权威存在于人们的心中，而不是外物之中。每当人们准备做出行动的时候，都有一种神秘的力量指导着他们，自己却往往意识不到。涂尔干将社会作为个人的良知存在，所以"最能够满足构成权威的必要条件，就是集体存在"。由此，涂尔干很好地将纪律精神和对群体的依恋结合起来，对纪律精神进行了有益的补充。同时，二者的关系通过社会这个关键点连接起来，"一方面，在外面看来，它似乎是一种权威，约束着我们，限制我们，阻止我们做出违规之举，并使我们对它怀有一种宗教的遵从感。另一方面，社会是仁爱的保护力量，是滋养我们的母亲，我们从她那里得到我们的全部的智力养料，我们的意志以一种爱和感恩的精神面对它"。②

2. 对知性精神的引申

对纪律精神补充完毕之后，三要素又陷入了另外一个死循环。因为通过之前的论证，道德规范似乎是外在于意志的。因而人们遵守的不是自己所制定的道德规范，人们服从的不是自己创造的法则，所经受的约束，无论有多么合乎道德，都是社会事实。而良知反对这样的依赖性，除非人是自由的，不受任何强制地遵守这些规则，否则就不能认为这些行动是道德的。"良知把行为的道德性和行动者的自主性结合起来的趋势，是我们不能否认的事实，也是我们必须予以解释的事实。"③ 面对这个困境，涂尔干没有直接给出答案。他先是引证康德的看法——"自主是道德的原则"，指出理性应该在道德自主中扮演的

---

① [法] 爱弥尔·涂尔干:《道德教育》，上海人民出版社2001年版，第84页。
② [法] 爱弥尔·涂尔干:《道德教育》，上海人民出版社2001年版，第92页。
③ [法] 爱弥尔·涂尔干:《道德教育》，上海人民出版社2001年版，第111页。

重要角色，但是人常常是感性动物，如何用理性来克服感性呢？康德最后跑到上帝那里去寻找答案，涂尔干批评了这种想法的抽象性，但是肯定了其辩证性，并得出结论："道德良知所需要的，是一种行之有效的自主性，不仅对某种不是特指的理想存在如此，对像我们这样的存在也是如此。这样，要理解这个世界，要按照与世界应有的关系来安排我们的行为，我们只需仔细思索和充分认识我们的内心，这就构成了自主的最初层次。"① 涂尔干认为，一个人之所以会服从社会道德规则，并不是受到约束的结果，恰恰相反，正是对社会秩序——"事物的秩序"的服从。一个人要想成为真正有道德的人，实现道德的自由，就必须首先理解他们的行为为什么合乎道德，必须了解自己的社会需要，对道德事实及其存在有一个完整而明晰的认识，通过知性的运用获得自主和自觉，由此，涂尔干很好地将社会与知性精神联系起来，将知性放到社会之中，使之成为相互融通的整体。道德的基础是人们的自律，自主是知性精神运用的产物，也是主体道德知性选择的结果，是在行为可能性之间，根据一定的智识、价值标准和观念而做出的自由选择，而这种自由是在必然基础上的自由，并不是完全摆脱外在客观约束的任意活动，以客观性为基础，而这种客观性就是群体生活，也就是对群体的依恋。②

二、社会群体依恋理论在儿童德育中的运用

涂尔干认为，儿童时期的道德培育对其一生的发展至关重要，因此，他特别强调对儿童进行早期道德教育。群体依恋理论是其整个道德教育中最重要的一环，涂尔干认为儿童时期道德教育的理论基础有两个：一是儿童身上的利他主义；二是对学校与教育的重视。

（一）重视儿童与生俱来的本性

涂尔干认为人性中存在两种意识，一种是利己主义，另一种是利他主义。利己主义与利他主义的存在是因为有"意识存在"，这种意识存在就使人开始分辨起"我"，有了最开始的自我概念。当个人以自我为中心，追求行动者个人快乐而将外在世界的存在以我的观念来看待时，就是利己主义；相反，当个人是以外在的事物为中心，最终活动的目的不是自我，而是保证行动者之外的

---

① ［法］爱弥尔·涂尔干：《道德教育》，上海人民出版社2001年版，第113页。
② 李冰、黄天娥：《涂尔干道德观的社会关联性对德育的启示》，《教育导刊》2010年第10期。

他人快乐时，这种行为就是利他主义。

1. 儿童身上的利他主义

涂尔干认为儿童并不像人们认为的那样是那种纯粹自私的人。恰恰相反，儿童自从出生之后，就是一种有意识的存在，因为对世界的无知，他们的智力水平有限，所以儿童把一切外在的东西都当作自身之外的事物，最终导致能够具有某种利他主义，而这和他的意识无关。这种利他主义来源于对环境的依恋和对事物的模仿，而无论哪一方面都与社会群体相关。

涂尔干对儿童身上的利他性来源进行了假设，他指出："道德生活这一方面的根源，是我们称为利他主义和无私的各种倾向的总和。因而，我们必须最先提出的问题是，这样的倾向是否确实在儿童身上存在，如果存在，是以什么样的方式存在……他是纯粹自私的呢，还是反过来已经接受了我们刚刚培育的、初步形成的利他主义。"① 虽然提出了问题，涂尔干并没有直接做出回答，而是首先论述了利他与利己的区别。涂尔干认为，这两种行为都不是以是否有快乐的结果来划分的。利他性并非都是以他人快乐为目的的行为。一种行为是利他或者是利己要根据行为所追求事物的性质来判断。"这样，我们便有了嵌入利他主义之中的利己主义；反过来说，也有嵌入利己主义之中的利他主义"②。据此可以看出，涂尔干没有把二者完全对立起来，从一个极端走向另一个极端，他认为，利己和利他不是根本对立、毫无关联的两种倾向，利己之中有利他，反过来，利他之中也有利己。从根本上讲，利己和利他是所有有意识生活的存在，是密切相关的两个方面。儿童并非是一个纯粹的利己主义者，事实上，作为一个有意识的存在，不论他的意识发展如何不完善，他都有某种利他主义的倾向，而且这种倾向在他的生命初期就已经存在。像儿童对外界事物、对人的依恋以及对他所熟悉的人的模仿，都表明儿童对外界事物和人的移情，这无疑就是利他的最初行为。

即使涂尔干认为儿童并不像人们认为的是那种纯粹自私的人，但总的来说，在儿童身上，利己多于利他。儿童意识较狭窄，知识较浅陋，缺少明确的社会团体观念以及对它的感情。所以，在儿童的身上，即便有利他主义，也是比较模糊的。因此，要实现对儿童的道德教育，把这种利他主义在儿童身上得以发扬，一方面，要使儿童的知识得以扩展，不断地将团体观念灌输到儿童的思维模式中去，另一方面，还要让儿童在团体中得到训练，"要学会热爱集体

---

① ［法］爱弥尔·涂尔干：《道德教育》，上海人民出版社2001年版，第200页。
② ［法］爱弥尔·涂尔干：《道德教育》，上海人民出版社2001年版，第208页。

生活，我们就得过集体生活，不仅在我们的内心和想象中过集体生活，而且在现实中过集体生活。"① 最后，涂尔干还指出，要想培养儿童热爱集体的情感和道德，最主要的途径就是学校环境和学校教育。

2. 儿童对环境的依恋

儿童对环境的依恋，是儿童身上利他主义的一个重要来源。涂尔干认为儿童很容易强烈地依恋他所熟悉的环境中的各种对象，并且通过事例来说明，如儿童喝水、睡觉等日常生活中的小例子。"一旦他要喝水，就会去喝他已经用惯了的杯子里的水；一旦他要睡觉，也不会睡在他不熟悉的房间里。他非常依恋这些不同的东西，一旦拿走这些东西，他就会感到痛苦。当然，这样一种依恋依然属于一种低级类型。"② 在涂尔干看来，无论这是低级类型还是高级类型，这种对物存在的依恋，就表明儿童身上有一种习性：与某种不同于自身的东西建立团结的关系。这种感情与"爱地方、爱家乡、爱父系家庭（也就是没有人否认的那种有道德的和利他主义的性格）之间，只有程度上的差别"。③

除此之外，涂尔干还指出儿童除了对物有依恋性之外，对人也有很强的依恋性，并举例说明。"有一个很普遍的事实，就是经常更换奶妈会引起痛苦和令人不安的危机。孩子会拒绝陌生人的奶头，抵制她的照料。"④ 按照涂尔干的说法，虽然儿童的意识不是很清醒，但能清楚地体验到"一种把他的存在加入他人的存在之中的需要，而当这种关系被打破时，他就会感到很痛苦……这就是儿童的传统主义，也就是他对已经养成的习惯的依恋"⑤。涂尔干还假设，一旦儿童习惯某种感觉和行为方式，就会难以离开这种方式，他执著于这种方式，进而执著于那些决定这种方式的东西。正是这种对感觉的依赖，儿童身上的利他性就完整地体现出来。

3. 儿童对事物的模仿

儿童身上利他主义的另外一个来源，可以归纳为对事物的模仿。用涂尔干的话来阐述，就是"极度的熟练、极度的热切，他以此来效仿所有他眼前碰巧看到的东西。"⑥ 儿童对事物的模仿，出于一种天生的本能，从生物学和儿

---

① [法] 爱弥尔·涂尔干：《道德教育》，上海人民出版社2001年版，第221页。
② [法] 爱弥尔·涂尔干：《道德教育》，上海人民出版社2001年版，第210页。
③ [法] 爱弥尔·涂尔干：《道德教育》，上海人民出版社2001年版，第210页。
④ [法] 爱弥尔·涂尔干：《道德教育》，上海人民出版社2001年版，第210页。
⑤ [法] 爱弥尔·涂尔干：《道德教育》，上海人民出版社2001年版，第211页。
⑥ [法] 爱弥尔·涂尔干：《道德教育》，上海人民出版社2001年版，第211页。

童心理学上都能得到很好的科学论证。涂尔干指出，儿童之所以会对周围的事物有热切的模仿动机，原因在于其内心生活的贫乏。由于儿童认知不足，相对于受过完整教育的成年人来说，其性情并没有固定下来，对外界各种因素的侵扰缺乏抵抗力。因此，在没有一种稳固而确定的心理构造的情况下，对于各种外来的作用，儿童比成年人开放得多，"儿童之所以模仿，是因为他刚开始萌生的意识，尚不具备一种能够得到明确标明的选择本领。因而，他的意识能够轻而易举、畅通无阻地同化所有来自外部的更为强烈的印象"。①

涂尔干认为，当儿童看见别人笑的时候，会跟着笑；当看见别人哭的时候，会跟着哭，儿童的这种复制并分享他人感情的习惯，是出于人类本性中的同情，也是"一种明显具有利他和社会倾向的最初形式"。儿童的这种同情心和利他性比成年人更多一些。由于儿童接触的事物远远少于成年人，不会对事物有明确的划分，即使对于无生命的物质，也会当作自己存在的一部分，例如儿童会对受伤的娃娃、被撕破揉皱的纸，乃至一块搬不走的石头都会产生悲悯之心。在涂尔干看来，儿童的这种利他主义是天生的本性，相对于成年人来说，儿童的这种利他性也远胜一筹；但是，在儿童的本体之中，利他性不如利己性，即利己还是多于利他。问题的关键不是在于如何来消灭利己性，而是如何利用这一"杠杆"，更加有效地对儿童进行道德教育。

（二）儿童道德教育的路径

涂尔干认为，对儿童道德教育的首要目的就是将儿童和社会群体连接起来，这里的社会群体，就是学校和家庭，其中，涂尔干认为学校是培养儿童道德的主要场所，正是在这种集体生活中，儿童的道德水平才能得以提高，最终成为一个具有完美道德的人。

1. 学校环境

涂尔干认为，要清楚地理解学校环境在道德教育中能够而且应该发挥的重要作用，就必须弄清楚在儿童进入学校时他面临什么样的情景。儿童入学之前，只接触过两种社会团体，一种是家庭，另一种是朋友或小伙伴团体。儿童在家庭中形成的有关团体的观念来源于血缘关系，这种来自血缘关系的道德义务更因关系密切和持续接触以及生活的相互渗透而进一步加固。儿童接触的小团体，是在家庭之外通过儿童的自由选择形成的。然而，在儿童将要进入的社会中，所面临的各种关系既不是血缘关系，也不是自由选择来的，这样"在

---

① ［法］爱弥尔·涂尔干：《道德教育》，上海人民出版社2001年版，第212~213页。

儿童离开家庭时发现自己所处的道德状态和他必须追求的道德状态之间有很大距离"。① 而且这一距离不可能直接达到，必须有一个中介物，"学校环境则是最理想的媒介物"。较之家庭和小团体，学校有更为广泛的活动范围，有更广泛的相互联系，这是同龄阶段，处于相同社会条件下的主体是聚集在一起的、偶然的和不可避免的组合。从这一意义上讲，学校更像儿童将要进入的政治社会。正是学校兼具家庭社会和小伙伴团体的特征，故涂尔干认为"通过学校，我们可以获得一种在与家庭生活不同的集体生活中培训儿童的办法。我们可以教他各种习惯，这些习惯一旦养成，就会一直存续到学校生活结束之后，要求得到它们应得的满足"。②

涂尔干还指出，通过学校环境、团体生活培养儿童的纪律精神和对群体的依恋，也是法国社会的现实要求。当时个人主义盛行，"在我们国家，有一种强烈的个人主义倾向，它使我们不能容忍对社会生活承担责任，同时阻断了我们享有团体生活的欢乐和机会"。③ 在不健康的社会环境中，儿童从小就自私自利。所以，要使人们承担社会生活的责任，"就必须建立一种与当前的社会秩序一致，与这种社会秩序赖以建立的原则一致的新的团体。而实现这一目的的唯一途径就是为生活注入一种协助精神"。④ 因为团体不是凭借强制力量而建成的，它必须以公众的意见为基础，只有成员感到需要并倾向于形成一种自己喜欢的团体时，即具有了某种团体精神时，团体才能形成。这里，涂尔干似乎陷入了"循环论证"，即一方面认为只有在人们有了团结精神后才能产生团体，另一方面又认为团结精神只有在已经形成的团体中经过训练才能形成。涂尔干指出，走出这一循环论证的途径就是借助学校，只有在学校这一真实的团体中，儿童极其自然地参与其中的各种生活，形成某种集体生活的习惯以及对集体生活的依附感，这些在学校中形成的习惯和倾向，在儿童走上社会后依然存在。从这一意义上看，涂尔干指出学校时期乃是培养儿童道德的唯一不可替代的时期。

2. 科学教育⑤

长久以来，人们认为科学与道德无关，因为并不是通过学习物体如何下

---

① ［法］爱弥尔·涂尔干：《道德教育》，上海人民出版社2001年版，第223页。
② ［法］爱弥尔·涂尔干：《道德教育》，上海人民出版社2001年版，第227页。
③ ［法］爱弥尔·涂尔干：《道德教育》，上海人民出版社2001年版，第180页。
④ ［法］爱弥尔·涂尔干：《道德教育》，上海人民出版社2001年版，第180页。
⑤ 科学教育：来自《道德教育》一书，是指物理、化学、生物一类可通过实验方式来证明的自然学科知识教育。

落、胃如何能消化就可以知道应该如何与人交往。涂尔干却认为，我们虽然没有提出一种能够借助实证理解并指导我们行动的道德科学，但是，即使物理科学、生物科学在品格中也发挥着重要作用，"自然科学的确能够有助于我们更好地理解人类王国，给我们提供精确的观念，提供帮助我们指导良好行为的智识习惯"。① 自然科学只有在一种情况下才与道德无关，即把道德生活与自然界其他事物分离，或道德生活完全超越经验领域。

科学对道德教育的价值就在于它是认识社会现实的重要工具。因为，一个人对社会有什么样的观念和认识，将在很大程度上决定他是否能依附社会，人们对社会的理解越深，就越能正确地指导自己的行动。涂尔干指出，从表面上看，科学教育和道德教育似乎并没有多少关系，因为科学教育需要理论思考，而道德教育则要求行动和实践。人本身是理性的动物，因而人的道德也都是以理智为基础的。在学校通过科学教育，尤其是物理和自然科学的教学，提高学生对社会的认识，就成为一项重要任务。

自然科学教学的主要作用在于增进学生对物理世界的认识、培养学生对自然事物的感情。涂尔干认为，这种感情可以迁移或扩展到社会和道德领域。从某种意义上讲，科学教育乃是道德教育的起步阶段。科学教育要发挥其应有的效能，首先要使学生认识到演绎科学是违背科学发展规律的，并让学生了解观察和实验在科学形成中的重要作用；其次，要使学生认识到不仅复杂的，而且简单的事物也是一种真实存在，并有自己的特性；最后，要预防学生对复杂事物产生神秘感，对科学解释世界的前途应充满信心。

涂尔干的观点在于要保持一种平衡，科学教育的目的是既要让儿童避免一种简单化思维，认为这个世界中唯一现实的事物就是那种初级的、在性质和属性方面没有差别的东西，这是一种简单化的理性主义；还要避免让儿童陷入到一种不可知论的神秘主义之中，不能因为今天的科学证明昨日的不完善，而对科学始终持一种不信任的态度，一旦这种氛围扩张到道德生活中，将产生难以弥补的后果。前者在道德教育中产生的不良影响主要在于会使道德行为失去目标，涂尔干认为"社会这个复杂的整体，纯粹是一种幻象；而真正构成集体的实在性的，也是我们必须领会到的，却是某种简单的、明确的、清楚的东西"。② 简单化的理性主义认为社会中唯一真实的东西就是简单的事物，个人才是社会中唯一真实的存在，这与涂尔干强调的社会客观实在构成很大的冲

---

① [法] 爱弥尔·涂尔干：《道德教育》，上海人民出版社2001年版，第194页。
② [法] 爱弥尔·涂尔干：《道德教育》，上海人民出版社2001年版，第247页。

突，涂尔干对此进行了批判。而对于后者，要避免儿童陷入神秘主义中，对目前的道德产生一种不信任，就要通过历史证明，这样的错误和无知领域将会减少，根本不会存在不可逾越的限度。要克服简单化的偏见和神秘主义的倾向，就应发挥科学教育的作用。涂尔干以有机体、无机要素的组合呈现出新的属性为例，使儿童明白，整体并不是各部分的简单相加，同时在理解社会的时候，也避免让儿童认为社会就是由个人简单相加构成的。

3. 历史教育

涂尔干认为历史教育对儿童的道德成长很有益处，但也需要谨慎处理。他指出，"在学校开设的课程中，有一种非常接近于社会学的学科，能够给学生提供一种恰当的社会观念，并告诉学生如何将社会与个人结合起来的方法。这就是历史学"。① 要想把儿童和他所属的社会群体连接起来，只从外部让其感受到群体的实在性远远不够，还必须让儿童全身心地依恋这个群体。而唯一的办法就是让社会成为他不可分割的组成部分，使儿童像无法与自己分离那样无法与社会分离，应该让儿童感觉到社会中有某种现实的、活生生的和强有力的东西支配着人。但是，这里需要谨慎处理，避免陷入历史的个人主义唯心论，即给儿童造成一种错觉，认为"现代法律是拿破仑创造的，17世纪的文学是由路易十四的个人影响造就的，路德缔造了新教教义"②，这种把历史归于个人的创造，而不是从社会的角度出发，会使儿童产生一种错误观点，认为可以把国家与某个人等同起来，这是历史教学中要极力避免的事情。

在涂尔干看来，社会是一种整体的意识，这是历史教学应该给儿童灌输的观念。而这种整体意识的灌输，不能够靠抽象分析，应该使儿童与这种集体精神直接接触，也就是通过使这个国家在儿童面前成为活生生的历史，才能使儿童获得与集体精神密切的联系。因此涂尔干说，"一门历史课就是一门经验课"。涂尔干还强调了教师的作用，认为"教师不能任意行事"，教师必须对法兰西的性格有很清晰的认识，必须达到一定的水平，能够确定法兰西的民族性格，在历史教学中正确地传递出这种集体意识。

4. 审美教育

关于艺术教学，涂尔干持一种强烈的反对态度，"在道德教育中只指派给它一个次要的、附属的角色"。在他看来，艺术家们都是处于由忘我精神引发的狂喜状态中，这种状态使他们脱离了现实。因此艺术的领域并不是现实的领

---

① [法] 爱弥尔·涂尔干：《道德教育》，上海人民出版社2001年版，第264页。
② [法] 爱弥尔·涂尔干：《道德教育》，上海人民出版社2001年版，第264页。

域，虽然艺术品来源于社会现实，是在现实的基础上进行艺术创作，但作品中的"美"却不存在于现实之中。虽然艺术可以给人带来适度的享受，但涂尔干认为这种虚构性不能"太刺眼"，不能完全不近情理，而艺术家不会在乎现实，对他们来说，根本没有任何必须永远遵守的自然法则和历史规律。

由此，艺术与道德之间有一种真正意义上的对立。艺术会使人们生活在一种想象的环境中，而道德的世界却是实在的世界。"道德要求人们热爱所属的群体，热爱组成这个群体中的人，热爱人们生活的土地，热爱所有具体并且真实的东西，人们必须按照事物的面貌来看待事物，即使我们努力地使它们看起来尽可能地完善，但是，不能完全忽视它们的本来面目。道德是属于行动的领域，而且没有任何脱离具体的现实对象的行动。而履行义务，就是永远的为某些其他真实生命服务。艺术王国偏离了道德生活的王国，因为它脱离了现实。"① 如果将道德根植在艺术之上，道德将会被侵蚀掉，失去其客观真实性，消失于纯粹的想象活动中去。

同时，涂尔干也辩证地指出，道德教育与艺术并非毫不相关。只有在闲暇基础上的艺术，而且有着自身特色的道德，才可以说是对道德有益的艺术。但闲暇本身对儿童来说并不是一件好事，成年人比较容易控制自己的闲暇时间，不至于过度荒废时光，会不停地忙碌，以免自我堕落。但儿童不同，他们不像成年人那样有成熟的心智，艺术在道德教育中扮演的就是完全消极的角色，艺术对道德性格的形成不会有什么贡献，不是道德中的积极因素，因此最终结论是"审美不具有核心意义。"

三、社会群体依恋理论对儿童德育的启示

(一) 关注儿童道德发展规律

涂尔干提出，儿童的道德发展有自己的规律，道德教育要遵循儿童的成长规律，违背规律将会得不偿失。他认为，"儿童"这个定义，可以分为两个时期。一是"童年时期"，包括人出生的头三四年，包括对婴儿的生理、智力和道德生活的观察，也称为"童年早期"；另一种是"童年的第二时期"，或者是这个概念的通常含义，并不涉及童年早期的生理和心理，专指正常的教育时期。涂尔干的儿童观，就是"童年的第二时期"。

儿童的道德发展规律是什么？在涂尔干看来，是两个层面的矛盾。第一个

---

① [法] 爱弥尔·涂尔干：《道德教育》，上海人民出版社 2001 年版，第 261 页。

层面，从生理学角度出发，儿童的成长是一种变化过程，道德教育家面对的"不是一个完全成熟的人，不是一件完成的作品或成品"。① 在成长的过程中，儿童是很脆弱的个体，仿佛一阵风就能将其吹倒。但是，儿童身上也具有可变性，他们渴望不断地成长，仿佛是一个巨大的吸收器，无论什么都会不加排斥地吸收。因此，道德教育家的责任，就是要在儿童成长的过程中，谨记儿童身上的这种双重性。在道德教育的过程中，善于发现与儿童相应的真正的需要、儿童所能把控的力量、儿童能力的真正水平及能够达到的程度。道德教育的首要规律就是要使儿童接受的道德教育与其能力尽可能地相适应。第二个层面，教育家要明确儿童身上的好奇心与持续力是相互矛盾的。儿童天生爱好活动，对一切事物都充满了好奇心，善于模仿并乐于模仿，但是这种模仿只是短暂性的，如何使这种模仿内化成习惯，也是道德教育必须遵循的一个规律。应该教会儿童如何控制和协调行动，克制和把握自己，并且制定自己的原则，遵守行为纪律和守则。在这种环境的熏陶下，易于使儿童养成习惯，在习惯的基础上升华为个人道德。

（二）营造良好集体生活环境

人是社会的产物，儿童也是社会中的个体，只不过相对于成人，儿童的社会群体更多的是指他们的学校，为何学校是营造儿童良好道德的集体生活环境，涂尔干从两个方面来论证。首先，家庭之所以被涂尔干排除在外，因为亲属关系是溺爱式的温暖，无法与道德更严格的要求取得一致。其次，儿童的道德教育有一定的规律，随着年龄的增加，道德能力也在不断加强，不可能在儿童成人之后再进行道德教育，而现实中又不可以委托给成人的代理机构。最终，营造良好集体生活环境的任务就落在学校身上。如何对学校道德教育体系进行改造，使之能够提供良好集体生活的环境，涂尔干提出了三点要求。

1. 学校纪律

涂尔干认为学校纪律，并不是传统意义上的纪律，即由学校单方面制定而实施的，这里的学校纪律包含两个特性，一是权威性，二是对等性。学校的纪律要求一般是工具性的，是为了管理学生，仅停留在保证学校的教学秩序能够正常运行这个较低层次。在实践中，造成的结果往往是权威性过多而对等性不足，学生只知道什么能做，什么不能做，而做与不做的原因是什么，缺乏必要的解释，这一现象的负面效应也是很危险的。所谓"权威性"强调的就是要克服这种人格的双面性，儿童不把纪律当做外在的约束，而是内心的遵从，这

---

① ［法］爱弥尔·涂尔干：《道德教育》，上海人民出版社2001年版，第406页。

种权威性来自于外而内化于心,实现真正的道德提升。"对等性"要求道德教育在设定纪律目标时,应符合儿童道德需求的标准。即使是对儿童进行惩罚,也要让儿童在受到惩罚前知道自己的错误所在,不能做没有效率的惩罚,否则只会降低道德在孩子们心中的神圣感。

2. 教师权威

在学校环境中,教师是道德教育的主导,在道德教育中发挥着无与伦比的作用。因此,树立教师的权威是学校道德教育至关重要的一环,教师的权威性不是来自外部的规范和对儿童的奖罚权力,而是来自教师自身及其道德修养。教师对学生的道德培养,不仅仅是在课堂上的讲述,更重要的是教师的语言和行为规范对儿童的影响。因为儿童具有强烈的模仿意识,会自发地模仿教师的行为。所以,教师道德水平的高低间接决定了儿童的道德水平。同时也要克服两种倾向,第一,要避免儿童把道德规范和教师本人联系在一起,即认为教师就是道德规范,教师的一言一行就是道德的要求。相反,要使儿童们明白,教师身上的道德性是来自对规范的遵守,教师本身不是规范,对规范的服从才是道德。第二,由于教师的权威太强,在儿童的整个学习过程中,应该让不同的教师来交替,防止因为某些教师带来过于单一的影响,对儿童的发展产生限制作用。

3. 学校教育

学校是传授知识的场所,科学知识和道德能力是紧密联系的。科学教育,包括物理和化学等,应教会儿童运用逻辑思维来看待社会与个人的关系,即社会不是个人的简单相加;历史教育应教会儿童社会与个人的作用,社会是客观存在的,并非由个别人来推动,社会有自己的生命和发展轨迹,同理,也有自己的规范——对人们的道德要求。然而,涂尔干是反对艺术教育的,但是这里仍需予以澄清。涂尔干认为艺术是一种虚幻的反映,不能客观地反映社会,是应该被丢弃的。然而,正常的儿童道德中,也必须学会艺术,艺术虽然不是对现实的客观反映,却来源于现实生活,教会儿童如何欣赏艺术,也是道德教育的一项重要内容。只有德智体全面发展的儿童,才是成功的教育,教育是年长的一代对尚未为社会生活准备好的一代施加的影响。教育的目的就是在儿童身上唤起和培养一定数量的身体、知识和道德状态,以便适应整个政治社会的要求,以及他将来注定所处的特定环境的要求。①

---

① [法]爱弥尔·涂尔干:《道德教育》,上海人民出版社2001年版,第309页。

（三）注重儿童集体责任培养

学校道德教育最重要的一环就是对儿童道德能力的培养，关键就是儿童集体责任培养，教会儿童如何在社会中生活。"道德教育的作用无疑是向儿童灌输各种各样的义务，在他身上依次塑造特殊的德行。但是教育的作用也应该在儿童身上培养道德的一般习性，即处于道德生活之根本的性情，并建构一种道德的能动因素，准备训练作为进步条件的创造力。"①

"学校具有在儿童身上唤起团结感和群体生活感所需要的一切。"② 儿童进入学校，最先接触的就是班级，而班级又是社会的浓缩，是他们在成人后踏入社会的预备课程。在集体生活中，儿童之间会滋养出共同观念、共同感情、共同责任。一旦儿童走进班集体中，就会体验一种前所未有的感觉，就会认识到他已经成为这个班级中的一员。在这个小群体中，儿童会感觉到每个人的价值都是全体价值的构成部分，他们的行动会给整个班集体带来影响，这种感觉将会超出个人人格的范围。在集体生活中，儿童学会了"班级"、"班级精神"、"班级荣誉"等新鲜名词，一个很微小但是很重要的变化也开始在儿童身上体现出来，就是他们在生活中开始更高频率地使用"我们"而非"我"这个指称。除此之外，儿童还能够学会如何与他人相处，如何平等地处理纠纷，在小小的班级中，几乎涵盖了成人社会中的所有基本道德要求。

此外还有一个更重要的方面，在学校生活中不得不提及，那就是"奖赏和惩罚"。涂尔干认为，谨慎而细心地运用集体惩罚和奖赏，能够在儿童的心中唤起团结感。在涂尔干的整个思想中，他更强调惩罚的作用，不过反对简单的惩罚，他设想的惩罚应该是"尽可能采取最富有表现力，而代价又最低的方式进行责备"。不过，体罚和利用自然后果进行惩罚也是他反对的。涂尔干提出在进行惩罚时，必须使儿童明白为什么会有惩罚，在惩罚开始之前如果儿童心里不接受这种惩罚，则惩罚不能进行。而在传统的学校和家庭道德教育中，惩罚的目的是因为儿童做错了事情，至于儿童是否有自己的理由，大人们很少去耐心倾听，简单的暴力处罚也是很常见的现象，这样的后果就是儿童只会由于恐惧服从道德，而不是发自内心的体认。在道德教育中，惩罚的重点不是在过去的行为上，而是为了将来不会有这样的行为，只有如此，惩罚才能对儿童的道德养成起作用。

---

① ［法］爱弥尔·涂尔干：《道德教育》，上海人民出版社2001年版，第285~286页。
② ［法］爱弥尔·涂尔干：《道德教育》，上海人民出版社2001年版，第239页。

第七章 列维纳斯哲学思想的道德意蕴

伊曼纽尔·列维纳斯①（1906—1995 年）是法国思想家和哲学家，被誉为"20 世纪最后一个道德学家"。列维纳斯一生亲历了第一次世界大战和第二次世界大战，其哲学思想产生于殖民主义、帝国主义、资本主义、法西斯主义且伦理贫乏的 20 世纪，正是在这样的背景下，列维纳斯提出"倾听他者的声音"，并进一步认识到尊重、自由、平等和博爱等的积极作用，这些哲学思想的道德意蕴具有很多合理的、积极的成分。

第一节 列维纳斯哲学思想的形成与发展

列维纳斯哲学思想的产生既与自身经历有关，又与特定的文化、政治、经济背景有关。他以胡塞尔、海德格尔为师，在吸取和借鉴前人思想的基础上，批判胡塞尔的认识论和海德格尔的存在论，糅合"希伯来"思想和"犹太精神"，创造性地表达了自己的哲学思想。

一、列维纳斯的生平及著作

列维纳斯 1906 年出生于立陶宛一个小书商家庭，这个小镇当时属于俄罗斯帝国，镇中有基督徒、犹太人、俄国人、波兰人、立陶宛人，因此列维纳斯自幼就懂得犹太语、俄语等多国语言，并对众多文化有一定的了解。列维纳斯的母亲是虔诚的基督教徒，父亲是一位犹太裔书商，受家庭和客观环境的影响，列维拉斯幼年接受了犹太教、基督教等多种文化的熏陶。在第一次世界大战期间，立陶宛被德国占领，犹太人遭到沙俄政府驱逐，列维纳斯全家迁居到乌克兰，他亲身经历了俄国"十月革命"，目睹了沙皇统治的没落和俄罗斯革

---

① 也有学者译为"莱维纳斯"、"勒维纳斯"等，本书统一译作"列维纳斯"。

命的兴起。此时，列维纳斯也进入了公立高中，并阅读了陀思妥耶夫斯基、普希金、果戈理、托尔斯泰等俄国文学家的作品，这对列维纳斯的一生产生了重要影响。1920年，乌克兰爆发反犹太运动，列维纳斯和家人被迫返回立陶宛，随后他加入法国国籍并进入斯特拉斯堡大学攻读语言和哲学，开始更深入地研读法国著名思想家的作品，接触到涂尔干的社会学、帕格森的生命哲学等，并结识了当时许多著名的思想家。1928年，列维纳斯到德国弗莱堡直接接受了胡塞尔和海德格尔的教育，受到了德国古典哲学的影响，并于1930年和1932年分别发表了《胡塞尔现象学中的直观理论》和《M. 海德格尔和本体论》，前者是法国第一本专门论述现象学的著作，也是列维纳斯的博士论文，后者是法国第一篇研究海德格尔的文章，对法国了解和认识胡塞尔和海德格尔具有重要的意义。第二次世界大战爆发后，列维纳斯被迫给俄国人和德国人当翻译，不久便被德军俘虏，整个战争期间，他几乎都是在俘虏营中度过的，他的妻子和孩子在朋友的帮助下幸免于难，而他留在立陶宛的家人几乎全部被杀害，1945年第二次世界大战结束后，他才得以释放，回到巴黎。在第二次世界大战这段刻骨铭心的时期，列维纳斯开始构思并撰写《从存在到存在者》，该著作于1947年出版，与1948年出版的《时间与他者》构成了独立于主流哲学的著作。第二次世界大战后，列维纳斯主要以教书、著述为乐，并先后在普瓦捷大学、巴黎第十大学、巴黎大学、巴黎第四大学执教或者担任名誉教授，直到1976年退休，于1995年去世。

二、列维纳斯哲学思想产生的时代背景

列维纳斯哲学思想是经济政治的客观反映和折射，其先进性处于同时期哲学思想前列，但在当时并非主流，是特殊时代下个人境遇的反思。列维纳斯呼唤对他者承担责任，主张从存在出发走向外在性、走向他者、走向利他，使"我"与他者共享这个世界，即责任先于自由。

（一）两次世界大战与纳粹大屠杀

20世纪两次世界大战带来的灾难比以往的战争更加惨烈，致使欧洲大陆生灵涂炭。"在这个世纪里，30年间经历两次世界大战，左的和右的极权主义，广岛、古拉格、奥斯威辛和柬埔寨的种族灭绝。这个世纪带着一种幻觉行将结束：这些野蛮的名称所激起的一切在回归，苦难和罪恶是有意强加的，但是在那已变得政治化和漠视一切伦理的理性的恼怒中，这是任何理性都无法限

制的。"① 两次世界大战对列维纳斯的生活和思想产生了重大影响。1915 年，第一次世界大战爆发，列维纳斯只有 10 岁，他和家人生活在立陶宛，立陶宛被德国占领后，列维纳斯全家被迫迁居到乌克兰。迁到乌克兰并没有安定下来，两年之后，俄国爆发"十月革命"，在乌克兰的犹太人遭到排斥和迫害。第二次世界大战期间列维纳斯以法国军人身份被俘，在监狱中度过了五年，其父母、兄弟均在立陶宛被纳粹合作者杀害。列维纳斯在战争中目睹了惨绝人寰的大屠杀，饱受丧失亲人的痛苦，在《艰难的自由》（1963 年）中讲述了他的生活始终被纳粹的恐怖回忆所占据。殖民主义、帝国主义、资本主义、法西斯主义深刻地影响着 20 世纪，而列维纳斯道德教育思想的形成与当时的政治背景有着千丝万缕的联系。

（二）资本主义经济大危机

20 世纪 30 年代，美国华尔街爆发金融危机，诱发整个世界范围内的资本主义经济危机，银行倒闭、工厂破产、工人失业，经济危机引发了严重的社会危机。面对生产社会化与资本私人占有之间的矛盾，面对资本家的贪婪、虚伪，列维纳斯形象地指出，美化了的资本家就是着衣的存在者，存在者照过镜子，看到了自己的模样，他们梳洗完毕，从脸上抹去各种痕迹，对外表进行了最起码的修饰，他现在干净而抽象。换句话说，资本主义为所有的虚伪披上了一层真诚的外衣，让它们见容于世俗社会。正如列维纳斯在书中所写，"一切拒绝服从于形式的都被逐出了世界。丑事则隐藏在夜幕中、房屋内、自家门后——这里仿佛是世界上一些自由自在的化外之地"。② 资本主义对金钱利益最大化的追求、千方百计地掩盖对劳动者的剥削、以自我为中心侵占国外市场的丑恶本质深深刺痛着列维纳斯。

三、列维纳斯哲学思想产生的理论渊源

列维纳斯的老师胡塞尔认为西方思想史有四次革命。第一次是柏拉图哲学的革命，第二次是笛卡儿哲学的革命，第三次是康德哲学的革命，第四次是胡塞尔哲学的革命。列维纳斯自幼博览群书，在柏拉图、笛卡儿、康德、胡塞尔、海德格尔和犹太教士寿沙尼那里看到了超越存在和人类自我救赎的可能。

---

① N. Poller, *Humanism of the other*（1972），Urbana and Chicago：University of Illinois Press，2003，p. 73.

② ［法］列维纳斯：《从存在到存在者》，江苏教育出版社 2006 年版，第 37 页。

(一) 柏拉图的"善超越存在"

柏拉图师从苏格拉底，是古希腊伟大的思想家，客观唯心主义的奠基人，他的思想对整个西方哲学都产生了巨大的影响。柏拉图认为世界是由"理念世界"和"观念世界"构成的，把不可被人感觉，但可被人知道的、绝对永恒与不变的一般事物称为理念，理念划分为若干等级，最高级的理念是"善"。"善"是创造世界一切的力量，具有至高无上的权力；善在地位、能力上都高于存在，但善本身并不是存在。列维纳斯批判了柏拉图的"理念论"，但对柏拉图"善于存在之彼岸"的描述大加推崇，从柏拉图"善超越存在"的思想出发，反对海德格尔的麻木、冷漠，力图摆脱存在的寡白，主张对他者的善，"善的位置高于所有存在是最为深刻的教导，决定性的教导，这不是神学的，而是哲学的教导"。[①] 结合自身经历，列维纳斯对柏拉图"善高于存在"做了新的解释，他用超越的至善来重建主体性，以期超越本体论。

(二) 笛卡儿的"无限性"

笛卡儿是近代西方哲学之父、主观唯心主义的代表、理性主义者。笛卡儿认为，人应该用数学的方法，也就是理性来进行哲学思考。笛卡儿在《第一哲学沉思集》（《形而上学沉思录》）中论述了六个沉思。其中，第三沉思"论上帝以及存在"，笛卡儿看到了自我主体的有限性，发现了上帝的无限性。遗憾的是，没有看到无限是对有限的超越。"我是一个有限的东西，假如不是一个什么真正的实体把这个观念放在我心里的话，我不能有一个无限的实体的观念。"[②] 笛卡儿的"上帝无限性"给予列维纳斯很深的启发。列维纳斯认为笛卡儿无限的上帝正暗示了绝对的他者，提出了他人就是绝对的无限，同时反对同一性，追求他者的他性，借用笛卡儿对于无限观念分析的形式结构来说明他者的"面孔"。列维纳斯批评了存在论"我思故我在"的典型命题，反对笛卡儿从"我思"出发论述他者，将笛卡儿"无限上帝"的观念发展为他者，来支撑自己的哲学观。列维纳斯描述的来自观念中的上帝只是一个踪迹或一个缺席的上帝。上帝超越存在，是绝对的他者。无限就是他者。上帝是绝对的他者。他者就是我们言说的对象，是一切鳏寡孤独、一切弱者。

(三) 康德的批判哲学

康德是德国古典哲学创始人，也是启蒙运动时期德意志哲学家，他的核心

[①] Emmanuel Levinas, *Totality and Infinity: an Essay on Exteriority*, Translated by Alphonoso Lingis, Pttsburge: Duquesne University Press, 1969, p. 103.

[②] ［法］笛卡儿：《第一哲学沉思集》，商务印书馆2009年版，第49页。

著作"三大批判"(《纯粹理性批判》(1781年)、《实践理性批判》(1788年)、《判断力批判》(1790年)),分别阐述了他的哲学、伦理学、美学思想。《纯粹理性批判》和《实践理性批判》所要建立的是自然形而上学和道德形而上学,《判断力批判》是两个批判的过渡和支撑。《纯粹理性批判》认为道德在知识之外,"知识"来自感觉经验或理性的纯粹形式;《实践理性批判》认为道德是"自由"的,"天国"是一种完美意义上的"至善",自由是通向至善的必要条件;人要通过不断地"修善",在那绵绵的"永恒"过程中,才有望达到天国。因此,康德的先验哲学是一种知识论哲学,也是一种唯我之学。列维纳斯将康德哲学中主体自身的"道德命令"发展为"他人的绝对命令",反对总体的自我主义,强调我不是世界的独占者,我应该对他者负责,按照他者的诉求实现自由,到达善的彼岸。

(四) 胡塞尔现象学的思想

具有犹太血统的胡塞尔在第一次世界大战中遭受亡子之痛,经历了严重的经济危机,目睹了第二次世界大战,他将遭受的种种不幸,归结为人的危机。在哲学上,胡塞尔致力于先验自我构造的意向性分析,并对一切社会性本质做出先验的解释。胡塞尔现象学继承了西方主流文化的理性主义传统,其基本思想是笛卡儿主义和康德主义的混合。由于强调先验意识性,他人的存在就成了"为我"的存在,是一种主体性形而上学。列维纳斯以海德格尔的基础存在论驳斥胡塞尔的现象学,从而超越了单纯对于意识领域的关注,指出在现象学之外,遭遇绝对的他者,"他者"是我所遇到的,是我所面对的,是对话的对象。在"相遇"中呈现的"他者"是"我所不是",这个他是终究不能还原到我的,是超越存在之外的"他者",是完全的陌生者,哪怕是最亲密的人。所以,列维纳斯既将胡塞尔的现象学介绍到法国,又克服了胡塞尔的内在性和绝对自我倾向。

(五) 海德格尔存在主义的思想

海德格尔认为,存在是哲学唯一正当的伦理,处于帝国主义阶段的资本主义世界里人与人之间是相互竞争的,存在严重的尔虞我诈。1927年,他发表了《存在与时间》一书,批评了胡塞尔的现象学。胡塞尔用《欧洲科学的危机和先验现象学》进行了回应,这场论战深刻地影响了列维纳斯。列维纳斯追随海德格尔批判了胡塞尔的唯知主义倾向。但是,海德格尔与纳粹合作的经历,使列维纳斯与他分道扬镳。与海德格尔的"基础本体论"对知识的追求和某种意义上的技术化不同,列维纳斯关注知识、技术能否具有伦理性应用。海德格尔的《存在与时间》将目光集中在"此在"或"我的存在"上,忽视他者，列维纳斯从人与人的关系思考时间，以生生不息的"爱欲"代替海德格尔"向死而生"，主张"从时间出发思考死"，否定海德格尔"从死出发思考时间"，从而超越了海德格尔的此在说（在此的存在）。列维纳斯既借助现象学，又摆脱其束缚，批判了没有道德的存在论，阐述了自己的伦理思想。

（六）犹太神秘学者寿沙尼的思想

列维纳斯哲学思想也受到天才犹太修士寿沙尼的影响。第二次世界大战后，列维纳斯回到巴黎，担任巴黎东方以色列师范学校校长。通过朋友介绍结识了天才犹太学者寿沙尼，他衣着破烂，流浪在巴黎街头，但胸有才学，能用希伯来语背诵犹太教法典，精通古希伯来语、希腊语、英语、法语、德语等三十多种语言，谙熟哲学、物理、数学。寿沙尼有两个很出名的弟子，一个是以《夜》闻名于世并于 1986 年获得诺贝尔奖的埃利·威塞尔，另一个就是列维纳斯。埃利·威塞尔撰写了他的导师寿沙尼的墓志铭，"他的出生到死亡都是一个谜"。列维纳斯曾这样评价寿沙尼，我不知道他知道多少，但"我所知道的他都知道，我不知道的他也知道"。在交往的两三年里，列维纳斯受益良多，并直言他发表的所有关于《塔木德》①的研究成果，都得益于寿沙尼。

四、列维纳斯哲学思想的发展阶段

列维纳斯一生著述颇丰，《论逃避》、《整体与无限》、《异于存在或在本质之外》是其哲学思想发展变化的体现，《论逃避》是其独立思想的开端，《整体与无限》使他成为 20 世纪最重要的法国思想家之一，《异于存在或在本质之外》是列维纳斯哲学思想成熟的标志，也是他对德里达等批评派所做的回应。由于受到法语翻译上的限制，列维纳斯的原著在国内并不多，但他的哲学教育思想已经引起了国内学者的高度关注。环顾法、德、英、美、日等国，都非常重视对列维纳斯思想的研究，并取得了一定成果。列维纳斯从存在、时间、主体、死亡、他者等现象学问题出发，融通希腊和犹太两大文明，把他人置于绝对他性地位，构建了他者伦理学，充满着道德智慧。

（一）思想的萌芽阶段（1930—1935 年）

胡塞尔是 20 世纪伟大的现象学家，海德格尔是存在主义的创始人，而列

---

① 《塔木德》是 2000 多位犹太学者对自己民族、历史、文化等进行发掘、思考，进而提炼成文的、具有悠久历史的羊皮卷，是几乎每个犹太人都尚读的书。

维纳斯是胡塞尔和海德格尔的学生。十年稳定的生活,让他专心读书,完成了大学系统的教育,并且吸收了20世纪伟大思想家的思想精髓。

1928—1929年,列维纳斯到德国弗莱堡追随胡塞尔,研修了"现象学心理学"和"主体间性的构成"等课程,并受到胡塞尔的赏识。他和同学共同合作,用法语合译了胡塞尔的著作《笛卡儿的沉思》,为后来提出"无限即他者"打下了坚实的基础。胡塞尔退休后,列维纳斯跟随海德格尔,随着研修的不断深入,列维纳斯转向海德格尔"反对"胡塞尔的某些思想。1930年,列维纳斯完成了博士论文《胡塞尔现象学中的直观理论》,这是第一部整体研究胡塞尔的专著,也是最早将胡塞尔现象学介绍到法国的作品。意识、意向性、再现、在场是胡塞尔现象学的基本概念,意向性又是现象学最为核心的概念。列维纳斯站在存在论的立场上来理解胡塞尔,从而超越了胡塞尔单纯对于意识领域的关注。列维纳斯在海德格尔《存在与时间》的启发下,还发表了著作《马丁·海德格尔和存在论》(1932年),这是一部研究海德格尔的力作,列维纳斯在书中表达了对海德格尔式存在的拥护。1933年纳粹上台,海德格尔作为大学校长,公然为纳粹效力。列维纳斯由于在战争期间不幸的遭遇和所见所思,视海德格尔为暴力、极权的帮凶,开始关注犹太人的现代命运。列维纳斯虽然一生都尊敬海德格尔,但对海德格尔的所作所为十分愤怒,无法原谅他为纳粹效力的事实。1935年,列维纳斯试图摆脱海德格尔的现象学存在论,但是他的现象学一直在海德格尔现象学之内,只是对海德格尔的另类诠释和出离,是海德格尔式的"反海德格尔"的作品。列维纳斯自幼处于多元文化环境,加之后来博采众长,使他有了很多的理论积累,开始出现了独立思想的萌芽。

(二)思想的形成阶段(1936—1960年)

列维纳斯与海德格尔分道扬镳后,其独立思想也逐步形成。存在是海德格尔哲学的精髓,列维纳斯关于存在论的思考,以及人类和存在的关系,必然受到海德格尔哲学的启发,但是他也试图逃离海德格尔的概念。《论逃避》于1936年成书,书中强调了逃避存在的必要性,指出存在是一种囚禁,人们必须试图从中脱离,还提出要找到一条具有民族智慧和普遍意义的新途径来脱离存在。因此,逃避存在是列维纳斯思想的出发点和立足点。

1940—1945年,他被关进纳粹集中营,在劳动改造中列维纳斯不忘读书,阅读了卢梭、黑格尔等人的著作。《从存在到存在者》一书是列维纳斯在集中营里构思,于1947年发表的著作,书中他提出了一种生存哲学,提出时间和他者是逃避的关键,可以看出列维纳斯已经有了对存在的独到理解。"存在在那儿"是列维纳斯早期文本中的概念,他认为存在是"没有存在者的存在",如很热、在下雨,都没有明确的主体,存在是缺席之中的在场。可以看出,列维纳斯逃避存在,一直努力实现从"存在"到"存在者"再到"趋向他者"的转变,即发现相异性,超越存在,实现有限的存在向无限的他者的转变,实现此在向他者责任的转变。"他者"是谁?他者具有彻底的外在性,外在性是他者的异质性,主体的发生就基于他者的外在性。列维纳斯《从存在到存在者》讲述"我"在存在面前的逃避,认为疲劳、懒惰、努力都是存在的样式,表明了人为生存而烦恼,体现了列维纳斯逃离存在的迫切性。书中讲到,懒惰是对努力的厌恶,是懒于存在,而这种懒惰注定未来是个悲剧。意向性是与"他性"的关系,是世界的自足和满足。《存在到存在者》一书提出,我们都是通过完美的包裹着内容的形式之现象来思考世界的。思想和行为如果没有掩盖自我,敢于袒露胸襟,那么这一人物就是真实。世界是世俗的,驱除了一切神性。列维纳斯反对追求内在存在和私人利益的主体形而上学,主张走出存在,走出存在者的孤独,奉献他人。

1948年出版的《时间与他者》,内容汇集了1946—1947年列维纳斯在巴黎学院的四次演讲,讲述了时间和他者如何构建了从"存在"中的解放,标志着列维纳斯不再黏着胡塞尔的唯我论,从海德格尔的"存在"中解放出来,走上了自己的无限他者的道路。这一阶段,我们必须明白列维纳斯思想的几个概念。什么是无限?什么是时间?什么是他者?第一,无限就是那个绝对的他者。无限即欲望[1],在欲望中接近他者的运动。因为人自身的有限性,超越只能通过与他者,即无限者的关系而得以实现。死亡与其说标志着在者之有限性,还不如说是指向了他者之无限性。思想唯有"接近"而永远不能包含无限。无限即他者,不能现象还原。第二,传统意义上的时间是钟表中的时间,空间化的时间,重未来轻现在。海德格尔批判传统时间观,海德格尔的时间观是将时间理解为共时,过去和将来并不存在,只有现在。然而,与海德格尔不同,列维纳斯的时间观强调历时性,认为真正的时间只能是与他者的关系,将来表现为爱欲与繁衍,回忆过去只是当前意识对过去的建构,对我而言是完全陌生的,每个瞬间都是新生,应该重视瞬间。可以看出,列维纳斯重点强调时间的未来性,强调他者的相异性。第三,最具代表性的他者是死亡和女性,列维纳斯主张从时间看待死亡。死亡打破了我的孤独,是一种彻底的超越,是绝对外在于我的东西,因此死亡与我不能同时存在。列维纳斯的《时间与他者》

---

[1] 吴先伍:《列维纳斯哲学中的"欲望"概念》,《哲学动态》2011年第5期。

既批评了海德格尔的《存在与时间》将目光集中在"此在"或"我的存在"上,忽视他者,又批判了海德格尔的时间观。列维纳斯把女性描述为他者自身,这也是他性概念的源起。列维纳斯从性爱的角度讲述接近他者的时间性,对"时间性"进行了全新阐释。在性爱关系中,女性他者总是一再逃避现实性,但也正是这一不可被消解的"他性"构成了性爱的魅力与丰盈。"爱欲"在时间上指向未来,代表了"超越"在现实中的落实,从"脸"到"爱欲"展现了从"我"到"无限"超越的方向和具体化的路径。列维纳斯从人与人的关系思考时间,从"存在"到"存在者"逐步趋向"他者",指出时间和他者是逃避存在的关键。

《从存在到存在者》、《时间和他者》比较系统地批判了海德格尔的存在论和胡塞尔的现象学认识论。列维纳斯在1949年发表的《和胡塞尔和海德格尔一起发现存在》,欲极力恢复胡塞尔高于海德格尔的地位,体现了列维纳斯对伦理道德的重视和对纳粹的痛恨。大多数学者认为,在列维纳斯40岁之前,他的核心知识架构仍然是欧洲文化特别是德法哲学传统;在45岁前,列维纳斯的文章尝试超越欧洲哲学思想家。但真正的突破是在结识了寿沙尼之后,列维纳斯看到了一个不同于欧洲文化的古代犹太世界。列维纳斯与寿沙尼虽然仅仅接触了两年时间,却给他带来了很深的改变。列维纳斯从20世纪中期开始,每年都撰写《塔木德解读》,从塔木德的研究中深受启发,20世纪50年代巴黎新潮人物竞相表达自己的思想,然而列维纳斯却潜心钻研犹太教经典文献,外界很少有人提起他,正是苦心孤诣研究塔木德的十年,列维纳斯逐步形成了自己独立的思想。

(三)独立思想的成熟阶段(1961—1995年)

列维纳斯最负盛名的两大原创性著作《整体与无限》、《异于存在或在本质之外》在这个阶段出现了,《整体与无限》一书使列维纳斯成为20世纪最重要的法国思想家之一。列维纳斯哲学思想形成之后,并没有故步自封,而是积极予以完善,1964年著名的思想家德里达对列维纳斯思想提出了批判,列维纳斯虚心接受。实际上从1961年,列维纳斯就开始自我反思和追问,这种反思一直持续到1967年,列维纳斯最终摆脱了海德格尔的"存在论",糅合希腊和希伯来文化,创立了他者哲学,实现了对胡塞尔、海德格尔的超越。

1961年出版的《整体与无限》突破了对"孤独自我"的迷恋,找到了走出现象学伦理困境的突破口,构建了他者现象学,这也标志着列维纳斯与代表"总体性"的本体论传统决裂。它的关键词有面孔、无限、超越、外在性、异质性，列维纳斯在书中对这些现象学名词给予了新的诠释，是改造过的现象学。在《整体与无限》的序言中，他承认自己受惠于胡塞尔，指出该书立足于无限，摆脱整体，对主体性进行辩护。该书的目标之一是确立伦理的首要性，列维纳斯经常用"悲惨"、"饥饿"、"寡妇"、"孤儿"等词来形容他人的"面孔"，显示出他者的软弱和一无所有，构建起了他者伦理学。

《异于存在或在本质之外》是列维纳斯反思的结果，重点论述了亲近与困扰、替代和人质、公平与责任等核心问题，还提出人是"未降人世，已沦为人质"、"上帝是绝对他者"、"存在的本质乃是利益，体现在存在者自我扩张的需要中"等观点。该书关注过去，强调主体自身之中又包含他者，既回应了德里达的批判，又克服了《整体与无限》的局限性，该书是列维纳斯献给大屠杀被害者的作品。第一，列维纳斯从异质性主体出发，对"所说"、"言说"做了区分，所说本质上讲是存在论的，然而言说从本质上讲是伦理学的。所说包括所有关于世界、真理、存在、自我等的陈述，是本体论的诞生地。言说则是我对他者的亲近，对他者的向善运动。伦理的言说强调来自他者召唤的优先性，我的应答依赖于他者的召唤。我是他人的人质，是他人的替代。通过分析"言说"，列维纳斯提出了一种新的"主体性"，指出"自我"的世界是确定的，而"他者"对于这个熟知的世界总是一种例外、偏离、限制，乃至破坏。他者并不在我之中，我必须走出"自我"面对"他者"，只有当我向"他者"言说时，我才真正走出"自我"转向"他者"。第二，他者是外在的，"面孔"和"脸"是唯一的入口。面孔不能仅被还原为鼻、眼、额等，它更多的包含在那些超越经验层面看不见的东西。他者的"脸"是一种请求，又是一种权威，面孔柔弱又强大，请求又命令我，仿佛一个主人在向我说话。通过他者的面孔和话语与他者相遇，列维纳斯建立起了他者伦理学。第三，"第三方不同于邻人，但也是另一个邻人，而且也是他者的邻人，而不仅仅是他的伙伴。那么他人和第三方彼此之间是什么呢？它们对彼此做什么？哪一个走在前面？他人与第三方保持一种关系，即使我独自一人能够（在出现任何问题之前）为我的邻人负责，我也不能完全为第三方负责。他人和第三方都是我的邻人，彼此是同辈，他们让我同他人和第三方之间有了距离。"[①] 这句话的意思是说，我也可以为我自己要求正义，因为对其他人来说，我也是他者。"第三方"存在于我与邻人关系之外的世界，要求每一个人对所有人负

[①] Emmanuel Levinas, *Otherwise than Being or beyond Essence*, Translated by Alphonoso Lingis, The Hague: Martinus Nijhoff, 1981, p.157.

责。正因为作为人质，成为他者的替代，才产生了怜悯、同情、宽恕、亲近。《上帝、死亡和时间》是 1975—1976 年列维纳斯在索邦大学教学的课堂记录，它澄清了列维纳斯与现象学的异同。海德格尔将死亡等同于虚无，无视纳粹的暴力为其效力，认为我没有必要对他者的死亡有任何亏欠感。列维纳斯实际上是用死亡来揭示"我"与"他者"的异质性，当他者将死亡展现在我面前时，如果我放弃了保护他者的责任，他者的死就是我的过错。列维纳斯将死亡现象视为伦理现象，提出死亡的否定特性（毁灭）镌刻在谋杀的仇恨和欲望中。他认为死打破了我的孤独，死亡是他者，否定海德格尔"从死出发思考时间"，主张以生生不息的"爱欲"代替海德格尔"向死而生"，主张"从时间出发思考死"，走出自我孤独，走向与他人的关系。

第二节 列维纳斯哲学思想的道德意涵

列维纳斯在哲学、伦理学、宗教学、社会学、政治学、生态学、人类学、教育学、神学、文学等领域都颇有建树。道德是人们共同生活的准则与规范，起到判断行为正当与否的作用，是调整人与人之间以及个人与社会之间关系的行动规范的总和。列维纳斯道德教育思想是一种圣洁性的哲学，教育人们懂得谦逊、敬畏、宽容、亲近、担当，懂得爱身边人、爱陌生人、爱生活、爱和平、爱自然。

一、强调人性差异与尊重他人

列维纳斯认为，存在之外的不是真理问题，而是善的问题。他者是不同于我的存在，他者的面孔教给我们的智慧，就是向他人进行向善的运动，这就是"他律"哲学，表现为言说的伦理性。语言的本质是善，是友好、友善、好客。自我与他人是面对面的"言说"关系，是形而上学运动不可总体化的端点，他者于我如同主人，地位高于我。同时，他者又是一个弱者、穷人、妇女、孤儿。他者与我的关系不是互惠的，我服从于他者。语言的本质是"善"，"我是他人的人质"，"我不能杀人"。在与他者的亲近中，学者岳梁指出："语言的本质是善，是友好和友善好客；与他人的关系是作为向着善的运动。列维纳斯的'他律'哲学，没有消灭理性的主体，所消灭的只是暴力的主体，保留了责任的主体。"①

列维纳斯认为，正是由于家庭环境、教育背景、经济收入、个人品质等差异，有很多冒犯者意识不到自己的过错或者对自己的过错不以为然。换句话说，就是你可能被他人伤害，但是伤害你的人不是故意的，或者认为这不算伤害，那么你即使生气，他也意识不到。因此，在分析《塔木德》中关于拉夫故事（讲到拉夫已经为无心冒犯他人，做出了13次请求，但最后却没有得到原谅）的时候指出，应该考虑自己的歉意是否出自真心，方式是否可以打动人，是否不再重犯。只要真诚，那么精诚所至，金石为开，一定会得到他人的原谅。

他者是不同的，我对他者应采取接纳的态度，欢迎他人。爱应以他者为中心，循序渐进，不能一厢情愿。无私的爱才算爱，畸形的爱将导致死亡，例如现实生活中，有很多聪明的妈妈对待自己的孩子，总是揠苗助长，孩子只是父母实现自己梦想的工具。人与人的相处，必不可缺少的就是交流，在互动的过程中，应注重他人的个性化发展，尊重差异性，耐心倾听他者的声音，避免以同一性的态度看待他者。必须认真思考"听者"和"说者"的关系，语言的本质是善，在回应时，我必须用谦卑、真诚、敬畏、尊重的态度面对对方。"他者"是不同于"我"的存在，这种相异性，使他者不能还原为"我"，我不能采用独断、强硬、激将、说教、一厢情愿的沟通方式，试图改变他人的信念和选择，应该包容他人、接纳他人、愉悦他人，使他者包含他性。时刻谨记言者无罪，但言者有责，言者足戒。在交流对话中，我们不要为了达成共识，一味地改变别人，应该着重培养自己善的品格，学会倾听，把握言说的伦理性，承担言说的责任，维护他者的他性，欣赏离自己最远的艺术风格。我们应该敬畏他者的尊严，维护他者的主体性。自我与他人是面对面的"言说"关系，是形而上学运动不可总体化的端点，在交流中不能中伤别人，否定别人，语言的本质是"善"。我们应多倾听他者的声音，不去压制他者的声音，唯有尊重才能产生爱，只有爱才能真正肩负起对他者的责任。

二、提倡正直宽恕

对他者的欢迎是对自我主体性自由的质疑，摒弃了暴力的主体，列维纳斯

---

① 岳梁：《对他者责任就是善：列维纳斯的公平正义论》，《中国矿业大学学报》2014年第2期。

的自由观是对他者请求的回应。伦理的自由即艰难的自由，良心是对自由的约束，自由是向他者的超越。要想实现主体的自由，必须对他者正直和宽容。列维纳斯所说的正直作为形而上学问题，不同于传统的观点，它昭示着他者存在的绝对性，呼吁我们重视责任、自由、死亡，他也改变了对意识的主流看法，提出意识的目的是通向他者，而非回归自我。列维纳斯认为"绝对的正直也是绝对的自我批评"①，正直是一种品质，是对他者承担无限责任。我们必须真诚地面对他人，做正直的人，尤其是知识分子，应该是社会上敢讲真话的人，知识分子要讲真话，这个社会才能够充满正义。

列维纳斯在《异于存在或在本质之外》中曾经说过，我没有任何理由拒绝他人提出的宽恕要求。在伦理的发生中，在他人面前，我无路可逃，我无法常怀仇恨和复仇之心，我通过成为他人的人质，通过原谅他人，通过承担责任，这个世界才会产生出怜悯、慈悲、宽恕和亲近。列维纳斯虽然一生都没有原谅纳粹，但他还是主张原谅过激的语言，在《面对他者》一文中，他阐明了宽恕何以可能的问题。在《密西拿》篇，列维纳斯解释了自己为什么不能原谅纳粹。他指出在现实生活中，我们意识到自己冒犯了他人，不能仅仅通过内心的忏悔和虔诚就试图得到对方的原谅，求得宽恕应该还包括为他人恢复名誉和财产损失等。每一个人都会犯错误，作为一个被侵犯者，应该根据情节的严重程度适当地宽恕他人，给他人一个改过自新的机会。

三、尊重生命价值

"列维纳斯强调为他负责是为己负责的前提，责任即回应，强调带有主体间性的责任主体观。"② 责任即回应，一方面，列维纳斯保留了责任的主体，强调主体间性的责任主体观，责任先于自由，必须增强他者生命责任意识。可以看出，责任是一种担当，一种对他者的回应。另一方面，与海德格尔表现出的冷漠和虚无相反，列维纳斯强调对他者的死亡负责。死亡是与存在截然相反的名词，死亡也无法用我们的意向性进行建构，他者因为死亡具有了陌生性。因此，主体的自由是有限的自由，当他者将死亡展现在我面前，我对他者负有责任，他者的死就是我的过错。死亡呼唤的是我对他者的爱与责任。真正的自

---

① 汪堂家：《同名异释：德里达与列维纳斯的互动》，《同济大学学报》2007年第5期。
② 顾红亮：《责任与他者——列维纳斯的责任观》，《社会科学研究》2006年第1期。

由是他律性的自由，为他负责是为己负责的前提，在对他人负责的同时形成对自己生命负责的态度，实现他者责任和自我责任的统一。

爱生活不是爱存在，而是爱存在的快乐。列维纳斯坚持认为，生活不是海德格尔的忧虑，而是享受，享受是感性生命的存在方式，享受执著于外在性。享受不是生命活动的目的，而是它的存在之条件本身，感性等同于享受，因此生活就是快乐的感受。列维纳斯说，自我对世界是一种"享受"关系，包括享受美景、享受睡眠、享受阳光、享受劳作，在独处、享受中，获得存在的快乐和满足。"在享受中我是绝对地为我自己。作为无关他者的自我主义者，我独自一人而不感觉在孤独，我是天真无邪的自我主义者"。① 例如，列维纳斯说到，衣服不仅蔽体，而且能够享受衣服带给我们的美感。列维纳斯并没有对这种自然利己主义施以伦理批判，他指出享受不是生命的目的，而是存在的条件本身。我既是自私的存在，又是欲望的存在。换句话说，享受是我存在的一种可能性，表现出一种内在性，享受的满足是一种幸福，但自我不会完全沉湎于孤独的享受之中，我会走向无限他者。享受如果是生活的起点，那么生命的本质是从享受出发，超出自己的实存，向他人超越，侍奉他人。朱刚认为列维纳斯在《总体与无限》中，为我们提供了一种对于生命（生活）之本质的别样理解。自我的主体性恰恰是在享受的独立中，在享受的主权中有其起源。② 勒维纳斯把享受与奉献、自为与为他贯穿起来，使之成为生命不可分割的两个环节，而生命就在于从享受出发走向表达这一运动本身。③《整体与无限》开篇对"欲望"和"需求"进行了分类，欲望来自绝对他者，需求来自主体自身，需求通过对食物、住宅的占有得到满足，欲望永远无法满足。他者是不可能被主体所霸占的，具有不可侵犯的他性。欲望所求是超越他者的外在性，这种欲望是单方面的给予，它无法被满足。形而上学的欲望是趋向无限的，在无限性面前无限的耐心等待，这是一个不能被满足的欲望。爱是一种形而上学的欲望，欲望首先追求的目标是他者、陌生人，是正义、公正和善。列维纳斯认为幸福与欲望之间的距离实际上区分了政治和宗教。政治倾向于平等和幸福，而宗教就是欲望，其目的并不是人与人之间相互的认可与平等，而是一种社会

---

① Emmanuel Levinas, *Totality and Infinity: an Essay on Exteriority*, Translated by Alphonoso Lingis, Pttsburge: Duquesne University Press, 1969, p. 143.
② 朱刚：《伦理学作为第一哲学如何可能——试析勒维纳斯的伦理思想及其对存在暴力的批判》，《南京大学学报》2006 年第 6 期。
③ 朱刚：《享受：在元素之中存在》，《学术月刊》2013 年第 3 期。

过渡的可能性——责任、谦卑和牺牲，它构成了平等的条件。欲望分为好的欲望和不好的欲望，必须克服恶的欲望，明白杜绝恶欲的重要性，通过反思、自省、赎罪，凭借我对他者负责的精神实现自救。

列维纳斯认为更重要的是当下快乐。他者是完全意义上的"人"，有各种各样的兴趣爱好，有自己内心的真实需要和对幸福的特殊理解，有追求幸福的权利。人们习惯站在他者的世界之外，缺乏与他者互动，将其看成没有个性或我的投像，缺乏对他者的尊重关怀。按照列维纳斯的时间观念，现在与未来缺乏必然的联系，必须反思自己的人生目标，人生目标不仅包括将来，更应该包括现在，当下必须采取措施，为自己创造宽松快乐的环境。

列维纳斯质疑死亡，反对海德格尔的向死而生、生生不息。列维纳斯用死亡揭示"我"与"他者"的异质性，死亡与我们永远不能融合，一方的出现意味着另一方的消亡。当他者将死亡展现在我面前时，如果我放弃了保护他者的责任，他者的死就是我的过错。他将死亡现象视为伦理现象，呼吁珍惜生命、敬畏生命，尊重生命的主体性和异质性，珍爱他人生命，也就是珍爱自己的生命。

四、构建家庭式社会秩序

博爱是一种人道主义情怀，也是列维纳斯道德教育思想的目标。博爱体现为泛爱众，体现为四海之内皆兄弟，体现为一方有难，八方支援。人之所以为人，就是人能够发挥主观能动性，构建一个人人为我，我为人人的家庭式的社会秩序。只有无私的爱才能使人类成为人类，对陌生人施予兄弟般的爱，就是博爱的行动。列维纳斯经历了两次世界大战、资本主义经济大危机，感受了纳粹的惨绝人寰，目睹了穷人备受资本家剥削的现实，他期冀的是一个博爱的社会。

该如何表述这一思想呢，列维纳斯受到了柏拉图的启发，"在《理想国》中，柏拉图在勾勒出一个合理而严格的理想国家以后，又不得不改变方案。应当有一个合理的和理智的城邦。在他的城邦中想必是应有尽有的。在那里，必须使新的需求层出不穷。所有的愿望都应该是可能的"。[①] 这似乎就是一个人人都梦想的社会，也是改变社会现状的理想方案。在这样一个社会里，所有的付出是不要求回报的，自我通过爱他人而成为自身。列维纳斯在其著作中，不

[①] ［法］列维纳斯：《塔木德四讲》，商务印书馆 2002 年版，第 42 页。

止一次提出他者总是不断地向我提出要求，而我必须无限地给予满足；与他人的相遇，要用对爱人的爱，与他人维系兄弟般的关系。

列维纳斯的博爱情怀建立在怎样的基础之上？爱欲关系是我与他者关系的原型。爱欲在时间上指向未来，表现了他者之他性，代表了"超越"在现实中的落实。"爱欲"、"繁衍"使人类是一个由兄弟构成的，来自同一个父亲的统一体。换句话说，人类是由共同的父亲构成的多元统一体，在这个共同体中，兄弟之间虽没有生物学意义上的血缘关系，而且相互之间有差异，但兄弟之间是平等的。可以看出，列维纳斯隐喻人类之间是一种亲缘关系。他试图通过建构家庭般的政治结构和社会秩序，将人类置于四海之内皆兄弟的社会关系之中。列维纳斯圣洁性的哲学，就是要建立这种家庭式社会秩序，给予陌生人兄弟般的爱。

五、追求种族平等与人类和平

自由的条件是正义、公正。公平、正义是列维纳斯理想道德的目标。在论述公平、正义的社会时，列维纳斯引入了第三方的概念，第三方可以视为对主体与他者非对称性关系的一种修正，第三方构成了正义或公正的条件。每一个他人都是我的邻人，同时也是与他人有关的第三方，促使我公正。自我与他者通过爱的传递，建立起伦理、责任、秩序、公正的世界。列维纳斯说："接受《托拉》经，就是在接受一种普遍正义的准则。犹太教的第一个教诲即存在着一种道德的教诲和一些更为公正的事物。一种没有人剥削人的社会、一种人人平等的社会、一种像基布兹首创者所追求的社会——因为，他们也为天国作梯，尽管他们中间大部分人对天国反感——这就是道德相对论本身的争议。"[①]社会是否合理，最根本的指标是公平和正义。公平就是人人为我，我为人人，各方得大于失。只有博爱才能产生公平，对他人负责是对所有人的要求，不是只对某些人的要求，人人都这样做，人人也都从此获利。

列维纳斯经历了两次世界大战，对种族灭绝深恨不已。种族灭绝是存在论的"自我主义"所导致的对黑人、犹太人的不公正对待，是惨绝人寰的杀戮。不同种族能否共同生存而又保持不同的特点，要在明确自己主体性的同时，承认其他种族也有权成为一个主体，彼此平等而又互有差异的共同生存。列维纳斯认为不分性别、宗教、阶级，不同种族应该获得同等的权利，不能把他人区

---

① ［法］列维纳斯：《塔木德四讲》，商务印书馆2002年版，第91页。

分为男人与女人，上等人与下等人，白人与黑人，犹太人与非犹太人，应给他者以绝对尊严，不能肆意控制、占有、奴役他人，使他人丧失尊严和政治生活的权利。

海德格尔用"生生不息"无视人的死亡，公然为纳粹效力。第二次世界大战让列维纳斯失去亲人，他开始介入政治反思生命。列维纳斯与康德的和平观也有所不同。从内容上来看，康德的永久和平观，寄希望于理性的立法和公民社会的建立，讲的是计算和交换，需要利益的调整，和平被异化为实现政治利益的手段。列维纳斯反对康德的永久和平论，主张回到"自然状态"，渴望的是一种无限好客的和平，一种走向他者的和平。生命的价值就在于从享受出发，超出自己的实存，向他人超越，尊重他人，关怀他人，最终实现社会公平。

第三节　列维纳斯德育思想的主要特点

作为法国现象学创始人，列维纳斯的道德教育思想首先是以现象学概念为基础，他还是犹太文化的继承者，开创了他者伦理学。列维纳斯一生喜欢阅读，结合自身生活和学习经历，写下了30多本著作，我们看到的是一个追求崇高道德境界的学者、思想家。《整体与无限》、《异于存在或在本质之外》是列维纳斯最具代表性的两本著作，《塔木德》实质就是一本道德教科书，从中可以看出列维纳斯的前期道德教育思想围绕胡塞尔、海德格尔的思想展开，中期开始尝试一条通往他者的路径，即改造过的现象学，后期则通过《塔木德》找到了通往他者的第二条路径。

一、改造过的现象学特征

列维纳斯是现象学创始人胡塞尔的学生，列维纳斯虽然批判现象学，但并没有完全与现象学割裂。他吸收和超越了本体论现象学，并重新阐述意向的真实性、真诚、死亡、爱欲、存在、时间、面孔、语言、无限、人质、替代、主体、宽恕、自由、享受、欲望等一系列现象学概念。列维纳斯的道德教育思想有现象学的特征，但又是加以改造的。从列维纳斯的他者伦理现象学的定义来看，"他者"是我所遇到的，是我所面对的，是对话的对象，他者之所以是他者，就是因为他是我所不是，哪怕是最亲密的人，终究都不能还原为我。人与他者的关系是最高的本体论问题。所以，列维纳斯的形而上学伦理学，是一种超越本质的运动，质疑了自由主体和理性自我，趋向存在之外，即他者的陌生与异质性。

二、浓烈的宗教色彩

列维纳斯的母亲是一位虔诚的基督教徒，他一生最重要的朋友寿沙尼是犹太修士，列维纳斯晚期还受到了基督教和天主教神学的影响，这种浓烈的宗教色彩更体现在列维纳斯晚期的作品中。犹太人将正义、谦卑、博爱作为支撑世界的三足，1963年之后，他连续发表了多篇《塔木德》研究论文。《塔木德》就是犹太人的第二本圣经，它包括《密西拿》和《革马拉》两部分，前者是论题，后者是评注。列维纳斯的《塔木德四讲》分为四篇，《赎罪》篇、《沙巴》篇、《索他》篇、《犹太法庭》篇。在《赎罪》篇，他讲到赎罪即道德的回归；道德的极致是向超越常善之"他者"的亲近；血债血偿，是因为缺乏博大的胸襟，宗教能使人从恶的重负中清除。《沙巴》篇讲到希腊先民选择了欲望，而以色列先民选择了克制欲望。因此，古代希腊灰飞烟灭，而犹太民族生生不息。在《索他》篇，他谈及人道危机、信仰危机、民族优越性授权危机，还指出哲学是追求真理，知识分子是讲真话的人。《犹太法庭》篇讲了人性与戒律的关系。因此，宗教色彩不仅体现在列维纳斯信仰上帝，认为上帝是绝对他者的思想起源，列维纳斯追求赎罪，达至道德善的彼岸。

三、鲜明的人道主义精神

20世纪六七十年代，在批判主体性的大潮中，列维纳斯基于无限的概念，赋予了主体性新的内涵，构建了他者主体性。主体性的核心要义是纯粹的被动性、异质性、敏感性，它克服了内在性，不再是总体的"自我主义"。主体自身也包含他者，自我与他者的关系是一种有限与无限的伦理关系，主体性不是为己的，而是为他的，对他者的义务和责任先于主体的自由。"他者"是作为有意识存在的人类之异在，是道德的外衣或价值的衣着。列维纳斯质疑自由，认为每个人对他者的责任是无条件的、无限的、无偿的、不对称的。他人与我不同，我是为了他人而存在，他者是一个弱者、穷人。另外，他者又是强者，我必须转变态度，彬彬有礼的与他者相遇，耐心倾听他者的诉求，维护他者的尊严，维护绝对他性，展示"为他者"的主体，走向"他者"的和平。我是被动的，我应为邻人，甚至是陌生人无条件、无限负责。他者与我的关系不是互惠的，他者有千奇百怪的需求，真正的爱是面对异质他者的"我"的让位，从以"自我为中心"转向"以他人为中心"，维护他人身上的异质性，为他人承担责任，成为他人的人质。这种爱是一种无私的爱，是一种人间大爱，需要无限的给予。

第四节　列维纳斯德育思想的评价及启示

列维纳斯是出生在俄罗斯帝国的犹太人，他继承了希腊、以色列文化和基督教文化传统；另外，他也是一个俄国人，后期又受到法国文化熏陶，既继承了罗马文化又承载了德国的思想元素。对列维纳斯最具代表性的批判者德里达曾经评价，列维纳斯的思想将会改变20世纪的哲学反思进程。

一、列维纳斯德育思想的积极贡献

列维纳斯反思和批判了20世纪伦理贫乏、非人道暴力的根源，为女性研究、人类学、后殖民批判主义、文化多样性提供理论资源，对构建崇尚公正、谋求和谐的社会具有借鉴意义。

（一）反思和批判了20世纪伦理贫乏、非人道暴力的根源

"在这个世纪里，30年间经历两次世界大战，左的和右的极权主义，广岛、古拉格、奥斯威辛和柬埔寨的种族灭绝。这个世纪带着一种幻觉行将结束：这些野蛮的名称所激起的一切在回归，苦难和罪恶是有意强加的，但是在那已变得政治化和漠视一切伦理的理性的恼怒中，这是任何理性都无法限制的。"[①] 20世纪上半叶，是一个伦理贫乏的时代，知识与道德的冲突，人文与科学的冲突，没有得到合理解决，反而导致科学背离了为人类造福的目标，带来了难以磨灭的惨痛记忆。非人道是西方哲学一直强调以理性为基础的个人自由达到高峰的表现，西方本体论过度渲染主体的主体性，主张维护个性发展，发展到极端，必然导致形式各样的异化。政治上追求极权，将具有杀伤力的科学技术广泛应用到战争中，不顾弱小国家人民的利益，打着解救的旗号，带给

---

① Emmanuel Levinas, *Humanism of the Other*, Trans. N. Poller, Urbana and Chicago: University of Illinois Press, 2003, p.73.

被侵略国家惨绝人寰的屠戮。可以看出，没有责任约束的自由助长了对社会的危害。西方社会一直标榜个人自由，强调个体至上，却始终没有找到个性解放的途径，反而让"唯我论"甚嚣尘上，片面渲染"他人是地狱"，湮没了自由本身。对自由和金钱的过分追求易于发展为对"他者"的暴力和统治，这也是导致 20 世纪伦理贫乏的深层原因之一。

列维纳斯批判了导致现代社会种种恶果的存在论和"光源隐喻"，指出以自我为中心对世界的占有，必然导致一种非人道的暴政。人在世界中的存在应该是一种道德存在，我与他者的关系应该是伦理和道德关系。列维纳斯指出，我不是世界的独占者，我与他者共享世界，责任先于自由，这为 20 世纪伦理贫乏、非人道暴力根源的化解提供了现实路径。

(二) 为女权运动、同性恋合法化提供理论资源

在后现代语境中，自我与他者通常在二元对立的关系中进行讨论，如男性与女性、白种人与黑种人、犹太人与非犹太人、上等人与下等人。列维纳斯颠覆了存在、同一、总体，代之以伦理、差异、无限，对于社会运动和社会思潮的涌现，具有重要的理论支撑作用。他认为男人和女人是平等的，白种人与黑种人是平等的，犹太人与非犹太人是平等的，上等人与下等人也是平等的，他们共同享有这个世界。

列维纳斯在《总体与无限》中描绘女性是他者，女性具有自身的特性，不能把女性视为男性的相关项，批判了当代西方传统的男性中心主义，支持了当代女性主义事业，为女性解放、男女平等，发挥女性的作用提供了支撑。①传统的婚姻是异性之间的结合，违背这个原则，法律是不保护的。列维纳斯的他者理论有效支持了同性恋婚姻合法化，他者不受同者攻击的思想，对于女性研究、同性恋合法化、后殖民批判主义、文化多样性具有理论支撑价值。

(三) 对构建公正和谐的社会具有借鉴意义

列维纳斯道德教育思想最重要的内容就是公正，他通过阐述"爱欲关系②"、"父子关系"、"兄弟关系"、"第三者"，着力构建责任、仁慈、和平、友善、正义的人类社会。知识与道德的冲突、人文与科学的冲突，导致科学背离为人类造福的初衷。两次世界大战体现的是恃强凌弱，带来的是种族灭绝。犹太人的历史命运，使列维纳斯悟出了"人类人质"的滋味，战争加深了他

---

① 马琳：《列维纳斯与女性主义》，《中国人民大学学报》2009 年第 4 期。
② 孙向晨：《从"爱欲"到政治——论莱维纳斯"爱欲现象学"的多重意涵》，《江苏社会科学》2007 年第 6 期。

对人类德性的哲学思考。经济大危机也让人民生活在水深火热之中，这种水生火热归根结底是公平、正义的缺失，归根结底是人的危机，是人的异化。科学和理性造成了人类异化，为他人是人类的自救，对他人承担无限责任被广泛应用在社会各领域，不仅对个人言行具有道德教育的意义，而且有助于师生关系、医患关系、人与自然关系的改善。

二、列维纳斯德育思想的历史局限

由于受到当时经济发展水平的限制以及宗教的影响，列维纳斯德育思想的局限性表现为客观唯心主义倾向、乌托邦色彩浓厚和极端性倾向，"上帝是绝对的他者"、"四海之内皆兄弟"、"无条件的好客及无限负责"是其代表性观点。

（一）"上帝是绝对他者"的客观唯心主义倾向

从列维纳斯道德教育思想的渊源看，无论是柏拉图"善高于存在"、笛卡儿用无限性说明上帝，还是康德提出人们有望达到天堂等思想，都具有明显的唯心主义倾向。在《从存在到存在者》、《来自观念中的上帝》、《塔木德四讲》、《上帝、死亡和时间》等著作中，列维纳斯论述了对上帝概念的解读，来自观念中的上帝只是踪迹或缺席。上帝超越存在，是绝对他者。绝对他者是我欲望的对象，我只有成为他人的人质才能走向上帝。列维纳斯用上帝的权威压制人们，使人们在遭遇他者时必须对他者负责，列维纳斯将笛卡儿对"无限上帝"的论断推演为他者，具有客观唯心主义倾向。

（二）"四海之内皆兄弟"的乌托邦色彩

马克思指出，唯心主义是一朵不结果实的花。实现"四海之内皆兄弟"，需要对他人无限好客，由于人性的差异和生活水平的影响，落实无限好客几近空想，无限好客也并不一定通向伦理。现实生活中，有些人欺软怕硬，见利忘义，习惯钻空子、占便宜，口是心非，言行不一，道德素养和受教育水平较低，很难改变他们的本性。要想每个人都能无私为他人着想，不仅需要个体具有较高的道德水准，还需要社会累积极为丰富的物质财富。列维纳斯构造的世界美好而圣洁，却只能给人以启发，赋予人们以善意。没有强大的物质基础和精神基础做支撑，还有很多人为生存性消费奔波，在物竞天择、适者生存的社会条件下，列维纳斯的美好愿望具有浓厚的乌托邦色彩。

（三）"无条件的好客及无限负责"的极端性

列维纳斯强调对陌生人负责和无限好客，不考虑"我"是否具有承受能力，不考虑陌生人的品行。如果需求来自主体自身，生存性需求和发展性需求是可以满足的；然而，欲望来自他者，来自无限，就难以被满足。享受执著于外在性，强调走出孤独，走向他人，为他者承担无限责任。无限之无限性诞生了真正的欲望，无限即欲望，与他者的关系是在欲望中接近他者的运动。列维纳斯强调当我与他者相遇，就必须承担他者的无限责任和义务，无条件的奉献，但不要求他人因此为我负责。当我与他者相遇时，我是否该考虑他是一个什么样的人，是否值得我这样做，我是否有条件做？当我发现他者是错误的，我是正确的，我还必须尊重他者的声音吗？如果他者包含深深的恶意和敌意，我还要虚伪的故作好客吗？如果他者已经发起了战争，我还要无条件好客吗？这会让好人丧失原则，丧失利益和底线，让坏人猖狂。因此，我们可以好客，但是绝对不能走向极端。

三、列维纳斯德育思想的当代启示

列维纳斯对传统哲学的革命意义是"我"向"绝对他者"或"绝对外在性"的超越，他批判了导致现代社会种种恶果的整个西方传统和"光源隐喻"，提出伦理先于真理，追求道德他律。懂得尊重与责任、学会对他者关怀、明白怎么爱人是衡量个体成熟与否和道德水平高低的关键。仅靠个人内省实现社会和谐是不充分的，迫切需要"他律"，需要道德教化发挥作用。列维纳斯的道德要求十分具体，就是"我"实际上成为每个人的兄弟，愿意把面包分给饥饿者，愿意对每一个人负责，其道德教育思想提倡人道主义，强调宽宏与善意，谦逊与敬畏、宽容与担当，把享受与奉献、自为与为他贯穿起来。

（一）尊重他人，反对语言伤害与人身攻击

列维纳斯注重他者的他性，要求与他者的言说，必须出于尊重。耐心倾听他者的声音，我与他者的言说未必是达成共识，所以没必要去同化和教训他者，不能一相情愿地说教、灌输。列维纳斯提出的"异质性他者"伦理观，为"如何培养出一名好教师"提供了一种可能的思考路径。在教师教育中，应使教师避免以自我同一性的态度看待学生，关注作为异质性他者的学生，并建立和维持一种为学生负责的伦理关系。[①]

语言伤害常发生在日常的人际交往中。例如，很多年轻人因为生活压力大

[①] 余以恒：《引导教师关注作为"异质性他者"的学生——列维纳斯的伦理观对教师教育的启示》，《现代教育科学》2011年第6期。

或因心理承受能力低，对他人的谴责以牙还牙。互联网的发展，使信息能够很快到达世界各地，但是网络媒体在利益驱动下，热衷报道明星丑陋面，或打着讲述事实的旗号暴露他人隐私，部分网友以讹传讹，使他人身败名裂的现象不在少数，大众也需要理性反思语言暴力，应该从尊重他人出发，言语必须对他人负责，这也是实现自尊、自爱的途径。

（二）维护他者的生命，改善人与自然的关系

列维纳斯主张维护他者的生命，这里的他者是纯粹的人。但从广义上讲，他者也可以是有生命的动植物。自然界是一个生命有机体，人类作为这个世界上最强的生命体，没有做到保护弱者生命的责任，反而伤害动物、虐待动物、遗弃动物、乱砍滥伐现象时有发生，使自然界的很多珍贵物种濒临灭绝。生命与生命之间本是平等的，不应恃强凌弱。如果每个与动物打交道的人是仁慈的，仁慈地对待动植物，仁慈地对待自然界，那么人与自然的关系势必得到改善。列维纳斯认为死亡指向未来，通往异域，死亡是他者，是我所不是。敬畏生命，尊重自然，坚持生命高于一切的价值观，在人与自然的相处中，唤醒对生命的珍惜和热爱，不能用麻木的态度对待自然界，实现人类与自然的和谐相处，处理好眼前利益和长远利益的关系，从必然王国走向自由王国。

（三）养成积极的生活态度，注重当下快乐与贡献

列维纳斯认为，自我的主体性在享受的独立中起源。呼吸、吃喝、遮风避雨、散步、学习，我们做这一切都不是为了生活，因为这一切就是生活。我既是享受、需要、劳作的主体，又从享受出发，走向无限他者。生活意味着真诚，生活就是快乐，快乐来自于一个人的能力与贡献。生活在诚实和正直之中，我们就学会了真理和公正。因此，我们应该将实现社会价值与实现个人价值结合起来。第一，具备自己独立生活的能力。列维纳斯的享受是指自己的独处，是走向他者的起点。一个人既要生活在群体中，又要有一定的独立生活能力。第二，及时反思，真诚忏悔。我们的不快乐，大多是活在过去，背负了太多的包袱。人不会减负，长久地活在过去的内疚中，就难以获得快乐。列维纳斯说，只有通过真诚忏悔和他人的原谅才能获得快乐。第三，杜绝懒惰。懒惰是一种恶习，不会有战斗力和成果。列维纳斯强调要把享受与奉献、自为与为他贯穿起来。我们应该及时消除负面情绪，增加积极情感，通过努力工作改变现状、改变未来，把快乐生活和奉献社会连接起来，才能实现人生价值。

第八章 布迪厄场域理论视域下的德育思想

皮埃尔·布迪厄①（1930—2002年）与德国的哈贝马斯、英国的吉登斯齐名，为当代欧洲社会学界的三大代表人物，是具有世界影响力的法国社会学家之一。布迪厄的理论横跨多个学科领域，涉及内容非常广泛，在很多专业研究领域都有着自己独到的理论建树，甚至对当时已被接受的思维方式和学科分工提出了挑战。更重要的是，布迪厄始终致力于消解某些根深蒂固的二元对立，如主观主义与客观主义思维的对立、理论研究与经验研究的脱节等。在这一研究目的的指引下，布迪厄提出了一系列的概念工具：场域、惯习、资本、语言、策略等，场域理论也随之得以系统论述。布迪厄认为，场域内"存在各种各样的关系"，"充满斗争和冲突"，具有独特的运行规则，是"一个相对独立的社会空间"。场域的这种内涵及特征与德育的内在特质相契合，可以借鉴为分析中国德育现实的理论资源。

第一节 布迪厄场域理论的含义及要点

布迪厄是由边缘文化和平民出身上升到知识金字塔顶峰的成功代表之一。终其一生，布迪厄以"斗士—研究者"的学术魄力致力于揭露社会不合理的现象，虽曾备受争议，但其构建的一系列新颖的理论框架以及独到的思想范畴对当今社会仍有着深刻的影响，为我们留下了宝贵的理论和思想资源。自布迪厄场域理论提出以来，"场域"这一研究范式得到诸多学科的关注和认可，成为跨学科的理论工具，在社会学、人类学、政治学、教育学、文学等诸多领域得以广泛应用。"场域"在布迪厄的学术生涯中几乎是统领性的概念，"场域"、"惯习"、"资本"和"语言"等概念相互关联、互为补充，成为布迪厄

---

① 也有学者译为"布尔迪厄"、"布尔迪约"、"布丢"等，本书统一译作"布迪厄"。

场域理论体系中贯穿性的核心概念。在它们的组合之下，展示出强大的理论解释力和创造力。

一、布迪厄的生平与学术生涯

在当代法国思想界和理论界中，皮埃尔·布迪厄毫无疑义是最有声望和国际影响力的社会学家、人类学家和哲学家之一。法籍华人高宣扬教授曾评价道："布迪厄占据着独一无二的特殊地位……他以独创性的学术活动和丰裕的理论创作，已经在法国和整个西方人文社会科学界掀起一阵阵争论浪潮，推动着当代西方人文社会科学理论和方法论的重大变革，并使对于传统理论和方法的批判活动，走上一个新的历史阶段。"① 布迪厄在其理论思想的演进中与马克思主义有着深刻的学术渊源，从某种意义上来说他是马克思主义的追随者。

（一）布迪厄的生平

关于布迪厄生平传记方面的出版物极为少见，而且他自己也抵制公开的自我介绍，认为"传记写作"是一种自恋形式，是一种沉迷于个人主体性的自鸣得意，缺少真正的社会学洞见的自恋形式②。他出身平民，却最终攀登上法国知识金字塔顶峰；他著述丰富，论域广泛，思想深邃，贡献卓越，但也因"极端"介入型知识分子的角色而备受争议。

1930年布迪厄出生于法国西南部的小镇贝亚恩，他的父亲是一个名不见经传的乡村邮递员。20世纪50年代初他在极负盛名的巴黎高等师范学校（被公认为法国哲学家和社会科学家的摇篮）求学。1955年从巴黎高等师范学校毕业后，布迪厄因战争需要被派往阿尔及利亚服兵役，在那里他开启了人类学研究事业。这段经历奠定了布迪厄思想发展的基础，启发了他对实践的关注，促使布迪厄在后来的研究中特别强调研究者和研究对象之间的关系，力图超越结构主义思维方式。由于对战争的反对，布迪厄最终被迫离开阿尔及利亚回到巴黎。布迪厄曾先后工作于穆兰中学、阿尔及尔大学、巴黎大学文理学院、里尔大学人文学院、社会科学高级研究院、高等师范学院以及法兰西学院。1975年，他创办了《社会科学研究会刊》。1985年起，他担任法兰西学院欧洲社会学研究中心主任，并获选为法兰西学院社会学终身客座教授。1993年，布迪

---

① 高宣扬：《布迪厄的社会理论》，同济大学出版社2004年版，第1页。
② ［美］戴维·斯沃茨：《文化与权力：布尔迪厄的社会学》，上海译文出版社2012年版，第17页。

厄获得国家科学研究中心金质学术奖章，2000年获得代表国际人类学界最高荣誉的赫胥利奖。2002年1月23日，布迪厄因癌症在巴黎辞世，终止了他探索不息、奋斗不止的思想历程和理论追求。"个人的天才与勤奋，加之政府奖学金的帮助，把他推向了法国文化和国际社会科学的顶峰。"① 然而，布迪厄并不因此而致力于维护和颂扬国家的体制，恰恰相反，他通过亲身经历和体验，以及对国家制度、教育制度的深刻洞察和深沉思考，磨砺了自己批判性的学术研究思维。

为了克服传统上主观主义和客观主义的二元对立，布迪厄几乎继承、综合了古典社会学三大奠基人——马克思、韦伯、涂尔干的基本思想，同时又吸收了近百年来法国及整个西方人文社会科学的优秀思想成果。据不完全统计，布迪厄一生撰写了50余本著作和500篇左右的文章。1958年，布迪厄出版了第一本著作《阿尔及利亚社会学》，从阿尔及利亚得来的田野数据也为其在《实践理论大纲》和《实践的逻辑》中所进行的理论创新提供了基础；1979年出版的关于文化与社会阶级关系研究的著作《区隔》以及1980年《实践的逻辑》这两部重要著作是布迪厄的成名作，为其后来获得法兰西学院的社会学席位奠定了重要基础；20世纪80年代，他长期的努力——批判性地研究法国的大学以及国家精英体系——开始结出硕果，主要著作有《学术人》（1984，探讨知识分子权力发生）、《国家的精英》（1989，揭示了法国统治阶层的社会再生产过程）、《语言和符号权力》（1991，探讨语言与权力关系）、《艺术的法则》（1992）等。布迪厄在晚年成了社会活动积极分子，相继出版了《实践与反思：反思社会学导引》（1992）、《悲惨世界：当代社会的苦难》（1993，与其他合作者一起完成的大型社会调查）、《论电视》（1996）、《帕斯卡尔式的沉思》（1997）、《男性统治》（1998）等著作。

在近半个世纪的研究生涯里，布迪厄不拘泥于学科的陈规和界限，考察了社会生活的方方面面，涉猎很多学科领域的研究，并提出了一系列新颖而独到的思想范畴。有学者曾形象地描述布迪厄思想对哲学家、文艺理论家、人类学家、社会学家、社会公众的影响，认为布迪厄对这些领域研究者的影响是方方面面的，每个人对他理论的解读也不尽相同："哲学家们将他的理论主要看做是一种社会认识论；文艺理论家们匆匆忙忙的阅读着他的文学与艺术的社会学理论；人类学家们感受到了他对结构主义的准确理解以及在田野研究所作的更

---

① ［美］克雷格·卡尔豪恩、罗克·华康德：《"一切都是社会的"：缅怀皮埃尔·布迪厄》，陶东风等主编《文化研究》（第4辑），中央编译出版社2003年版，第3页。

加精细的调整;社会学家们一方面费力地阅读着他的实践理论,同时又为他神奇地将各种各样相互矛盾的方法精巧地融汇在经验研究中而感到惊奇不已;社会公众为他将学术界和教育中的利益追逐把戏公之于众而感到兴奋。"① 由此可见布迪厄研究论域之广、影响之大。布迪厄的思想和理论的创立离不开前人所取得的思想成果,他正是站在"前辈的肩膀上",吸收、综合了许多因素,对实证主义、经验主义、结构主义、存在主义、马克思主义、现象学、经济主义等理论都进行了借鉴,特别是结构主义,因为他认为每一种理论都提供了重要的(即使是片面的)对社会世界的洞见。布迪厄试图克服这些理论各自的弱点,结合各自的力量,实行创造性地转换,以建构一种总体性的实践科学。因此,"他的理论思想基础远远超出人类学和社会学领域,具有多学科整合和开放性交叉的性质"②。

布迪厄著作卷帙浩繁,要想对其做出公正的评价并非易事。布迪厄无论在社会空间还是学术界都把自己定位为陌生人——与主流格格不入的人,他也因"极端"介入型知识分子这一角色而备受争议。社会批判性和反思性精神是贯穿其全部著述及其思想的价值预设,尽管很多学者的理论带有批判色彩,但并非每一个批判学者都像布迪厄那样旗帜鲜明、立场坚定。布迪厄反对统治阶层,然而他自己却倾其一生努力想要成为其中的一员;他痛恨知识分子与哲学家,生命最后十年是一个百分之百的社会运动者③。人们对布迪厄的评价褒贬不一,他的女弟子让妮·维迭-勒胡于1988年出版《学者与政治》一书,公然抨击布迪厄是在不分青红皂白大搞社会学恐怖主义,也有人认同他关心民间疾苦的知识分子立场。即便如此,再多的争议与批评也无法降低布迪厄在当代法国思想界的地位,无法抹去布迪厄所做的理论贡献。法国社会经济学教授朋尼维兹不避过誉之嫌指出:"不管是为了强调布迪厄的正确性,或为了揭发其理论的局限性,布迪厄都以大师为尊出现……他和托克维尔、马克思·韦伯和涂尔干具有同等地位……他的社会学又集三个社会学创始者之大成。"④ 这也是在20世纪末与21世纪初国内外掀起研究布迪厄热潮,至今方兴未艾的原因。

(二)布迪厄与马克思主义的学术渊源

从布迪厄的著作中,我们不难发现马克思主义对布迪厄思想的显著影响,

---

① 侯钧生:《西方社会学理论教程》,南开大学出版社2010年版,第423页。
② 高宣扬:《布迪厄的社会理论》,同济大学出版社2004年版,第11页。
③ 张宁:《法国知识界解读布迪厄》,《读书》2002年第4期。
④ [美]杰夫瑞·亚历山大:《世纪末社会理论》,上海人民出版社2003年版,第269~270页。

"他的作品浸透了马克思主义的概念"①。这与 20 世纪 60 至 70 年代各种马克思主义思潮的兴起有着重要的关联。布迪厄在其理论体系中吸收并借用了马克思主义的特定概念,某些思想也在一定程度上为马克思主义理论做了有益补充。

1. 吸取了马克思唯物主义因素

首先,场域理论是对马克思主义实践观的深化。布迪厄场域理论的三个核心概念是场域、惯习、资本,它们分别对应马克思主义实践观的实践场所、实践观念和实践工具。要理解场域概念,就要从关系的角度来进行思考,布迪厄用"现实的就是关系的"②(对"现实的就是合理的"这一名句的改变)来表明其对关系性思维的强调。这句名言的改变也恰好证实了布迪厄对马克思的继承,人的本质在其现实性上"是一切社会关系的总和"。其次,马克思对理论与实践关系的关注也是布迪厄社会学理论的基础,特别是社会结构与人的相互关系原理。马克思的实践理论对布迪厄影响深远,布迪厄认为,社会是社会中的人及其文化的复杂交错、有机互动的结果,人以其文化创造了社会,但社会反过来制约着人的创造活动。最后,布迪厄吸收了马克思主义关于社会不平等、阶级划分的思想。布迪厄的"场域"概念较之马克思的"经济基础"外延更为广阔,它不仅包括物质的,也包含精神的因素。"马克思政治经济学讨论的是自由资本主义条件(场域)下的生产与现实,布迪厄则是关心这种生产话语背景之下的'私有关系'的来源与揭露。其初衷与马克思是一致的,不过是一个注重于实际的历史规律分析,一个注重于背后的权力话语的规律分析。"③ 布迪厄扬弃了马克思对经济基础和上层建筑的划分,反对将上层建筑与经济基础分离开来。布迪厄认为这种区分属于唯心主义与唯物主义的二元对立,这正是他在研究中所极力超越的。

2. 为马克思主义理论做了有益补充

首先,布迪厄关于"符号权力"问题的研究,为马克思主义的意识形态批评做了有益的补充。世界的划分以及被合法化的世界观正是通过符号权力强加给行动者的,同时还不容行动者察觉。布迪厄把这种集体误识或者共同信仰

---

① [美]华莱士、[英]沃尔夫:《当代社会学理论:对古典理论的扩展》,中国人民大学出版社 2008 年版,第 92 页。
② [法]皮埃尔·布迪厄、[美]华康德:《实践与反思——反思社会学导引》,中央编译出版社 1998 年版,第 133 页。
③ [美]华莱士、[英]沃尔夫:《当代社会学理论:对古典理论的扩展》,中国人民大学出版社 2008 年版,第 90 页。

称为符号权力,这使我们很容易地想到马克思的意识形态论。布迪厄认为"在某种条件下,在付出了某些代价后,符号暴力可以发挥与政治暴力、警察暴力同样的作用,而且还更加有效(马克思主义传统的一个巨大缺陷,就是没有为这些'软性'的暴力形式留出余地,而这些形式即使在经济领域中也发挥作用)"①。在布迪厄看来,符号权力与各类社会统治制度相伴而生,为国家统治阶级服务。布迪厄用"信念"和"惯习"等术语来阐释和强调"实践逻辑",从而与马克思主义传统的意识形态理论相区别。其次,布迪厄对"资本"概念的界定不仅仅局限于马克思主义经济范畴。资本在唯物主义理论体系中,只有经济上的意义。布迪厄认为不同场域的运行逻辑不能全部归结于经济逻辑,因此将资本的概念从单纯的经济意义扩大到社会、政治、文化生活的多个方面,他讨论最多的是文化资本、社会资本和符号资本。布迪厄认为,不同形态的资本是可以相互转化的,其中经济资本起着关键和决定作用,在这一意义上布迪厄仍然是马克思的追随者。

总体而言,布迪厄的思想无论是从吸收还是批判的意义上来说都源于马克思主义传统,他的思想形成与发展离不开马克思主义理论,同时对马克思主义理论做出了相应的补充。

(三) 布迪厄"场域"研究由来

根据布迪厄的观点,"场域"与"场地"、"场所"、"领域"等概念有本质区别,它并不是简单指我们直观看到或所理解的被一定边界框定的领地(物理空间),而是包括该物理空间中的价值观和运行逻辑的社会空间,有着内部运行规则,能将不同的行动者联结起来,是一种有活力、有潜力的存在,更是一个资本争夺、权力运作、关系重组的意义空间。"场域"并非布迪厄提出的一个全新概念,梅洛庞蒂、萨特曾在其著作中使用过这一概念,布迪厄在其思想演进中使"场域"内涵得以不断丰富,场域理论最终成为其思想中占统领性的理论。

"场"最初在物理学意义上使用,是在电磁场理论的研究中提出来的。西方学者卡夫卡和勒温是研究"场"理论最具代表性的人物。卡夫卡的"场"理论包括心理场以及网络媒介场,他吸收了前人的理论,把"场"引入了心理学和传播学。在构建心理场域的过程中,由于缺乏心理内部沟通的介体,卡夫卡提出了在传播中充当中间变量、连接环境和心理场的媒介场。此后,西方

---

① [法] 皮埃尔·布迪厄、[美] 华康德:《实践与反思——反思社会学导引》,中央编译出版社1998年版,第220页。

学者对场域理论的研究逐渐深入，德国心理学家勒温继承和发展了卡夫卡的心理场域论，对人的行为动机和原因有了更进一步的认识。勒温认为，个人某时间所在的空间就是所谓的"场"，在此基础上，勒温的场理论将人的行为定义为场的产物。勒温的场论强调心理效应，带有明显的主观主义倾向，虽然存在着不足，但是为后来场域的延伸和拓展提供了一定的基础和指导意义。社会学中所使用的"场"是用来分析社会现象，"场"实质上就是指的社会环境。总的来说，无论是物理学还是心理学，抑或社会学，"场"在不同的学科领域越来越多地得以运用，各自的内涵因学科特点而存在差异，但蕴含着一些共同之处，布迪厄则对"场（域）"做了较为系统的阐释。

布迪厄在《文化资本与社会炼金术——布迪厄访谈录》中首次提到了"场域"的概念，认为场域是一个关系网络，充满了争斗与冲突；他与华康德合著的《实践与反思——反思社会学导引》对场域的内涵做了全面透彻的阐释，把惯习、资本、语言等一系列概念引入场域研究，场域理论得以系统化和整体化，成为后来学界研究场域理论的经典著作。布迪厄用"场域"概念取代了空泛的"社会"一词，"用它指竞争性的场所，经济资本以及其他形式的各类资本（比如宗教资本、文化资本、社会资本等）都在这里投资、交换和积累"①。这个概念受到了韦伯关于牧师、预言家和巫师三者关系论述的启发。场域概念的出发点在于化解主观主义与客观主义的二元对立。"主观主义"与"客观主义"的二元对立历来是社会学家所关注而又迟迟得不到解决的问题，结构主义者认为人的行为纯粹是由所处的外在客观条件（社会环境或社会结构）所决定，而心智主义者认为人的行为完全凭自己的主观意志决定。为了弥补二者在研究人的行为时存在的客观与主观、社会与个体的对立，也为了尽可能形象真实地反映社会结构的动力关系及其运作状况，布迪厄主张将"场域"作为开放式概念使用，以代替结构主义的客观"社会结构"概念，用"惯习"来取代心智主义的主观意志，从而消解了客观与主观、宏观与微观之间的消极对立。在布迪厄看来，我们在理解实践活动过程中受到各种二元困境的阻碍，究其原因在于忽视了客观结构与身体化结构之间的辩证关系，即场域与惯习之间的关系。

---

① ［美］戴维·斯沃茨：《文化与权力：布尔迪厄的社会学》，上海译文出版社2012年版，第51页。

二、布迪厄场域理论要旨

布迪厄试图通过自己强大的概念武器来解释实践的生成和过程，他围绕"场域"衍生了一系列的概念或理论（如惯习①、资本、策略、信念、行动者、语言等），我们称之为场域理论。资本、惯习、场域、语言在布迪厄场域理论体系中密切相关、互为补充，在它们的组合之下，布迪厄展示了其理论的强大解释力和创造力：场域中分布着特定的资本，行动者因其掌握资本的情况、占据的位置不同而形成支配关系，这种支配关系主要是通过对话和语言交换表现出来的，因而形成场域中的符号权力；行动者将场域的客观结构（包括场域的支配者所认可的等级结构），也就是他们生存环境的客观关系内化为自身的经验、感知和评判图示，即行动者的惯习；场域中的行动者为夺取更多的资本和占据优势地位而不断进行斗争。要真正把握场域理论的实质，就要从理解"场域"、"惯习"、"资本"和"语言"的内涵及其关系入手。

（一）"场域"——结构化的关系空间

布迪厄对场域概念做了明确的界定："从分析的角度来看，一个场域可以被定义为在各种位置之间存在的客观关系的一个网络（network），或一个构型（configuration）。正是在这些位置的存在和它们强加于占据特定位置的行动者或机构之上的决定性因素之中，这些位置得到了客观的界定，其根据是这些位置在不同类型的权力（或资本）——占有这些权力就意味着把持了在这一场域中利害攸关的专门利润（specific profit）的得益权——的分配结构中实际的和潜在的处境（situs），以及它们与其他位置之间的客观关系（支配关系、屈从关系、结构上的对应关系，等等）。"② 场域理论中有一个重要的专用语——行动者，他是在场域中受各种力量影响、将客观结构内化为身体化惯习的主体，他必须携带一定量的特定资本，在场域和惯习的作用下参与"游戏"。

在布迪厄看来，关系的思维方式超越了相对狭隘的结构主义思维方式，成为近代科学的标志。场域思维的特征表现在以下几个方面。第一，场域具有关系性。现实的就是关系的，体现了布迪厄一以贯之的关系性思维。场域作为结

---

① "惯习"概念的产生先于"场域"。
② ［法］皮埃尔·布迪厄、［美］华康德：《实践与反思——反思社会学导引》，中央编译出版社1998年版，第133~134页。

构化的关系空间，它首先是由带有一定资本的行动者及其关系所构成的，并且这些关系是在不断变化的；同时，不同场域之间并非互不相关的，而是相互对应的，如在经济场域中取得了较多经济资本的个体可能在教育、政治等其他场域中更易于获得文化资本和权力资本，场域具有关系性。第二，场域具有相对的独立性。社会空间中的场域形形色色，不同的场域由于资本类型和数量的不同而处于社会的不同位置，遵循着不同的运行逻辑。布迪厄认为"在高度分化的社会里，社会世界是由大量具有相对自主性的社会小世界构成的，这些社会小世界就是具有自身逻辑和必然性的客观关系的空间，而这些小世界自身特有的逻辑和必然性也不可化约成支配其他场域运作的那些逻辑和必然性"。[1] 场域的这种相对独立性既是此场域区别于彼场域的显著标志，也是不同场域得以存在的本质规定性和依据。第三，场域是充满斗争的场所。布迪厄强调场域斗争性的基本特征，认为场域是松散的，正规化程度较低。场域是"无休止的变革的地方"[2]，"场域的灵魂是贯穿于社会关系中的力量对比及其实际的紧张状态"[3]，场域内充斥着资本和权力关系的争夺，这是场域保持动态性与活力的关键因素所在。第四，场域具有中介性。对于置身于一定场域的行动者而言，他们周围的客观社会条件和外在因素从不直接对它们产生作用，"而是只有先通过场域的特有形式和力量的特定中介环节，预先经历了一次重新形塑的过程，才能对他们产生影响"[4]，场域是两者之间的一个关键性的中介环节。第五，场域具有历史生成性。场域是共时性与历时性的统一，是作为主体的人主观能动性的发挥与社会结构客观制约相互作用的结果。场域间的关系通常与一定的社会历史条件相联系，随历史的演进不断改变，并不是一劳永逸、绝对的和抽象的。事实上不存在超越历史因素影响的场域之间的关系法则。

（二）"惯习"——自主性的性情倾向系统

"惯习"并不是由布迪厄所发明的新概念，而是一个传统的哲学概念，最早出现在中世纪对亚里士多德道德哲学的阐释中，后来衍生为体格、性格、气质、秉性、性情的意思，标示着一个有生命的人的体态和性情的状况。涂尔

---

[1] ［法］皮埃尔·布迪厄、［美］华康德：《实践与反思——反思社会学导引》，中央编译出版社1998年版，第134页。

[2] ［法］皮埃尔·布迪厄、［美］华康德：《实践与反思——反思社会学导引》，中央编译出版社1998年版，第142页。

[3] 高宣扬：《布迪厄的社会理论》，同济大学出版社2004年版，第140页。

[4] ［法］皮埃尔·布迪厄、［美］华康德：《实践与反思——反思社会学导引》，中央编译出版社1998年版，第144页。

干、毛斯、黑格尔、胡塞尔都曾用过这一概念①。布迪厄对概念加以改造，用以表述人在实践活动过程中形成的持久而又潜在的性情倾向系统，也就是惯习。惯习是外在社会结构长期影响和内在化的结果，作为认知图式，指导着个体的生活和行动过程，进而不同程度地革新社会结构。惯习是"外在的内在化"，是对世界的认识和理解（通俗讲就是世界观），但又不仅仅是对这一世界的真实、直观和被动的反映，它更对世界具有建构意义。布迪厄认为，"习性是持久的、可转换的潜在行为倾向系统，是一些有结构的结构，倾向于作为促结构化的结构发挥作用"②。同时，惯习具有前后一贯的持久性和稳定性，但也会在不同的场合、不同条件下发生变化。惯习是一种主观性的性情系统和心智结构，是在场域中历史地构成的，是在童年早期的社会化经历中不知不觉获得的，具有社会化了的主体性，是一种"体现在人身上的历史"，具有历史性，因而是持久的。惯习并不是习惯，它"是知觉、评价和行动的分类图示构成的系统，它具有一定的稳定性，又可以置换"③，并非一成不变。为了适应变化的外在条件或场域，个体必须根据自己的经验、经历的变化以及场域的变迁来改变（强化或者调整）自己的惯习。由此看来，惯习是一种后天所形成的能力，在特定的生存条件、历史文化传统等因素的影响下具有创造性和革新性。

在场域理论中，惯习是属于个人的精神系统，它标示着一个人的分类认知图式和心智结构，影响着一个人的思维方式、价值观念和行为模式。在布迪厄看来，惯习是特定场域内部所形成的，场域的运行离不开带有某种惯习的行动者。就是说，场域必然是带有惯习的场域，两者不可能相互分离，它们是一种有条件的制约关系，二者相伴而生。场域形塑着惯习，"惯习有助于把场域建构成一个充满意义的世界，一个被赋予了感觉和价值，值得你去投入、去尽力的世界"④。场域与惯习之间并非简单的所谓"决定"与"被决定"的关系，而是一种在实践中的"生成"或"建构"的关系，布迪厄不认可并极度反对以"结构产生惯习，惯习决定实践，实践再产生结构"这样一种简单粗暴的"极端决定论"公式来归纳他的学说，认为这是一种误解。"惯习表征着人类

---

① 高宣扬：《布迪厄的社会理论》，同济大学出版社2004年版，第113~114页。
② [法] 皮埃尔·布迪厄：《实践感》，译林出版社2009年版，第73页。
③ [法] 皮埃尔·布迪厄、[美] 华康德：《实践与反思——反思社会学导引》，中央编译出版社1998年版，第171页。
④ [法] 皮埃尔·布迪厄、[美] 华康德：《实践与反思——反思社会学导引》，中央编译出版社1998年版，第172页。

社会的精神结构（事实上涵盖身与心两方面），而场域表征着社会结构。"①当参与者遭遇熟悉的场域，即自己的惯习主要形成于此场域或与此场域的惯习具有某种相似性、相通之处，那么参与者就会产生一种如鱼得水、得心应手的感觉，并且能够立即就处理各种问题选择合情合理的策略，这就是场域与惯习间的契合关系。不同类型和形式的场域具有不同的惯习，当此场域的惯习与彼场域之间存在着错位或者"不吻合"的现象时，即参与者惯习遭遇部分陌生或完全陌生的场域时，若将在此场域形成的惯习简单直接地"移植"到彼场域去必然会造成"水土不服"，最终使参与者的言行表现得不合时宜，"不合拍"现象就会产生。

（三）"资本"——权力化的博弈资源

"资本是积累的（以物质化的形式或'具体化的'、'肉身化的'形式的）劳动，当这种劳动在私人性，即排他的基础上被行动者或者行动者小团体占有时，这种劳动就使得他们以物化的或活的劳动形式占有社会资源。"② 根据布迪厄对资本的定义可知，资本凝结着行动者之间的不平等关系、支配—服从关系，是资源不平等分配的体现。资本是使行动者展开博弈，使场域充满斗争和冲突、充满活力的动力资源，对资本或资源的"争夺"是场域内矛盾和冲突的焦点。资本与权力密切相关，场域中特定资本的数量与类型决定了行动者所占据的位置以及所获得的权力大小，行动者之间的资本关系象征着彼此之间的权力关系。

布迪厄将资本分为经济资本、文化资本、社会资本和符号资本等四大资本形态。第一，经济资本，就是我们在经济生活中所普遍认可的那种资本，以金钱为符号，以物质形式表现出来，通过商品交换可以扩大经济资本。第二，社会资本，通俗来说就是一种"人脉关系网"，是基于人际关系网络的建立而获得的资源。通过扩大社会影响、建立各种权力关系是增加社会资本的主要途径。资本具有积累性，社会资本的增加间接会影响到其他资本类型的积累程度，社会资本越是雄厚，就越有可能将社会资本转化为其他类型的资本。第三，文化资本，"是指世代相传的文化背景、知识、性情倾向与技能"③，以作品、文凭、学衔为符号，含括语言、惯习、品格等。具体来看，文化资本主

---

① 侯钧生：《西方社会学理论教程》，南开大学出版社2010年版，第414页。
② ［法］布迪厄：《文化资本与炼金术》，上海人民出版社1997年版，第189页。
③ 谭光鼎、王丽云：《教育社会学：人物与思想》，华东师范大学出版社2009年版，第394页。

要包括三种形式：具体的状态（比如人的性格、言谈举止、生活风格等，内化于身体的文化资本则构成了惯习的一部分）；客观的状态（表现为书籍、图片、词典等文化商品形式）；体制的状态（制度化的资本）。第四，符号资本，是指通过声誉、信誉或威信等形式呈现出来的受到承认的一种资本。拥有符号资本的个体以看不见的形式获得"合法性"的认可，从而形成符号权力。

在具体研究中，布迪厄认为资本之间具有内在联系性、转化性，其中，经济资本起决定性作用，是所有其他资本类型的根源。文化资本、社会资本与象征资本无非是进一步转化为经济资本的一些基础与条件，它们都可以从经济资本中得到。但同时也必须注意到，不同资本类型具有某些不可替代的特殊功效，并非经济资本所能获得。此外，"场域"与"资本"相互依赖，彼此依存。一方面，资本离不开场域，场域是资本存在的基础，资本也只有在场域中才能发挥支配力量。资本的类型和效力大小以及不同资本之间的相互转化从某种意义上来说，是由场域所决定的。另一方面，场域依赖资本而存在。"确定何为场域，场域的界限在哪儿，诸如此类的问题都与确定何种资本在其中发挥作用，这种资本的效力界限又是什么之类的问题如出一辙。"[①] 场域中的不同位置是通过占据不同资本而形成的，不同资本的类型决定了该场域区别于其他场域的特性；也正是因为场域中特定资本的存在，不同位置之间的矛盾关系，场域这个充满活力的关系网才存在。

（四）"语言"——场域的符号权力

布迪厄的语言概念关注的并非语言学的句法结构或规则，而是语言的运用及其在社会生活中呈现出来的与权力的亲密关系。根据布迪厄的观点，语言不仅仅是沟通的一种手段，更是一种符号权力的表现，语言关系标示着权力关系。布迪厄认为复杂的语言实践及其运用总是受到场域中资本和权力的影响。"语言是社会实践的一部分，语言的意义受使用语言的语境、语气、姿态、使用目的的影响，因此语言的意义往往显现出丰富的多元性与含混特征。"[②] 理解布迪厄的语言观，我们就必须理解语言与场域、资本以及符号权力的关系。

在布迪厄看来，人与人之间的语言交换与市场的商品交换相似，存在着语言交换市场。"无论什么时候，当有人发言，其接受者能对其发言进行评估、

[①] ［法］皮埃尔·布迪厄、［美］华康德：《实践与反思——反思社会学导引》，中央编译出版社1998年版，第136页。

[②] 张意：《文化与符号权力：布尔迪厄的文化社会学导论》，中国社会科学出版社2005年版，第96页。

赋值并确定价格的时候,就可以说存在着一个语言市场。"① 言说者说出来的话语若要使听者认可、接受并依"话"行事,就必须赋予这些"话"一定的分量,如同商品赋有价值一样。这样,就形成了一种语言运用的市场。行动者的语言能力来自他成长的场域,语言实践与语言资本、语言惯习和场域之间有着一定的内在联系。首先,任何言说者的语言能力高低不仅仅决定于言说者本身具体灵活的反应能力和技巧,还与他在场域中所占据的位置有着密切的关系,语言资本贫乏者常常处于不利的、被支配的地位;其次,语言与惯习关联甚密,言说者总是受到语言惯习的不自觉支配。

任何语言的应用都是说话者在对话和语言交换活动中权力较量的体现。行动者对场域中各种资本、运行逻辑和价值观念的赞同和认可,以及场域中各种支配与被支配关系的维持与传递都离不开符号权力隐形的操纵。布迪厄认为,符号权力是一种通过语言将被合法化的世界观强加给行动者的能力,它只有在被认同的时候才能发生功效。可见,符号权力是一种具有隐匿性、依赖于普遍认同的权力。其受行动者惯习的影响,是一种"集体误识或共同信仰",是一种不依靠经济、军事等强制性手段的"温和的"软性暴力。所谓符号暴力,是指由语言、文化、思想和观念所构成的为人们自觉或不自觉接受的"看不见的、沉默的暴力"。在布迪厄看来,统治阶级通常利用符号暴力,力图赋予对象以某种意义的形式将权力关系隐藏起来,促使被统治者在无意识的基础上认同并支持统治者,即认同统治阶级的合法性,这是维护统治阶级稳定性以及社会赖以维持和延续的基础。布迪厄认为,现代社会中教育场域最能体现符号权力的运作过程,它包括三种教育方式:一是"传播式教育",即处于一定社会群体或组织中的个人无形之中会受到其他成员的影响,接受许多东西;二是"家庭教育";三是"制度化"教育。布迪厄对教育过程中符号权力的阐释为我们分析当前德育现象以及德育话语权问题提供了启示。

"说话"意味着一种策略的运用,就是确保说话者的权力贯彻与听话者的服从,并没有固定不变的规则。人在社会网络中的互动,主要靠语言交换。语言运用的技巧,就是如何说得好一点,使话语更有说服力,使话语的听众和文字的读者不但明白所要表达的意义,而且能照说话者和写作者的意图去行动,使说话者、听话者和读者所处的世界能感受到最大程度的语言效果。所以,语言运用的策略或技巧追求的是权力运用的最佳效果。可以从以下几点来理解布迪厄关于语言策略的思想。

---

① P. Bourdieu, *Sociology in Question*, SAGE Publications Ltd, 1993, p.79.

第一,语言策略取决于言说者之间的权力关系。语言策略的使用实际上是说话者本身的权力、地位、威望、组织能力和社会协调能力的展现。在布迪厄看来,行动者的语言策略不仅仅要求行动者具备语言运用的才智,而且依赖于其所拥有的特定利益和资本,这些都是由他在场域占据不同位置所形成的客观关系所决定的。这些关系意味着:谁可以说话,谁可以长篇大论而不被打断或不顾别人的打断,谁可以否定他人的言论,谁可以提问,谁可以拒绝回答等。在语言运用技巧方面,包括语词的选用、语句的委婉表达,以及依据不同时空条件和不同对象灵活地运用语言的能力等,在社会生活中的表现形式千变万化。第二,"委婉表达"策略"通过没有说出的话说出一切"。委婉表达的特征就是通过语言的巧妙使用,否认交换活动的实质,这与语言运用者的心态结构及其语言使用的具体变化密切相关。布迪厄强调了委婉表达的重要意义,认为委婉表达是社会生活中语言沟通所普遍采用的实际规则。"当掌权者在行使权力时,越运用委婉的形式,越让被宰制者感觉不到权力的运作,或者是让被宰制者感受到当权者的恩泽广被,则这样的一个政权运作会更具有合法性与有效性。"① 因此,在语言交换活动中,我们认为言说者的最高境界就是以少说或者不说的形式传达出最多信息。第三,屈尊策略。所谓屈尊策略,是指言说者用听者耳熟能详的语言,降低言说者的身份和地位,使听者感受不到语言所象征的权力关系,从而使听者在认同的基础上达到言说者说话目的。在语言交换市场中,对于权力暂时的、象征性的放弃,可以获取意想不到的效果,获取其他人对权力关系合法性的认可以及对等级秩序的普遍认同。

三、布迪厄场域理论评价

布迪厄的成就在许多学科领域是举世瞩目的,其场域理论对当今社会理论、文化理论以及教育理论的研究等都有着深远的影响。布迪厄场域理论具有极大的包容性和开放性,国内外学者在多个学科领域已展开广泛研究。我们在具体的德育研究中,必须结合德育实际问题具体分析,避免对场域理论生搬硬套,在借鉴中保持反思态度。

(一)布迪厄场域理论的精髓

1. 场域关系论

人与人、人与物之间是关系性的存在,个体在场域中所形成的惯习、掌握

---

① 高宣扬:《布迪厄的社会理论》,同济大学出版社2004年版,第190页。

的资本以及语言实践都必须参照场域中的关系来理解,从场域的内在结构和内在关系来分析,而不能单纯依靠个体的内在性质来解释。这种关系性思维几乎得到了各领域研究者的普遍认同,也是该理论得以广泛运用的缘由所在。与此同时,布迪厄虽强调场域的自主性和相对独立性,有其独特的价值观和行动逻辑、规则,但场域间并非完全分离开来,它们相互渗透,交互作用,因此在分析某一场域时不能忽视与其他场域之间的相互关系和内在关联。

2. 场域冲突论

布迪厄非常强调场域的冲突性和斗争性特征,冲突论成为各个场域的基本假设。作为一个包含着潜在的和活跃的力量空间,因资本种类的区别而造成行动者之间的冲突和矛盾是场域运作的动力之源;作为一个争夺有价值资本和控制权的斗争场所,场域中各种位置的占据者为维护或改善他们在场域中的位置和资本占有量,始终围绕着特定形式的资本而展开斗争,使场域充满活力,不断向前发展、不断革新。但有的冲突和矛盾也可能促使现存的场域走向毁灭。

3. 场域权力论

权力关系是场域内关系的基本表现形式之一。每个场域都处于权力关系之中:场域中的位置,根据其掌握资本的类型和总量,存在着支配和服从关系;场域内的语言实践运用塑造、再现、标示着行动者之间的权力关系;行动者对场域运行逻辑和规则的认同和接受离不开符号权力的运作。布迪厄所指的权力并非单纯指政治权力,而是在普遍意义上使用。权力的类型和大小与行动者资本占有的类型和多少有关,体现为场域中那些居于优势地位(力量大、地位高、资源丰富)的行动者对处于劣势或不利地位(力量小、地位低、资源少)的行动者的控制与支配。布迪厄着重分析了符号权力的运作,特别强调在教育过程中通过教育者和受教育者之间的话语协商,在受教育者的主动参与和对灌输合法性的认可中完成文化再生产。可见,布迪厄非常重视符号权力在社会场域中的运用来巩固既有的支配关系。

(二)布迪厄场域理论的研究意义

布迪厄对场域的基本问题做了较为全面深刻的分析,为德育研究提供了新的视角和方法论。从理论上看,首先,为我们从新视角理解和深入分析纷繁复杂的德育现象提供了理论基石。"根据场域概念进行思考就是从关系的角度进行思考"[1],场域视角的引入强调以关系性思维方式去认识和分析德育现象,

---

[1] [法]皮埃尔·布迪厄、[美]华康德:《实践与反思——反思社会学导引》,中央编译出版社1998年版,第133页。

从德育与其环境的普遍联系中及德育内部各要素的冲突、矛盾等错综复杂的关系中来掌握德育的特质与规律。其次,"资本—权力"、"语言"分析的引入有助于对德育现象和德育问题做更深刻、更具说服力的描述、分析和解释。场域是一个争夺的空间,和教育场域一样,德育场域也是以冲突论为基本假设的。场域对"冲突"和"竞争"的强调和高度关注,有利于我们深刻把握和挖掘德育场域发展的动力之源,进一步探寻德育现象发展变化的规律和本质。最后,有助于拓展德育研究的方法论。尽管布迪厄没有专门讨论德育问题,也没有提出"德育场域"和"德育惯习"之类的概念,但是按照其场域理论,提出德育场域、德育惯习等概念是符合学术发展规律和逻辑的。"德育场域"范畴的提出是对道德教育做场域解读的尝试,也是拓展德育研究方法论的一种积极探索。

从实践上看,首先,场域理论强调了行动者惯习生成的主观性以及与场域的契合关系,启示我们要关注德育场域内参与者主观能动性的发挥,尤其是要提高受教育者进行自我教育的积极性,养成符合要求的德育惯习,从而实现德育目标。其次,场域理论强调行动者资本占有量对权力关系的制约,强调"温和的"符号权力对稳定场域的重要性,启示德育工作者必须提升自身的"资本"竞争力,重塑教育者话语权威,牢牢坚守学校德育的意识形态性不动摇,增强对主流价值的引导力,以促进德育场域的良性运行。最后,场域、惯习、资本、语言分析的引入有助于描述德育活动的运行过程与发展动因,揭示德育发展、运行规律。因此,从场域理论的角度,有利于在厘清德育场域内在关系网络的基础上,不断加强自我反思,明晰德育场域的运作逻辑,找寻提升德育实效性的关键因素。

(三)对布迪厄场域理论运用的反思

用场域理论来建构一个德育场域,分析德育实践,无疑是一个较好的理论框架。但是,任何理论都有其内在不可避免的缺陷,我们不能简单地套用。布迪厄场域理论提供的是一种研究范式或者说是一整套概念、工具和方法,我们应在具体运用中保持审慎反思。

1. 场域理论在一定程度上带有决定主义色彩

实践使得客观世界的结构被内化为行动者的"惯习",惯习以行动者难以知觉的方式指导他们的实践方式和具体行为。场域理论虽然致力于用惯习与场域的概念来消除主观与客观之间的二元对立,力图消解个体主动性与外在社会结构的紧张关系,但在理论上仍然无法彻底摆脱结构主义决定论的色彩。有批评者指出,惯习这一概念固然有助于说明行动者具有能动性、可塑性、适应性、变革性等特质，但事实上惯习这一概念已经变成了教条，它更多的是从属于外部制约力量，忽视了行动者的能动作用。可见，布迪厄过分强调了外在客观条件对行动者惯习的制约、规范作用，在某种程度上忽视了行动者的主动性和能动性。这与现代德育强调重视参与者尤其是受教育者的主体性倾向是不相符的。

2. 过分强调场域内差异、冲突和斗争

布迪厄强调场域内存在无休止的争斗、变革和力量关系的对立、抗衡，关于场域的动力及场域运作的假设带有鲜明的冲突论色彩。在布迪厄的语言观中，他也强调语言交换活动中所蕴藏的社会权力间的竞争和较量，强调语言交换活动中的说服控制关系与支配关系。布迪厄场域理论的这一特性与其学术研究的批判性思维分不开，因为终其一生，布迪厄充分彰显了敢于批判的勇气，沿着"价值有涉"的道路致力于通过其学术研究揭露社会生活中存在的种种不合理，成为"斗士—研究者"。场域理论过于强调斗争性，这与我们德育所倡导和追求的"和谐"价值观有不相契合之处，启示我们在具体分析和运用中要加以批判借鉴。

3. 场域边界模糊存在滥用倾向

布迪厄一直未能确立场域的边界，使得场域的边界模糊不清。"场域的界限位于场域效果停止作用的地方。"[①] "效果停止作用的地方"具有很强的主观性，很难划定，因为各个场域有相互渗透性，彼此相互作用、相互影响。这是布迪厄场域理论研究中一个重要却未被有效解决的问题，从目前研究来看，场域概念有被滥用的倾向。

第二节　德育场域的内涵及其发展动力

为学先为人，树人先立德，德育是学校工作的重中之重，是学校的首要工作。德育的内涵有狭义和广义之分，但目前主要是在广义上使用，即我们所说的"大德育"，和"思想政治教育"具有一致性。从场域的观点看，德育（主要指学校德育）场域内的行动者（教育者、受教育者以及其他参与者）之间以及与德育系统诸要素之间形成了极为复杂的关系，是一个有着内部联系的

---

① ［法］皮埃尔·布迪厄、［美］华康德：《实践与反思——反思社会学导引》，中央编译出版社1998年版，第138页。

"网络"。行动者将德育场域的客观结构内化为身心惯习,负载着德育场域内的各类资本,占据不同的位置;他们在场域、惯习、资本、语言等的作用下参与到德育场域的"运行"中;他们之间的矛盾和冲突使场域处于持续的变化中,充满活力。

一、德育场域的概念及特点

国家施行德育优先方针,德育场域在教育场域中处于首要地位(核心场域)。在德育场域中,随着德育工作的进行,受教育者群体逐步实现"社会化"、"政治化",并形成了一整套与社会主流意识形态相适应、相契合的价值观念体系、道德素养和性情倾向(惯习)。根据布迪厄对场域概念的界定可知,场域是一个结构化的位置空间,是由处于各个位置的不同行动者构成的关系网,各行动者对资本、权力等要素的占有状况决定了其所处位置、地位和关系;每一行动者与其他行动者之间相互作用、彼此影响;每一行动者位置的变化都将引发整个大场域的结构变动,形成"牵一发而动全身"的影响效果。德育的归宿在于促进受教育者思想政治素质和道德素养的提高,从而改变或修正受教育者不成熟或不良的行为惯习,最终成为符合社会发展需要的高素质人才。概言之,德育场域是结合了主观与客观,结构与历史的空间结构,教育者、受教育者及其他参与者占据不同位置,彼此建立复杂关系,形成以思想观念、政治观点、道德规范的教育、传播为依托,以人的全面发展为宗旨客观存在的意义网络。

德育场域作为独特而完整的育人场域,有着自身的规定性。首先,德育场域范畴本身具有客观现实基础,是客观内容与主观形式的统一。教育者、受教育者以及其他参与者作为德育场域的实体性要素,在相互结成的关系网络中彼此确证,以一种关联的客观状态存在。除上述客观存在的实体性要素以外,德育场域行动者发挥各自的主观能动性,使得场域内的客观关系呈现出不同的形式。与此同时,德育还是一种历史性的存在,场域内各德育要素,如德育理念、原则、内容、目标和方法等,它们是历史生成的,随着社会的发展变化而自谋适应,具有继承性和内在统一性。其次,德育场域具有复杂性。根据布迪厄场域冲突论的观点,场域是充满矛盾、争斗、冲突的运动空间,而绝非只是机械性运转的机器。斗争性在德育场域表现为各种复杂性和不确定性,如德育环境的复杂性和不确定性;德育内容的多样性和发展性,各种社会思潮对德育工作的冲击性;德育组织系统的多层级、多单元性;德育目标的多功能性;德育信息的非对称性；德育场域与其他场域的交互性和非平衡性；德育效果转化的不确定性以及各种因素交互作用过程的复杂性等。正是由于这些关系，才构成了德育场域的基本特征。最后，德育场域作为一个自主的"小世界"，是相对独立的社会空间，具有明显的相对性。不同场域都遵循着各自的运行逻辑、行动规则和价值准则，这些"运行逻辑、行动规则和价值准则"具有独特适用性，不可生搬硬套于其他场域。正是场域所具有的不同逻辑与必然性使各场域呈现出自主性与独立性。德育场域是教育场域的有机组成部分，既受教育场域的基本约束，同时也不断受到场域外政治权力、经济力量及其他因素的影响。意识形态性、超越性等构成德育场域内在的本质要求及本质特征。此外，德育场域又包含着各具特色的诸多亚场域，如文化场域、道德场域、信息场域和教学场域等；不同的亚场域又呈现出差异性的空间和特征，成为德育场域所遵循的不同于其他场域的运行逻辑。

二、德育场域的多维解读

布迪厄认为场域概念也好，资本、惯习、语言范畴也罢，皆不是孤立的封闭性的可界定物。这些概念是开放的，只有将其纳入某个关系系统之中，才能获得准确的理解。受教育者在德育场域内习得主流意识形态和价值观的同时，将形成契合自身实际、符合社会发展要求的世界观、人生观、价值观、政治观、道德观、法治观等思想观念（惯习），增强对国家和社会的强烈认同（身体化形态的文化资本）。同时，置于社会大场域的特定位置之中，他们身体化形态（道德品质、言谈举止、价值观念等）以及制度化形态（体制化的、受到认可的）的文化资本的再生产，将会进一步推动社会向前发展。德育场域的这一良性运行状态离不开各参与者的惯习契合、协调互动，离不开受教育者"资本"的有效整合，离不开家庭德育资源的积极影响，也离不开德育话语的创新运用。

（一）德育"惯习"

场域理论认为，行动者将场域中不以个人意志所决定的客观条件刻录进思想、性格和情感系统中，随之，支配者所认可的等级结构（场域内不同要素的组织方式）内化为行动者的惯习，逐渐形成人的社会实践。但是，惯习并不起决定作用，惯习只是"暗示"人们应该怎样思考和选择，往往提供的是一种指导行为实践的原则，人们以此来选择和确定社会实践策略。德育场域的惯习是指处于该场域中的行动者受到外在客观结构的影响，在长期的德育实践活动过程中形成的一定思想准则与行为规范。它表现为德育工作者（教育者与管理者）的德育理念以及德育方式；受教育者所表现出的较为稳定的认知方式、接受方式和途径等。这是潜在而持久的性情倾向系统，但并不能因此将惯习的形成理解为德育参与者在场域作用下的机械反应，因为它在一定条件下是可以转换的。因此，准确、全面、科学地把握德育场域的规律性，就必须深入了解和把握各类参与者的惯习及其相互关系。

1. 行动者惯习

惯习"使得过去的，沉积在感知、思维和行动的每一种组织形式中的经验，成为鲜活的现实存在，并竭力维护行动的正确性和跨越时间的连续性"[①]。每一个教育者和受教育者的生活经验、成长经历、社会阅历、知识结构以及时代背景等都有差异，但同时也存在某些共同点。惯习是理解场域并做出相应行动的前提条件，它与德育场域的社会条件、历史经验、管理体制、评价与监督力量等相适应，是影响场域运作逻辑的因素之一。准确把握参与者的惯习系统，是增强德育工作的针对性与实效性的重要前提。

对教育者而言，教学惯习形成于日积月累的教育过程，受到自身经验、认识能力、思维方式和思想觉悟等的影响，具体表现在教育者知觉、评判和行动等方面。德育工作者受到场域中已有的传统和惯习的制约，其教育、教学活动通常依据严密甚至刻板的教学计划进行，它无形中成为教育者内在的、深层的教学惯习支配着教学实践；教育者作为德育教学场域的主要行动者，其惯习行为指向是受教育者群体。因此，教育者的种种教学惯习都会对受教育者产生最直接的影响，"以人为本"、"以学生为本"等德育理念逐渐成为当代德育教师的教学惯习。

受教育者德育惯习，是受教育者在长期的学习、生活经历以及德育教化的综合作用下，通过自我内化而生成的性情倾向系统；受教育者德育惯习寄居于身体之中，它一旦生成，便对受教育者的认知、思维和行动发挥着持久且稳定的作用。受教育者的德育惯习作为一个开放的性情倾向系统，随受教育者学习、生活体验和环境的变化而发生改变，或者不断地被强化，或者不断地做出适时调整。一般而言，受教育者在各个场域（主要是小学、中学、大学等学校场域）接受的德育内容具有内在的一致性，因此，受教育者的德育惯习原则上能与学校德育惯习相契合，从而能够强化和修正自身的德育惯习，更好地

[①] P. Bourdier, *Outline of the Theory of Practice*, Cambridge University Press, 1977, p. 54.

参与到与场域结构相适应的德育实践。但现实情况是，德育内容的重复性和一定程度上的同质化，使得受教育者尤其是大学生不感兴趣，难以引起他们学习的欲望，不利于受教育者对德育内容的选择和接受，大大降低了学校的德育效果。

对学校管理者而言，管理者德育惯习是通过管理行为（这里主要指管理育人），对被管理者、管理者自身以及其他人员的思想道德素质和德育实践有目的、有计划、有组织地施加影响，在完成德育目标的过程中形成的育人理念和育人方式。学校管理工作的内容广泛，有班级管理、教学管理、图书管理、财务管理、后勤管理、心理辅导等，可以说这些管理工作与受教育者成长成才息息相关，管理者的惯习深深影响受教育者德育惯习。"管理育人"、"服务育人"已成为新时期加强和改进德育工作的重要理念。充分发挥和实现"管理"的育人功能，要切实把握管理育人的渗透性和全方位性，使管理工作紧紧围绕"育人"目标而展开。广大教职工只有不断强化管理育人惯习，在管理工作中注重给予受教育者正确的引导和教育，才能既做到管理育人，同时又为教书育人、服务育人的实施创造良好的德育氛围，起到支持、促进和监督作用。

2. 惯习固化

惯习作为主观性的心理结构和思想与情感系统，一旦形成便具有稳定性和持久性，较易形成惯习固化现象。对受教育者而言，长久的"乖乖听老师话"的学习生涯，加之教育者占据优势文化资本而处于"统治"地位，他们往往根据教师的"说教"做出呆板、机械的反应，这种反应在多次重复后被固化，由此形成了师生双方固守的、稳定的、自动化的德育惯习，很难改变；学校德育惯习常年来也形成了"我说你听"、"我打你通"、"我说你做"、"我说你服"的传统说教式、灌输式教学模式，形成固化的德育惯习。"一旦我们的惯习适应了我们所涉入的场域，这种内聚力就将引导我们驾轻就熟地应付这个世界"[1]，但若是德育惯习长期固化，脱离于社会要求，落后于时代发展，满足不了受教育者实际需求，学校德育的效果将会大打折扣，场域的良性运行就会受阻。

3. "不合拍"现象

不同的场域具有不同的惯习，存在受教育者德育惯习与场域"不合拍"的状况。这种"不合拍"包括两种基本情形：一种是受教育者之前所生活和

---

[1] [法] 皮埃尔·布迪厄、[美] 华康德：《实践与反思——反思社会学导引》，中央编译出版社1998年版，第22页。

学习的场域与现德育场域中的惯习"不合拍",另一种是受教育者完成学业后所生活和工作的场域与学校德育场域中的惯习"不合拍"。这两种"不合拍"从根本上来说都是学校德育场域与其他场域的惯习差异显著甚至出现矛盾冲突,受教育者无所适从,从而使得内化在他们身体或心理中的认知图式或心智结构与德育场域之间出现了"脱节"或"错位"。由此导致受教育者的种种不适,甚至引发受教育者对德育认知和实践的矛盾、抵触心理。这就是受教育者德育惯习与德育场域的"不合拍"。对此,德育系统保持其内在的一致性,遵循人的思想政治品德形成发展规律,德育贴近生活、贴近实际、贴近学生,确保受教育者能够实现德育场域与其他场域的顺利、平稳过渡和适应,这对受教育者养成健康的德育惯习具有深远意义。

(二) 德育"资本"

个体拥有的资本数量和类型决定其在场域中所占据的位置,资本是个体之间客观关系的评判标准,体现了社会资源的分配情况。德育场域能够运作的根本动力就来源于行动者资本的占有不均而形成的差异。教育者、受教育者和其他教育参与者都具备各种各样的资本,在此,本书主要分析德育对象——受教育者的"资本"占有情况。

1. 社会资本

布迪厄认为,个体社会资本依靠不断的社会交往的努力而获得,一个人的社会资本是否雄厚与这个关系网络中人的多寡及其所占有的资源质量有关。受教育者的社会资本是由学校德育的各类参与者为受教育者的德行习得和德育践行所提供支持的总和。受教育者在德育场域中所拥有的社会资本来源于多个方面。第一,德育管理机构是为受教育者提供德育学习资源、德育实践活动的关键性来源。管理学校德育工作的部门较多,部门层次也不尽相同。学校德育受主客观条件的制约,不同学校对于德育的重视程度有所不同,从而为受教育者提供了不同程度的、不同效果的德育资源。第二,德育课程是受教育者社会资本的主要来源。全球化视野下的信仰危机和道德危机蔓延以及各国对道德教育的反思,逐步凸显道德教育在全部教育中的基础性与重要性,采取显性或隐性德育课程强化道德教育是各国理论与实践的共同取向。课程实施是实现课程目标的实质性环节,是完成课程内容的手段与方式的总和,也成为受教育者社会资本的有效来源。第三,德育专职工作人员以及德育服务机构是受教育者社会资本的重要提供者。辅导员、班主任、德育导师以及学生心理健康教育中心、德育网站等,他们各自的工作重点不同,但都与受教育者的生活学习密切相关,为受教育者的全面发展、健康成长提供资源。第四,学生群体或社团组织无形中也影响着受教育者的思想政治素质和道德品质。社团组织依靠其广泛的社交网络，为受教育者获取社会资本、提高自身思想政治素质与道德水平提供了平台。可见，受教育者德育资源获取的最大化、社会资本网络关系的最优化需要场域内各方力量的协调配合、通力合作，共同为受教育者的成长成才助力。

2. 文化资本

布迪厄认为文化资本包括客观化文化资本、身体化文化资本和制度化文化资本。德育客观知识、德育文化产品是客观化文化资本的重要表现形式，使受教育者置身其中，以生动的形式影响受教育者的思想意识、政治观点和道德观念。在德育场域中，德育客观知识的占有状况决定了他们在场域中所处的位置及其相互关系，如教育者与受教育者之间形成了德育知识的"传授—接受"关系，进而形成了不同的德育惯习。对于身体化文化资本而言，它是德育场域中受教育者最重要的文化资本形式，是受教育者通过长期的德育实践所形成的稳定性情倾向，如性格、情怀、言谈举止、价值取向等。这使得内化于受教育者身心的文化资本成为其惯习的重要组成部分和内在精神气质的构成要素。对于制度性文化资本而言，管理者是德育场域中制度性文化资本的主要创造者。制度性文化资本决定着学校的管理效力，同时也熏陶着受教育者，其创造和实施有赖于管理者，因而有"管理育人"之说。受教育者群体是学校制度文化资本的直接受益者，在受教育者生活与学习空间到处充斥着制度性文化资本，通过德育场域的浸染，受教育者将会深深刻上该场域的烙印，从长远看可实现受教育者人力资本的增值。

3. 家庭德育资本

根据布迪厄的观点，只有家庭才能担负个体社会化的重任。父母被誉为孩子的第一任老师，是子女德性习得的启蒙者；父母对子女思想意识、价值观念和行为选择的影响持久而又深远。家庭成为个体进行社会学习、实现社会化的起点。布迪厄指出个人在迈入学校教育体系之前，便早已通过家庭成员的代际教育实现了初步社会化，并在初步社会化过程中逐步获得了一定数量和类型的文化资本，同时将其嵌入个人无意识的身体姿态、语言技巧和生活方式之中。正是通过家庭成员间基于共同生活交往的亲密传授和以血缘情感维系的"高信任度"，个人的文化资本才得以积累和拓展。

受教育者德育惯习（身体化文化资本）养成贯穿于家庭德育始终。与学校德育相比，家庭教育虽然不具备系统性与严密性，但家长以言传身教、耳濡目染的方式对子女产生深入持久的教育影响。总体来看，家长对子女的德育开展有两种方式，一种是有形的教育，即家长"有意而为之"，通过运用一定的德育方法对子女施加影响。例如，父母以某一事件作为道德案例对孩子施以引导和教育，或者针对孩子所做的某件事情进行分析说理做出值得表扬或应受批评的"定论"，以达到德育目的。另一种是无形的教育，即家长通过营造良好的家庭环境或通过以身作则、行为示范对子女"修身养德"起到榜样作用。这两种不同的家庭德育形式具有不同的德育功能，对子女的道德认知与道德实践均发挥着重要积极影响。应善于引导和激励受教育者把家庭德育场域中诸多良性因素内化于自身惯习并通过德育实践体现出来，实现家庭德育惯习向学校德育惯习的有效转换。

（三）德育"话语"

资本体现着场域中行动者资源分配的不平等关系。个体在场域中所处位置（资本多寡决定的）标示着个体权力的大小，这种由资本所决定的行动者间权力关系正是通过对话和语言交换表现出来的。布迪厄认为，各种教育行动最能体现符号权力运作过程，当然包括德育行动。语言作为德育场域的主要媒介之一，是教育者与受教育者之间传达各自思想和体验的一座桥梁，在教学认知过程中发挥着不可忽视的作用。德育话语渗透于教育者的道德知识传授和受教育者的理解吸纳的整个过程中，德育话语不仅是教育者传递德育内容信息、施加德育影响、表达德育感情的一种教学表达形式，更是一种将道德信念、精神信仰灌输给受教育者的"无形胜有形"的方式，是教育者行使德育权力的实践活动。

1. 教育者话语权威

教育者话语权威表现为将话语内涵的道德意志合法强加给受教育者的一种权力形式，具有合法性。正如布迪厄所言，"任何实施中的教育行动本身都具有一种教育权威，所以施教者一下子就被认为有资格传授他们所传授的内容，从而被允许使用受到社会认可或保证的惩罚，强迫人们接受他们传授的内容并且控制对这些内容的灌输。"[①] 这种权威是确保实施德育的必要条件。一方面，在德育场域中，教育者作为国家统治阶级的合法化身，是主流文化、价值观和意识形态的代言人，本身被赋予合法权威，表现为"温和的"符号权力。另一方面，教育者的话语权威有着极其鲜明的历史延承性，我国历朝历代都非常重视教育的教化作用，更有着"尊师重道"的优良传统，并且强调等级次序，

---

① [法]布尔迪约、帕斯隆：《再生产：一种教育系统理论的要点》，商务印书馆2002年版，第29页。

教师的地位在历史上一度与"天""地""君""亲"并列。长久以来，我们奉行以课堂和教师为中心的教学方式，教育者由于掌握更多的文化资本，因此享有话语权，并受到国家和社会的普遍认可，形成以"支配-服从"为主的德育传统。可见，教育者兼具知识权威与伦理权威，这一原则使教育者加强了自身的话语权威，"权势者控制着话语的物质生产、表达和传达，因而统治了整个话语"①。这种建立在威权基础上的话语体系实质上呈现出的是教育者与受教育者之间不平等的对话地位，"言说者"与"听说者"之间交流的"天平"明显倾斜于教育者，德育场域内以教育者为中心的"控制性"话语霸权显露无遗。失衡的对话地位，极易造成教育者与受教育者的对立关系，这是传统文化过于强调教育的规训功能而对现代德育造成的制约。

2. 话语困境

福柯认为，知识就是权力，这与布迪厄的观点不谋而合。随着互联网的普及，受教育者掌握知识、信息的渠道更加广泛和便利，受教育者思想更为多元，文化资本与社会资本不断积累增加，甚至可以同教育者进行博弈，对教育者话语权威提出了越来越多的挑战。与此同时，德育工作者对德育语言的运用以及德育语言功能的发挥并非尽如人意，语言惯习固化直接导致了德育实效性不足，德育话语面临着诸多的困境。其一，语言教条化。德育内容不鲜活、固定化，德育话语多以未加生动转换的文件话语、政治话语、权力话语呈现。长期以往，教育者形成了照本宣科式的定式思维和教学方式，具有浓厚的"说教味"和"宣传腔"，僵化的话语充斥德育场域的话语空间，表现出浓厚的教条主义气息。其二，语言陈旧化。信息技术时代的快速发展，德育热点问题层出不穷，德育新话语大量出现，传统德育话语因未及时更新而变成停留于过去的惯常话语，导致语言的"过去式"气息过于浓厚。其三，语言不接地气。传统政治说教方式道理虚空、抽象晦涩且叙事宏大，理论与现实生活脱节。"控制式"的德育话语忽视了受教育者在倾听、理解、接纳和践行德育话语方面的主体性，与受教育者的交流、沟通和对话欠缺，导致话语强硬而缺乏说服力与感染力，凸显了学校德育的苍白。其四，德育工作者自身没有及时了解受教育者，教育理念陈旧、墨守成规、固步自封，转换话语的自觉意识不强，这也束缚着他们对德育话语的使用。久而久之，德育话语处于自说自话的封闭体系之中，很难激发受教育者对德育话语的兴趣和关注，导致受教育者在实际行动中缺乏道德认同和践行动力，致使学校德育难以唤起受教育者对教育者、德

---

① ［荷］冯·戴伊克：《话语心理社会》，中华书局1993年版，第205页。

育话语及内容的共鸣，也就难以实现受教育者始发于情、出于自愿的道德实践。

3. 教育者德育语言实践运用

影响德育能否顺利进行的关键，并非德育内容的难易程度或德育方法的适用性，而是教育者与受教育者之间的对话和交流。甚至可以毫不夸张地说，教育者与受教育者之间的话语关系直接决定着德育的现实成效。"道德教育教师运用的语言有口头语言、书面语言，还有形体语言，其中最主要的是口头语言表达能力。"[1] 教育者如何最大程度地发挥德育语言效果，如何使德育话语更有说服力，如何通过教育者和受教育者之间的互动和话语协商，在受教育者的主动参与中完成德育目标，如何跳出德育话语面临的困境是当前亟待解决的现实课题。这就需要从以下几方面寻求突破。

首先，教育者的德育语言应当"求真"，以理服人。语言内容符合客观实际才能使人信服，要做到以理服人，一方面，教育者"追求真理"的态度应该体现在教学、科研、管理工作等方方面面。在德育工作中，教育者为增强德育内容的说服力，往往都会举例佐证。因此，教育者所引案例及对其进行的话语阐释必须保证客观真实、做到准确陈述，坚持实事求是的原则而不能主观臆断，应避免过度拔高或过度贬低等极端，话语失真会对德育效果起反作用。另一方面，教育者在德育过程中要始终重视"说理"的作用，重视话语逻辑，加强说理论证，以真"理"感人、动人、育人。德育语言只有建立在"真"的基础上，才有可能体现语言的价值意义，激发受教育者对德育真理的感知、领悟与反思。

其次，教育者应采取"屈尊策略"与受教育者展开自由平等的对话。在学校德育中，教育者要摒弃自己高高在上、"唯我独尊"的强势姿态，尊重受教育者的话语权，尽量用易于接受、使受教育者获得尊重感的话语来积极营造平等自由的德育氛围，唤起受教育者的主体意识与积极性，让他们发表观点、表达思想、分享体验。营造适宜的德育话语环境使教育者和受教育者用各自独特的方式参与到德育中来，通过心灵的融契、话语的交流、思想的碰撞实现精神层面的沟通、价值的引领以及受教育者个性的全面发展。积极开展与受教育者的对话交流，成为破除教育者话语"霸权"，提升受教育者话语权的最有效方式。这意味着德育话语权分布状况的转变，话语权从教育者独享转化为师生

---

[1] 吴铎、罗国振主编：《道德教育展望》，华东师范大学出版社2002年版，第369~370页。

共同拥有，教育者与受教育者能够展开平等对话和沟通交流，畅所欲言，自由表达各方意见。这种"对话"是教育者与受教育者基于彼此信任、相互尊重、地位平等之上，而进行双向沟通、共同学习的方式。

最后，教育者的德育话语应当"求活"，生成有活力、个性化、生动活泼的德育话语。德育的对象是人，人处于"生活世界"里，任何德育都只能发生、包容在"生活世界"之中。教育者要从日常生活的角度，将德育理论降解到日常德育实践中，这样才能避免"不是让人在丰富多彩的生活世界中与生机盎然的精神相遇，而是使人在单调乏味的思想王国中与灰色的理论相会"①的尴尬境地。同时，教育者如能对贴近受教育者实际的德育话语进行充分思考、理性借鉴，在良莠不齐的话语来源中趋利择优，将会给德育话语不断注入活力，提升德育效果。教育者尤其要将网络话语作为德育话语的重要资源，善于从受教育者常用、乐用、广用的网络话语中提炼、转换德育新话语，批判借鉴网络话语中的有益内容，将其融入德育话语体系，增强德育话语的时代性、丰富性和生动性。

三、德育场域的发展动力

德育场域是个运动不止的活动空间，场域中存在德育活动的各种参与力量，它们之间的矛盾和冲突使场域处于持续的变化中。因此，德育过程中的基本矛盾以及由此延伸出的各种矛盾是德育场域运行、发展变化的动因。关于场域的发展动力，布迪厄是从"资本"和"权力"等角度切入的，场域中的行动者因资本掌握情况的不同而获得不同权力、占据不同位置，从而行动者之间展开博弈。当然，这并不是说，场域不可以达到相对和谐、协调的平衡状态，但"场域表面上对共同功能的取向实际上肇始于冲突和竞争，而并非结构内在固有的自我发展的结果"②。在场域涵盖的关系网络中，不同力量的对抗充斥其间，不同对抗力量的此消彼长、强弱交替直接决定了场域结构的易变性和不稳定性，而这恰好满足了事物发展的客观需要，成为德育场域的动力源泉。

（一）德育场域的基本假设

冲突是场域存在和发展的常态。场域的形成、发展和演变是场域内各种矛

---

① 毕红梅、付林溪：《新媒体语境下高校思想政治教育话语转换探析》，《思想教育研究》2015年第5期。

② ［法］皮埃尔·布迪厄、［美］华康德：《实践与反思——反思社会学导引》，中央编译出版社1998年版，第142页。

盾、冲突、斗争持续演化、激变的结果。场域甚至可以看做是由大大小小、各式各样的冲突构成的关系网络。场域中既定位置的占据者为确保现有位置或进一步拓展和改善其位阶，围绕有价值的支配性资源展开激烈竞争，从而引发内部的矛盾、冲突和斗争，这是场域的最本质特征。斗争和冲突并非总为消极之物，"没有哪个组织是完全和谐的，因为那样的话就将使组织缺少变化过程和结构性。组织既需要和谐，也需要不和谐；既需要对立，也需要合作；他们之间的冲突绝不全是破坏因素"①；"冲突'清洁了空气'，也就是说，他通过允许行为的自由表达，而防止了被堵塞的敌意倾向的积累。"② 因此，冲突乃场域之常态，是动力之源。

德育场域同样具备冲突特质。为了占有更多的各类资本、占据更有利的场域位置，不同行动者之间（如教育者与受教育者之间）、行动者自身内部以及各德育管理部门之间充斥着竞争、矛盾和冲突。一方面，教育者为了巩固和确保自身在德育工作中的知识传授者位置，始终以"无所不知"的权威姿态来表明自己的绝对优势和中心位置，同时，教育者之间为"谁才拥有更多的资本"而展开激烈的竞争，管理者之间也存在制约关系；另一方面，不同群体的惯习系统有所不同，当受教育者德育惯习与德育场域不契合时，当受教育者对德育内容进行错误解读时，学生之间、师生之间将产生矛盾和冲突，难以保证受教育者做到知行合一。

值得注意的是，布迪厄场域冲突论过于强调斗争性，对此应保持警醒态度。德育场域的内在冲突虽以各种形式表现出来，但必须正视这些冲突和矛盾并寻求解决办法，也应避免对场域的冲突性做过分解读。学校德育场域总体上呈现出和谐、融洽的现实状况，和谐也是德育场域的基本价值追求。

（二）德育场域发展的内动力

德育过程的基本矛盾，即一定社会的思想品德要求与受教育者的思想品德水平之间的矛盾，是冲突的主要表现形式。"德育过程就是这个矛盾不断产生和不断解决从而使受教育者的品德不断提高的过程"③；这个矛盾"既规定过程的性质和基本方向，又是它的动力和源泉，随着矛盾的不断解决和不断产生，推动着思想政治教育不断由较低层次向较高层次的进展"④；"这一矛盾

---

① ［美］科塞：《社会冲突的功能》，华夏出版社1989年版，第16页。
② ［美］科塞：《社会冲突的功能》，华夏出版社1989年版，第25页。
③ 储培君等：《德育论》，福建教育出版社1997年版，第19页。
④ 王礼湛、余潇枫：《思想政治教育学》，浙江大学出版社2001年版，第254页。

运动贯穿于德育活动过程的始终,而且规定或影响着其他矛盾的存在和发展"①。作为复杂的社会实践存在,德育也是一系列矛盾运动相互作用的过程。这些矛盾运动贯穿于德育过程的始终,既是德育发展面临诸多理论与现实问题的根源,也是推动德育发展的动力来源。德育场域动力机制的形成取决于内部矛盾的推动,德育场域内各种力量相互作用、相互影响从而不断推动德育的发展。

德育场域处于不断地变化、发展之中,场域中产生的矛盾是驱动德育过程发展变化的动力。根据系统动力学的观点,学校德育场域的发展动力包含两个层次:一是宏观层次,即场域发展的宏观动力——德育场域与其他场域的矛盾;二是微观层次,即场域发展的微观动力——德育场域的基本矛盾,即德育目标与受教育者思想品德实际水平之间的矛盾。德育场域是一个开放的系统,它与其他场域,如政治场域、经济场域、文化场域等构成相互联系、相互作用的矛盾,这些矛盾推动了德育场域的变化、发展。宏观动力作为德育场域存在和发展的首要的、始发性动力,属于推动德育发展的重要外动力,它只有通过学校德育场域的内部因素起作用,即宏观动力只有实现向微观动力的转化,才能在学校德育进程中发挥其内聚的推动作用。由此可见,德育过程的基本矛盾是德育场域发展的根本动因和内动力。

(三) 德育场域的动力源泉

德育是满足受教育者精神需求并对其进行价值引导的实践活动。德育参与者作为场域中基本矛盾的作用者、推动者和承受者,其认知与实践的深层动力源于他们的需要。没有需要就没有矛盾和利益冲突,德育也就不存在了。就这一意义而言,"需要"是德育场域的动力源泉。第一,需要是德育活动的力量之源和动力系统。德育目标与受教育者思想品德水平之间的矛盾归根结底源于一定社会所要求的德育目标与受教育者的"德育需要"不一致、不对称,是受教育者"德育需要"与满足其需要的德育内容、方式之间的矛盾。"德育需要"促进受教育者以积极主动的姿态投入到德育活动中去,选择和接纳德育内容,践行德育要求。"需要"有一种永不会得到长久满足的特性,原有需要满足后总会不断产生新的需要,为受教育者参与德育活动注入新动力。因此,如何激发受教育者的德育需要,提高他们的德育需要层次,是德育工作者要着力解决的关键问题;第二,需要表现为对各种利益的追求。场域的发展动力来源于矛盾、冲突,冲突的根源实质上在于"利益"。场域中行动者间不断斗争

---

① 胡守棻:《德育原理》,北京师范大学出版社1989年版,第36页。

的目的是获取这一场域中的"专门利益",人总是追求利益并为此奋斗。布迪厄曾指出:"只要'利益'促使人们采取行动,使他们走到一起,使他们互相竞争和斗争,它就是……与一种场域发挥作用有关的条件。"① 这里的"利益"就是指场域中现存的或潜在的各种资本。马克思也曾说:"'思想'一旦离开'利益',就一定会使自己出丑"②。毛泽东说过:"马克思列宁主义的基本原则,就是要使群众认识自己的利益,并且团结起来,为自己的利益而奋斗。"③ 德育工作要重视受教育者的正当利益诉求,坚持正确的利益导向,培养受教育者正确的利益观,善于调节由各种利益关系交错甚至纠纷而导致的矛盾,尽力兼顾各种利益。唯此,才能把德育工作做到心坎上,否则就会使德育工作失去自己的立足点和归宿。

第三节　德育场域的反思与优化

德育场域是动态的开放场域,不仅内部各要素有着错综复杂的关系,德育场域与其他社会场域之间也存在相关性。教育者与受教育者建构着各自的惯习系统,掌握着不同层次、不同类型、不同数量的资本,在场域内博弈共生。德育场域在基本矛盾的推动下不断变革,总体上呈现出和谐发展的良性运行之态。诚然,当前学校德育场域也正面临诸多困境,例如,信息的极大繁荣与极度失序并存④、德育方式单一、德育内容认同度不高、德育话语缺乏活力、教育者引导力弱化等。对德育场域的反思与优化对解决当前学校德育面临的问题、改善德育生态、提升德育实效性具有重要意义。

一、优化德育场域的基本理念

根据布迪厄场域冲突论的观点,学校德育是一系列矛盾运动相互作用的过程。这些矛盾运动贯穿于德育过程的始终,既是德育发展面临诸多复杂性

---

① ［美］J.C.亚历山大:《世纪末社会理论》,上海人民出版社2003年版,第213页。
② 《马克思恩格斯文集》第1卷,人民出版社2009年版,第286页。
③ 《毛泽东选集》第4卷,人民出版社1991年版,第1318页。
④ 蒋广学:《"全环境育人"理念的阐释与思想政治教育的时代创新》,《学校党建与思想教育》2015年第4期。

和不确定性的根源,也是推动德育发展的动力来源。但是,并非所有的矛盾运动都属于动力,消极的、破坏性的自我否定不仅不会促使场域发展,反而会导致场域失去活力。如何强化德育场域积极向上、融洽的一面,促进矛盾的积极转化,必须树立和谐共生的德育理念、坚守德育的人本理念、确立德育的开放视域。

(一)树立和谐共生的德育理念

场域理论彻底贯彻了关系主义的思维,这种思维的本质要求我们从德育参与者、德育要素及它们之间的复杂关系去综合考察德育现实状态。和谐共生理念是一个关系范畴,没有关系就谈不上和谐。但和谐不是一般的关系,而是一种理想的、善的、共生的关系。① 坚持关系主义的思维要求我们树立和谐共生的德育理念。

一方面,树立和谐共生理念就是要进一步强化和谐平等的育人关系,最终指向主体间关系的最优化。德育(思想政治教育)理论界争论不休的主客体关系(如双主体说、单主体说、主体际说、主体间性等观点),其最终指向是对主客体和谐、平等关系的肯定和追求。在这种育人关系下,德育主体之间应是相互理解、相互尊重和相互促进的和谐存在,是爱生尊师、真诚交流、宽容互信、教学相长、共同发展的共生性关系;教育者不再是绝对的"居高临下",受教育者不再是被动的"客体",两者既有其各自的独立性与自主性,又有相互交往的依赖性;管理者从教育者、受教育者的实际需要出发,为其参与德育教学、研究和实践活动提供优质的服务。这种既有冲突又有共识、相互融洽、交流分享的理想关系需要参与各方共同努力,促进场域内矛盾的积极转化,致力于理顺场域内各种复杂关系。需要指出的是,和谐平等理念并非否定教育者在德育教学或实践活动过程中所担任的组织者、控制者角色,教育者控制着德育活动的发展方向,其组织作用、主导作用和协调作用在任何时候都不可或缺。

另一方面,坚持和谐共生理念就是要构建全环境育人的德育系统,目标指向社会环境、网络环境、校园文化环境的优化。人是教育和环境的产物,布迪厄场域理论强调社会网络的重要性,这在社会关系网络日益复杂的背景下尤为如此。"学校德育对个体的影响虽然有专门性、系统性、可控性等优点,但是却不可能具有社会环境影响这种时空上的普遍性和开放性。"② 社会场域、网

---

① 韩东屏:《追求和谐》,《道德与文明》2005年第1期。
② 檀传宝:《学校道德教育原理》,教育科学出版社2000年版,第184页。

络场域、文化场域与德育场域具有显著的交互作用，构成德育场域的环境系统，它们对受教育者品德的形成发展作用的方式、程度等不尽相同，但总体上对受教育者的认知、情感、态度、价值取向、行为选择等产生重要影响，在不同程度上加剧了德育场域信息、观念、价值的复杂性和不确定性。因此，必须进一步重视和加强德育场域环境的优化。首先，积极培育和弘扬社会主义核心价值观，消除不良社会风气、引领塑造良好的社会风尚。要旗帜鲜明地指出社会倡导什么、反对什么、鼓励什么、限制什么、立什么、破什么，用社会主义核心价值观促进社会向善与和谐，使整个社会形成知荣辱、明是非、辨美丑的良好风尚，创造清新的社会风气。其次，加强网络思想政治教育建设。在信息技术革命的时代背景下，当前的受教育者群体可谓"网络世代"，他们熟稔网络技术，是网络群体的主力军，正改变着以传统课堂内被动接受知识和信息为主的教育模式，自我教育的主体性日渐凸显；他们反对传统的说教、灌输模式，挑战着新时期德育工作的智慧和能力。德育工作者应高度重视对受教育者网络运用的教育和引导，有意识地培养受教育者正确的网络观，引导他们全面认识网络的"双刃剑"性质，理清对网络的科学认知；积极开展网络道德教育、网络法规法纪教育等，提升受教育者网络运用的媒介素养[1]，着力构建一个合理有序、文明和谐的网络生态。再次，营造和谐校园文化环境。和谐的校园文化环境是一种隐性的感染力量、不成规章的行为准则和无形的心理契约。学校应注意发挥校园文化对受教育者的熏陶作用，增强校园的人文底蕴，用先进的校园文化感染人、启发人、鼓舞人，促进受教育者形成积极、健康、融洽、向上的精神气质。最后，和谐共生的育人环境离不开个体、学校、家庭和社区、企业、媒体、政府及社会组织的通力合作，需要全社会共同为优化德育环境创造良好的条件。

（二）坚守德育的人本理念

人本理念就是以人作为德育活动的出发点和归宿，它是现代德育发展的主流思潮和必然逻辑。首先，以人为本就必须兼顾教育者、受教育者以及其他参与者各自或共同的利益。德育场域是由不同参与者之间的关系网络、各种参与力量和影响因素共同构成的综合体，教育者、受教育者及其他参与者之间并不是毫无关系的零散状态。德育是师生共同参与的双向互动过程，在此过程中关注各德育主体的特殊性，重视对人性的尊重，促使人的价值实现。"以生为

---

[1] 沈壮海，段立国：《思想政治理论课的主渠道作用及其发挥——基于2014年度大学生思想政治教育状况调查数据的分析》，《中国高等教育》2015年第10期。

本"才能纠正传统德育中的弊病，张扬学生的个性与创造性，"以师为本"才能够提升德育工作者的职业幸福感和价值感，调动他们的积极性。确保德育活动中的各主体平等交往、相互理解，才能增强主体意识和主体人格，促进其能动性、创造性和自由个性的实现。

其次，德育的人本理念应尤其注重对受教育者的关注、引导和塑造。德育是"人为的"也是"为人的"，德育的成效最终只能通过受教育者的思想政治素质表现出来，德育工作的根本任务在于立德树人，关键就在于挖掘和提升受教育者的主体性，更好地在德育实践中促成其认知水平的提高、心智结构的成熟、行为模式的养成、内化与外化的有机统一。在教学、管理、服务的各个环节贯彻以学生为本的理念，体现的是一种尊重和肯定，一种德育观念和价值取向。坚持以学生为本，就要对学生多关爱、多理解、多尊重，把解决好学生的思想问题和其他实际问题紧密结合起来，提升道德教育的针对性，及时为学生排忧解难。惯习既是集体的也是个人的，不同学生群体的惯习具有差异性。成长环境、家庭背景、个人经历、知识结构等的特殊性，他们往往显现出个体本身或群体所特有的思维定势和接受模式，这就要求教育者做到具体、耐心、细致，根据不同个体或群体间的差异性，运用不同的教育策略促进教育对象惯习的养成，达成知行统一。

(三) 确立德育的开放视域

德育场域是动态、开放的关系空间。伴随改革开放的深入推进和信息技术时代的来临，场域的内外环境发生了深刻变化，表现出全方位的开放性，如信息来源和获取方法的多样性与便捷性、价值观念的多元化等。要应对高度开放的德育环境，德育工作就必须与时俱进，确立开放视域，加强对受教育者的价值引导，提高受教育者理性判断能力。

首先，德育内容应向生活世界开放。人的思想政治素养、价值取向、行为惯习无不受现实生活世界的影响，德育若脱离社会现实必定陷入抽象和空洞的灌输和说教，不可能在受教育者内心引起强烈的情感体验和冲突，也就无法引起受教育者的共鸣。应关注受教育者的生活世界，坚持德育的理论性与生活化协调统一，"以生活为依托，从学生的生活世界、现实遭遇与其内心世界的价值冲突寻找切入点，发挥德育对社会生活的简化、净化和平衡作用"[①]；要善于掌握受教育者的思想政治状况和生活惯习特点，在德育课教学以及日常思想

---

① 郭毅然：《高校德育困境及其超越：基于社会心理学的研究》，中国社会科学出版社2013年版，第85~86页。

教育中引入生活中的鲜活案例并加以分析和正确引导，拉近与他们的话语距离、心理距离，切实提升德育实效。

其次，德育要有理论勇气剖析社会现实问题，为学生答疑解惑。波普尔说："封闭社会的特征是信奉巫术的禁忌，而开放社会则是这样一种社会：其中人们在一定程度上已学会批判地对待禁忌，并（在讨论之后）凭自己的智性权威来做出决定。"① 德育工作者、德育课教师有责任、有义务运用先进理论积极回应突出的社会现实问题，增强德育的说服力与感召力；德育必须坚持问题导向，针对社会现实中出现的各种思想问题和实践问题，以及受教育者所关注的社会热点、难点和疑点问题，给予正确的理论阐释和思想疏导，使受教育者在分析探讨过程中化解价值冲突，进而做出理性的价值判断和行为选择。

最后，受教育者应具有开放包容的心态。在倡导平等、尊重、理解、互爱的德育新时期，德育实效性的提升离不开受教育者的努力；良性运行的理想场域，需要受教育者积极配合德育各项工作。受教育者不能先入为主地予以排斥，而是以一种开放的心态悦纳包容、尊重德育工作，积极主动地去理解德育工作（者）；以批判反思的精神发挥主观能动性与德育工作者进行互动，从而实现自我的思维、观念和修养境界的升华。

二、德育场域的优化路径

从场域的角度来探讨影响德育有效性的因素，包括德育场域与社会场域的联系密切度、德育对受教育者利益需求的满足度、德育场域主体惯习间的冲突与契合程度、相关德育主体关系网络协同程度、教育者资本的数量多寡、教育者符号权力的大小等。循着这一理论进路，我们尝试提出德育场域的优化路径。

（一）关切受教育者德育需要

德育围绕解决"一定社会的思想品德要求与受教育者思想品德水平之间的矛盾"而展开。"需要"是德育参与主体实践活动的力量源泉和动力系统，"从某种意义上说，教育就是对人的需要的培养"②。寻找场域冲突的深层原因，我们强调要关切受教育者德育需要，注重对受教育者德育需要的满足、引

---

① ［英］卡尔·波普尔：《开放社会及其敌人》第 1 卷，中国社会科学出版社 1999 年版，第 15 页。
② 刘献君：《德育研究要回到基本问题》，《现代大学教育》2004 年第 1 期。

导和提升，化解其"抗拒心理"。首先，要尽可能抓住和利用一切可以利用的契机，尊重和满足受教育者的正当诉求。德育对象具有自主性、主体性，教育者要鼓励、肯定和满足受教育者多层次、多样性的需要。尊重即是面对，就是敢于正视当前受教育者群体的不同需求和心理感受，做到真正贴近学生的生活和实际，切实解决其成长中的困惑，满足他们的期待与需求。教育者只有贴近受教育者的生活，进入受教育者的精神世界，将德育中的知识和人生经验有效融合，才能增进彼此之间的情感和信任。其次，在满足受教育者需要的过程中要适时加以正确引导，将之转化为受教育者高层次的价值追求。德育能有效影响人的理性，而理性是可以使人有目的地选择需要。因此，德育可以通过对生命、生活的意义和价值的辨析和解读、阐释和引导，对个人的需要产生不同程度和方向上的影响，最终引导受教育者的需要转化为向上向善的积极需要。对受教育者需要的关切实质上提倡的是教育者对学生的理解和关爱，这种情感激发的效果不仅能够作用于课堂教学，同样也能影响学生精神层面上的构建。

（二）塑造德育主体"新"惯习

惯习与"行动者所处的社会历史条件、环境、行动经历、经验及以往的长期精神心理状态有密切关系……表现出行动者生存和活动中深藏于内心中的历史结构、前结构与现实及未来的多重维度"[①]，它制约着人的思想和行动，可以说，惯习结构决定着人的思维方式、认知结构和行为模式。德育要想真正发挥作用，就必须使主流或主导价值观沉淀并内化为与受教育者行动相联的惯习，成为指导受教育者行为的身心图式。因此，要大力培育和弘扬社会主义核心价值观，使之内化为受教育者的自觉价值追求，成为协调受教育者思想与行为的稳定惯习。在德育场域，存在受教育者惯习与德育场域难以契合以及与教育者工作或教学惯习不合拍的情形。对受教育者而言，德育内容教条化、"听话的学生"规训以及一定程度上的文化资本缺失使其处于"被统治"地位；这种内在的、深层的学习和教育惯习支配着各德育主体的实践，容易引发场域内主体力量之间的冲突，也易造成受教育者的抵触心理。惯习虽具有前后一贯的稳定性和持久性，但并非是无法改变的。这些受传统德育文化影响而形成的"旧"惯习，必须予以逐步解构，从而塑造符合时代要求的"新"惯习。一方面，教育者必须正视现实，改变以往的德育模式。网络时代的受教育者与传统教学惯习的冲突愈发凸显，建构与当下信息环境相匹配的德育惯习具有现实紧迫性。教育者要注重教学反思，检视日常教学惯习，审视自己的教学"经

---

① 高宣扬：《布迪厄的社会理论》，同济大学出版社2004年版，第117页。

验",实现教学实践的创新与改进,从而解构"不合拍"的教学惯习;注重师生权利的平等,重视受教育者的主体地位,多研究新的对话式教学,德育实践才能真正往前推动,建立"和谐共生"的德育场域。"在今天这样一个信息高度饱和、高速传递的社会中,信息的检索难度、辨别难度、同质倾向愈发严重,如果不能占领有效平台、精准传递给目标受众,即使是再优质的信息也只能被淹没在信息的汪洋大海中而湮没无闻。"[①] 德育工作者必须注重将课堂教学与网络引导有效结合起来,拓展教育阵地、转换单一角色、丰富完善教育方式,利用自己的教师威望和知识魅力建立或进入"学生群",加强与受教育者的网络互动、资源分享,拉近彼此之间的距离,对受教育者关心的热点、疑点问题进行探讨研究。另一方面,惯习不合拍甚至冲突时,受教育者也要不断加强反思,发挥主观能动性改进或调整自身的心智结构,培养新惯习以适应新场域。

(三) 形成德育合力

布迪厄认为,个体社会化的过程需要长时间的积累,家庭和社会在此过程中发挥重要作用。家庭因素直接影响着受教育者的成长,如家庭经济条件、文化资本拥有量、教育理念及成才期望、父母职业、家庭结构等;社会固有的价值导向和伦理规范也会对受教育者德育惯习造成影响。优化德育场域,要整合家庭、学校、社会以及媒体等力量共同营造良好、和谐的氛围,帮助受教育者实现平稳的场域过渡和惯习适应。一方面,我们要改变传统的德育思路和模式,进一步明确各类德育力量的责任和义务,为学生的成长成才提供尽可能多的德育资源。"要号召全社会行动起来,通过教育引导、舆论宣传、文化熏陶、实践养成、制度保障等,使社会主义核心价值观内化为人们的精神追求、外化为人们的自觉行动"[②],形成良好的社会风气,切实提高全社会德育系统而不单纯是学校德育体系的实效。另一方面,要尤其重视和发挥媒体对当代青少年思想观念、价值取向、行为选择的导向作用。要积极发挥新闻媒体在传播社会主流价值观念中的重要作用,重视发挥精神文化产品育人化人的重要功能;"做好网络舆论工作是一项长期任务,要创新改进网上宣传,运用网络传播规律,弘扬主旋律,激发正能量……把握好网上舆论引导的时、度、效,使

---

① 蒋广学:《"全环境育人"理念的阐释与思想政治教育的时代创新》,《学校党建与思想教育》2015年第4期。

② 习近平:《在文艺工作座谈会上的讲话》,《人民日报》2015年10月15日。

网络空间清朗起来"①。习近平总书记提出了新时期党的新闻舆论工作的职责和使命,要"高举旗帜、引领导向,围绕中心、服务大局,团结人民、鼓舞士气,成风化人、凝心聚力,澄清谬误、明辨是非,连接中外、沟通世界",这48字为新闻舆论工作指明了方向。目标任重道远,但坚持正确的舆论导向应成为媒体应有的政治素养和遵循的根本原则。

(四) 建构基于信任的教育者符号权力

符号权力是一种具有隐匿性、依赖于普遍认同的现实权力,教育者正是通过语言、符号权力的运用,使受教育者认同德育内容并形成特定的价值观念,从而树立教育者自身的话语权威。在多元价值共生的时代,信息获取愈发便捷,受教育者早已不是过去信息的被动接收者,而是转变成为具有较大主动权、选择权的信息的获取者、选择者、传播者、参与者乃至信息的创造者,打破了传统德育信息由教育者传向受教育者的单向模式,削弱了教育者的话语权威。我们应着力建构基于信任的教育者话语权威,保障其传播社会主流价值观念的主导权,重塑不依靠强制力量的"温和的"符号权力,以此来获得听众,赢得尊敬和赞同。

场域里的相互信任是德育参与者能够和谐生存的重要基础。构建教育者话语权威首要的是确立可信任的教育者形象。从场域中关系的角度分析,信任的演化遵循线性的轨迹即由威慑型信任到了解型信任,再由了解型信任到认知型信任的过程②。传统教育者权威就是建立在威慑型信任基础之上,教育者扮演"压迫者"角色,学生因为恐惧心理而形成"听老师话"的行为惯习,教育者可信度低;了解型信任建立在双方充分理解基础之上,教育者首先付出信任,拉近与学生的距离,与其平等互动,塑造亦师亦友的信任关系。认知型信任建立在情感认同基础之上,教育者被学生了解与认同,成为学生可信赖的对象,这种信任更为持久和稳定。因此,确立教育者的可信任形象,不能仅仅依靠外在威慑,关键是加强教育者与受教育者之间的交流和理解。教育者要主动信任学生,消解教育者话语霸权,善于倾听受教育者的声音,要认可受教育者的话语权利,赋予受教育者批判和质疑的权利,尊重学生言说和表达的自由,以彼此充分的认知和情感的交流为基础建立信任关系。正是德育主体之间建立起这

---

① 《总体布局统筹各方创新发展努力把我国建设成为网络强国》,《光明日报》2014年2月28日。

② 石艳:《"共同生存"何以可能——教育场域中信任问题的社会学审思》,《华东师范大学学报》2007年第2期。

种平等、信任和理解的关系，才能更接近于德育价值的实现。当然，德育内容也是影响信任关系的因素，应注意避免"假、大、空"，与生活实际紧密联系，关注受教育者的生活世界，必须提供能够满足受教育者学习、生活需要的信息，使他们能主动将这些德育信息内化为自身的德育认知并指导德育实践。总之，影响德育实践的因素是多元复杂的，实际的德育活动总是处于不断地发展和变化之中，这也要求研究者深入德育实践，了解德育的现状、问题和根源，了解社会发展对德育提出的新要求，才能使德育话语既针对现实的需要又具有超越现实的品质。

（五）提升文化资本竞争力

行动者所掌握的资本数量与类型标示和展现着其在场域中的权力、地位、威望与能力，文化资本是德育场域中的主要资本类型，教育参与者主要围绕文化资本而展开争夺。意识形态性作为德育活动的重要特性之一，要求德育工作者必须坚守教育主导和价值引领不动摇，这一作用发挥的效果如何与德育工作者所拥有的"文化资本"容量密切相关。传统的以教师和课堂为中心的德育模式显然已脱离了时代要求，教育者原先所固有的权威性正面临着内外条件的制约，现代德育工作者要想赢得学生的信赖，就必须全面提升"文化资本"竞争力，以完美的人格、宽厚的知识基础、完善的知识结构、敏锐的洞察力和灵活的教学智慧来感染和吸引学生，赢得学生的尊重，从而建立起自己的威信。

"原苏联著名教育家马卡连柯曾讲：'从口袋里掏出揉皱了的脏手帕的教师，已经失去当教师的资格了。'一个教师从口袋里掏出来的用以擦拭自己颜容的手帕都务须干净整洁，又何况从心灵里掏出来用以滋养学生成长、进步的精神养料呢！"[①] 作为"价值教育的教师"，一个很重要的条件就是教育者的素养，因为德育工作者的"传道授业解惑"对学生世界观、人生观、价值观的形成发挥着举足轻重的作用。德育工作的成效如何，在很大程度上取决于教育者各方面的素养与能力。一方面，教育者必须加强对马克思主义中国化、大众化等理论成果的学习与研究，提高理论素养，增强德育工作者的使命感和责任感，牢牢把握意识形态工作领导权。另一方面，教育者要在"用理论解释复杂多变的社会现实矛盾"上下工夫，加强与受教育者的探讨、沟通与交流，拉近彼此距离；探索有效的教学方式，适应受教育者的个性差异，改变现有的

[①] 沈壮海：《加强和改进高校宣传思想工作的主线、基础和重点》，《中国高等教育》2015 年第 6 期。

"填鸭式"、说教式、满堂灌的教学模式，建立起宽松、融洽的师生关系，创造良好的人际氛围。另外，德育话语能力作为德育工作者的重要语言资本之一，也是教育者素质的重要体现。概言之，教育者要积极通过德育理论素养的增强、思想品质境界的提高、德育理念的转变、德育态度的调整、德育话语的创新以及德育技巧的提升等，来扩充自身的"资本"容量，传授学生真心喜爱、认同、欢迎并终身受益的德育课，从而提升德育的有效性和认同度。

参考文献

一、著作

[1] 马克思恩格斯文集（1-10卷）. 北京：人民出版社，2009.
[2] ［英］赫伯特·斯宾塞. 社会学研究. 北京：华夏出版社，2001.
[3] ［德］海德格尔. 存在与时间. 北京：三联书店，2006.
[4] ［德］康德. 实践理性批判. 北京：九州出版社，2007.
[5] ［德］康德. 道德形而上学基础. 北京：九州出版社，2007.
[6] ［法］托克维尔. 论美国的民主. 北京：商务印书馆，2011.
[7] ［法］托克维尔. 旧制度与大革命. 北京：商务印书馆，1997.
[8] ［法］托克维尔. 美国游记. 上海：生活·读书·新知三联书店，2010.
[9] ［法］爱弥尔·涂尔干. 道德教育. 上海：上海人民出版社，2001.
[10] ［法］爱弥尔·涂尔干. 社会学与哲学. 上海：上海人民出版社，2002.
[11] ［法］爱弥尔·涂尔干. 乱伦禁忌及其起源. 上海：上海人民出版社，2006.
[12] ［法］爱弥尔·涂尔干. 教育思想的演进. 上海：上海人民出版社，2006.
[13] ［法］爱弥尔·涂尔干. 孟德斯鸠与卢梭. 上海：上海人民出版社，2006.
[14] ［法］爱弥尔·涂尔干. 职业伦理与公民道德. 上海：上海人民出版社，2006.
[15] ［法］爱弥尔·涂尔干. 宗教生活的基本形式. 上海：上海人民出社1999.
[16] ［法］爱弥尔·涂尔干. 社会劳动分工论. 北京：三联书店，2000.
[17] ［法］爱弥尔·涂尔干. 实用主义与社会学. 上海：上海人民出版社，2000.

[18] [法] 孔德. 论实证精神. 北京：商务印书馆，2009.
[19] [法] 孔德. 实证主义概观. 北京：商务印书馆，1973.
[20] [法] 亨利·莱维. 美国的迷惘：重寻托克维尔的足迹. 桂林：广西师范大学出版社，2009.
[21] [法] 布尔迪厄. 再生产：一种教育系统理论的要点. 北京：商务印书馆，2002.
[22] [法] 达尼洛·马尔图切利. 现代性社会学：二十世纪的历程. 南京：译林出版社，2007.
[23] [法] 德里达. 书写与差异. 北京：三联书店，2001.
[24] [法] 迪尔凯姆. 社会学方法的准则. 北京：商务印书馆，2009.
[25] [法] 迪尔凯姆. 自杀论. 北京：商务印书馆，1996.
[26] [法] 迪尔凯姆. 社会学研究方法论. 北京：华夏出版社，1996.
[27] [法] 笛卡儿. 第一哲学沉思集. 北京：商务印书馆，1986.
[28] [法] 伏尔泰. 哲学通信. 上海：上海人民出版社，2005.
[29] [法] 伏尔泰. 路易十四时代. 北京：北京出版社，1997.
[30] [法] 霍尔巴赫. 自然政治论. 北京：商务印书馆，1994.
[31] [法] 孔多塞. 人类精神进步史表纲要. 北京：三联书店，1998.
[32] [法] 勒维纳斯. 塔木德四讲. 北京：商务印书馆，2002.
[33] [法] 勒维纳斯. 上帝·死亡和时间. 北京：三联书店，1997.
[34] [法] 雷蒙·阿隆，[美] 丹尼尔·贝尔. 托克维尔与民主精神. 北京：社会科学文献出版社，2008.
[35] [法] 雷蒙·阿隆. 社会学主要思潮. 上海：上海译文出版社，2005.
[36] [法] 列维纳斯. 从存在到存在者. 南京：江苏教育出版社，2006.
[37] [法] 卢梭. 爱弥尔——论教育. 北京：商务印书馆，2002.
[38] [法] 路易·勒格朗. 今日道德教育. 北京：教育科学出版社，2009.
[39] [法] 蒙田. 蒙田随笔全集. 上海：上海书店出版社，2009.
[40] [法] 布迪厄. 艺术的法则：文学场的生成和结构. 北京：中央编译局出版社，2001.
[41] [法] 布迪厄. 国家精英——名牌大学与群体精神. 北京：商务印书馆，2004.
[42] [法] 布迪厄、[美] 华康德. 实践与反思——反思社会学导引. 北京：中央编译出版社，1998.
[43] [法] 布迪厄. 文化资本与社会炼金术：布迪厄访谈录. 上海：上海人

民出版社，1997.

[44] [法] 布迪厄. 科学之科学与反观性. 桂林：广西师范大学出版社，2006.

[45] [法] 布迪厄. 言语意味着什么——语言交换的经济. 北京：商务印书馆，2005.

[46] [法] 布迪厄. 实践感. 南京：译林出版社，2009.

[47] [法] 布迪厄. 科学的社会用途——写给科学场的临床社会学. 南京：南京大学出版社，2005.

[48] [法] 布迪厄. 男性统治. 深圳：海天出版社，2002.

[49] [法] 布迪厄. 关于电视. 沈阳：辽宁教育出版社，2000.

[50] [法] 乔治·杜比. 法国史. 北京：商务印书馆，2010.

[51] [法] 卢梭. 社会契约论. 北京：商务印书馆，1980.

[52] [法] 伊丽莎白·巴丹特尔，罗贝尔·巴丹特尔. 孔多塞传. 北京：商务印书馆，1995.

[53] [法] 伊曼纽尔·利维纳斯. 生存及生存者. 杭州：浙江人民出版社，1987.

[54] [古希腊] 亚里士多德. 政治学. 北京：商务印书馆，1965.

[55] [荷] 冯·戴伊克. 话语心理社会. 北京：中华书局，1993.

[56] [美] J. G. 亚历山大. 世纪末社会理论. 上海：上海人民出版社，2003.

[57] [美] 布鲁巴克. 教育问题史. 合肥：安徽教育出版社，1991.

[58] [美] 戴维·斯沃茨. 文化与权力：布尔迪厄的社会学. 上海：上海译文出版社，2012.

[59] [美] 加里·古廷. 20世纪法国哲学. 南京：江苏人民出版社，2005.

[60] [美] 科塞. 社会冲突的功能. 北京：华夏出版社，1989.

[61] [美] 刘易斯·科瑟. 社会学思想名家. 北京：中国社会科学出版社，1990.

[62] [美] 鲁思·华莱士，[英] 艾莉森·沃尔夫. 当代社会学理论：对古典理论的扩展. 北京：中国人民大学出版社，2008.

[63] [美] 乔治·霍兰·萨拜因. 政治学说史. 北京：商务印书馆，1986.

[64] [美] 约翰·布鲁柏克. 教育问题史. 合肥：安徽教育出版社，1991.

[65] [日] 港道隆. 列维纳斯——法外的思想. 石家庄：河北教育出版社，2002.

[66] [苏] 沃尔金. 十八世纪法国社会思想的发展. 北京：商务印书馆，

1983.

[67] [英] 艾伦·斯温杰伍德. 社会学思想简史. 北京：社会科学文献出版社，1988.

[68] [英] 安东尼·吉登斯. 资本主义与现代社会理论——对马克思、涂尔干和韦伯著作的分析. 上海：上海译文出版社，2007.

[69] [英] 博伊德·金. 西方教育史. 北京：人民教育出版社，1985.

[70] [英] 戴维·布莱克莱吉，巴里·亨特. 当代教育社会学流派：对教育的社会学解释. 北京：春秋出版社，1989.

[71] [英] 卡尔·波普尔. 开放社会及其敌人. 北京：中国社会科学出版社，1999.

[72] [英] 帕特里克·贝尔特. 二十世纪的社会理论. 上海：上海译文出版社，2005.

[73] [英] 西恩·汉德. 导读列维纳斯. 重庆：重庆大学出版社，2014.

[74] 敖洁. 大学生公民教育的理论与实践. 长沙：湖南大学出版社，2010.

[75] 陈秉璋. 实证社会学的先锋——涂尔干. 台北：台北允晨文化实业股份有限公司，2011.

[76] 陈万柏，张耀灿. 思想政治教育学原理. 北京：高等教育出版社，2007.

[77] 褚宏启，吴国珍. 外国教育思想通史. 长沙：湖南教育出版社，2002.

[78] 褚宏启. 走出中世纪——文艺复兴时代的教育情怀. 北京：北京师范大学出版社，2000.

[79] 戴烽. 公共参与场域视野下的观察. 北京：商务印书馆，2010.

[80] 单中惠. 西方教育思想史. 太原：山西人民出版社，1996.

[81] 杜小真. 勒维纳斯. 香港：三联书店（香港）有限责任公司，1994.

[82] 范树成. 德育过程论. 北京：中国社会科学出版社，2004.

[83] 冯茁. 教育场域中的对话——基于教师视角的哲学解释学研究. 北京：教育科学出版社，2010.

[84] 富学哲. 从国际法看人权. 北京：新华出版社，1998.

[85] 高德胜. 生活德育论. 北京：人民出版社，2005.

[86] 高叔平. 蔡元培教育论集. 长沙：湖南教育出版社，1987.

[87] 高宣扬. 布迪厄的社会理论. 上海：同济大学出版社，2004.

[88] 高宣扬. 当代法国思想五十年. 北京：中国人民大学出版社，2005.

[89] 葛力. 十八世纪法国哲学. 北京：商务印书馆，1991.

[90] 宫留记. 布迪厄的社会实践理论. 郑州：河南大学出版社，2009.

[91] 顾成敏. 公民社会与公民教育. 北京：知识产权出版社，2007.

[92] 郭大水. 社会学的三种经典研究模式概论：涂尔干、韦伯、托马斯的社会学方法论. 天津：天津人民出版社，2007.

[93] 郭毅然. 学校德育困境及其超越：基于社会心理学的研究. 北京：中国社会科学出版社，2013.

[94] 贺国庆. 滕大春教育文集. 南京：江苏教育出版社，2010.

[95] 侯均生. 西方社会学思想进程. 沈阳：辽宁人民出版社，1988.

[96] 侯钧生. 西方社会学理论教程. 天津：南开大学出版社，2010.

[97] 胡继华. 后现代语境中伦理文化转向：论列维纳斯、德里达和南希. 北京：京华出版社，2005.

[98] 胡勇. 一种中道自由主义：托克维尔政治思想研究. 武汉：武汉大学出版社，2007.

[99] 怀效锋. 德治与法治研究. 北京：中国政法大学出版社，2008.

[100] 黄瑜. 他者的境域：列维纳斯伦理形而上学研究. 北京：中国社会科学出版社，2014.

[101] 金雁. 和谐德育论. 北京：中国社会科学出版社，2008.

[102] 雷骥. 现代思想政治教育的人性基础研究. 北京：人民出版社，2008.

[103] 雷通群. 西洋教育通史. 福州：福建教育出版社，2011.

[104] 李合亮. 思想政治教育探本——关于其源起及本质的研究. 北京：人民出版社，2007.

[105] 李泽泉. 中国特色社会主义道德建设思想. 北京：人民出版社，2010.

[106] 刘大明. "民族再生"的期望：法国大革命时期的公民教育. 北京：中国社会科学出版社，2005.

[107] 刘少杰. 后现代西方社会学理论. 北京：社会科学文献出版社，2002.

[108] 刘绍学. 理性之剑——重读伏尔泰. 成都：四川人民出版社，1997.

[109] 刘小枫，陈少明. 回想托克维尔：纪念托克维尔诞辰两百周年. 北京：华夏出版社，2006.

[110] 刘新科. 国外教育发展史纲. 北京：中国社会科学出版社，2002.

[111] 刘拥华. 布迪厄的终生问题. 上海：生活·读书·新知三联书店，2009.

[112] 刘瑜. 民主的细节：美国当代政治观察随笔. 上海：生活·读书·新知三联书店，2011.

[113] 刘忠勋. 德育教育研究. 北京：北京师范大学出版社，2012.

[114] 鲁洁．道德教育的当代论域．北京：人民出版社，2005.

[115] 罗国杰．建设与社会主义市场经济相适应的思想道德体系．北京：人民出版社，2011.

[116] 罗洪铁．思想政治教育学原理．重庆：西南师范大学出版社，2009.

[117] 骆郁廷．精神动力论．武汉：武汉大学出版社，2003.

[118] 骆郁廷．思想政治教育原理与方法．北京：高等教育出版社，2010.

[119] 骆郁廷．文化软实力：战略、结构与路径．北京：中国社会科学出版社，2012.

[120] 马维娜．局外生存：相遇在学校场域．北京：北京师范大学出版社，2003.

[121] 毛英．思想政治教育环境学．成都：西南交通大学出版社，2010.

[122] 门里牟．当代中国道德教育研究．呼和浩特：内蒙古人民出版社，2005.

[123] 王玄武等．思想教育、政治教育、道德教育比较研究．武汉：武汉大学出版社，2002.

[124] 倪愫襄．高校思想政治理论课程的国际视野．北京：中国社会科学出版社，2013.

[125] 牛海彬．教育场域的教师话语批判与重构．长春：吉林大学出版社，2010.

[126] 欧力同．孔德及其实证主义．上海：上海社会科学院出版社，1987.

[127] 彭未名．交往德育论．太原：山西教育出版社，2010.

[128] 戚万学，唐汉卫．现代道德教育专题研究．北京：教育科学出版社，2005.

[129] 戚万学．冲突与整合——20世纪西方道德教育理论．北京：教育科学出版社，2005.

[130] 秦树理，杜娟，陈思坤．国外公民学．郑州：郑州大学出版社，2009.

[131] 秦树理．公民学概论．郑州：郑州大学出版社，2009.

[132] 秦树理．国外公民教育概览．郑州：郑州大学出版社，2005.

[133] 邱柏生，董雅华．思想政治教育学新论．上海：复旦大学出版社，2012.

[134] 渠敬东．现代社会中的人性及教育——以涂尔干社会理论为视角．上海：生活·读书·新知三联书店，2006.

[135] 邵献平．思想政治教育中介论．北京：中国社会科学出版社，2007.

[136] 佘双好. 当代社会思潮对高校师生的影响及对策研究. 北京：中央编译出版社, 2012.

[137] 沈壮海. 软文化·真实力：为什么要提高国家文化软实力. 北京：人民出版社, 2008.

[138] 沈壮海. 思想政治教育有效性研究. 武汉：武汉大学出版社, 2008.

[139] 沈壮海. 文化软实力及其价值之轴. 北京：中华书局, 2013.

[140] 苏振芳. 道德教育论. 北京：社会科学文献出版社, 2006.

[141] 苏振芳. 道德教育情操论. 北京：社会科学文献出版社, 2006.

[142] 苏振芳. 当代国外思想政治教育比较. 北京：社会科学文献出版社, 2009.

[143] 孙琳. 重构场域：出场学场域十论. 北京：人民日报出版社, 2014.

[144] 孙庆斌. 勒维纳斯：为他人的伦理诉求. 哈尔滨：黑龙江大学出版社, 2009.

[145] 孙向晨. 面对他者：莱维纳斯哲学思想研究. 上海：生活·读书·新知三联书店, 2008.

[146] 孙正聿. 哲学通论. 北京：人民出版社, 2010.

[147] 孙正聿. 哲学修养十五讲. 北京：北京大学出版社, 2004.

[148] 孙中兴. 爱、秩序、进步：社会学之父——孔德. 台北：巨流图书公司, 1993.

[149] 谭光鼎, 王丽云. 教育社会学：人物与思想. 上海：华东师范大学出版社, 2009.

[150] 檀传宝. 公民教育引论. 北京：人民出版社, 2011.

[151] 檀传宝. 学校道德教育原理. 北京：教育科学出版社, 2003.

[152] 唐汉卫. 生活道德教育论. 北京：教育科学出版社, 2005.

[153] 唐凯麟. 教师成长与师德修养. 北京：教育科学出版社, 2007.

[154] 唐克军. 比较公民教育. 北京：中国社会科学出版社, 2008.

[155] 田玲. 北京大学生存心态及其再生产——以布迪厄理论解析北大的历史与现实. 北京：北京大学出版社, 2003.

[156] 王恒. 时间性：自身与他者. 南京：江苏人民出版社, 2006.

[157] 王礼湛, 余潇枫. 思想政治教育学. 杭州：浙江大学出版社, 2001.

[158] 王瑞荪. 比较思想政治教育学. 北京：高等教育出版社, 2006.

[159] 王仕杰. 需要德育论. 武汉：湖北人民出版社, 2010.

[160] 王啸. 全球化时代的中国公民教育. 福州：福建教育出版社, 2006.

[161] 王学, 刘春梅. 外国教育思想发展史. 北京: 中国物价出版社, 2003.

[162] 王养冲. 西方近代社会学思想演进. 上海: 华东师范大学出版社, 1996.

[163] 王兆璟, 王春梅. 西方民族主义教育思想研究. 北京: 民族出版社, 2006.

[164] 魏雷东. 和谐社会视阈下的公民道德建设研究. 北京: 中国社会科学出版社, 2011.

[165] 文军. 西方社会学理论: 经典传统与当代转向. 上海: 上海人民出版社, 2006.

[166] 吴铎, 罗国振. 道德教育展望. 上海: 华东师范大学出版社, 2002.

[167] 吴式颖, 任钟印. 外国教育思想史. 长沙: 湖南教育出版社, 2002.

[168] 吴式颖. 外国教育史教程. 北京: 人民教育出版社, 2002.

[169] 吴绪, 杨人鞭. 十八世纪末法国资产阶级革命. 北京: 商务印书馆, 1962.

[170] 夏之莲. 外国教育发展史料选粹. 北京: 北京师范大学出版社, 1999.

[171] 项久雨. 思想政治教育价值论. 北京: 中国社会科学出版社, 2003.

[172] 熊建生. 思想政治教育内容结构论. 北京: 中国社会科学出版社, 2012.

[173] 徐启贤. 道德文明新论. 郑州: 河南人民出版社, 2003.

[174] 闫小柳, 赵忠义. 师德修养概论. 北京: 北京师范大学出版社, 2008.

[175] 杨大春. 列维纳斯的世纪或他者的命运. 北京: 中国人民大学出版社, 2008.

[176] 杨捷. 外国教育史. 郑州: 河南大学出版社, 2010.

[177] 杨善华, 谢立中. 西方社会学理论. 北京: 北京大学出版社, 2006.

[178] 杨韶刚, 郭本禹. 道德教育领域中的教育. 哈尔滨: 黑龙江人民出版社, 2003.

[179] 于凤梧. 卢梭思想概论. 北京: 人民出版社, 1993.

[180] 于海. 西方社会思想史. 上海: 复旦大学出版社, 1993.

[181] 袁本新. 人本德育论. 北京: 人民出版社, 2007.

[182] 袁桂林. 当代西方道德教育理论. 福州: 福建教育出版社, 2005.

[183] 袁锐锷. 外国教育史新编. 广州: 广东高等教育出版社, 2006.

[184] 张斌贤, 诸洪启. 西方教育思想史. 成都: 四川教育出版社, 1994.

[185] 张茗. 从美国民主到法国革命: 托克维尔及其著作. 上海: 上海社科

院出版社, 2006.
[186] 张岂之. 中华人文精神. 北京: 人民出版社, 2011.
[187] 张世欣. 思想政治教育接受规律论. 上海: 生活·读书·新知三联书店, 2005.
[188] 张澍军. 德育哲学研究丛书. 北京: 中国社会科学出版社, 2010.
[189] 张炎轩. 中国当代德育理论发展研究. 北京: 中国海洋大学出版社, 2009.
[190] 张耀灿. 思想政治教育学原理. 北京: 高等教育出版社, 2001.
[191] 张宜海. 论公民德性. 郑州: 郑州大学出版社, 2011.
[192] 张意. 文化与符号权力: 布尔迪厄的文化社会学导论. 北京: 中国社会科学出版社, 2005.
[193] 赵国柱, 陈旭光. 教育理念变革中的师德建设. 天津: 天津教育出版社, 2012.
[194] 赵汀阳. 论可能生活. 北京: 三联书店, 1994.
[195] 郑崧. 国家、教会与学校教育: 法国教育制度世俗化研究. 上海: 学林出版社, 2008.
[196] 郑永廷. 现代思想道德教育理论和方法. 广州: 广东教育出版社, 2000.
[197] 周明圣. 走向共和——近代法兰西共和制度确立研究. 北京: 中央编译出版社, 2004.
[198] 朱国华. 权力的文化逻辑. 上海: 生活·读书·新知三联书店, 2004.
[199] 朱小蔓. 道德教育论丛. 南京: 南京师范大学出版社, 2002.

二、期刊论文

[1] 毕芙蓉. 文化资本与符号暴力——论布迪厄的知识社会学. 理论探讨, 2015 (1).
[2] 毕红梅, 付林溪. 新媒体语境下高校思想政治教育话语转换探析. 思想教育研究, 2015 (5).
[3] 毕天云. 布迪厄的"场域-惯习"论. 学术探索, 2004 (1).
[4] 曾纪茂. 身份平等社会的危险与解救——托克维尔思想的一种解读. 兰州学刊, 2005 (6).
[5] 常淑芳. 我国教育学的独立性: 基于布迪厄场域理论的反思. 中国高教

研究，2012（2）.

[6] 陈建胜. 论托克维尔"以社会制约权力"思想. 海南大学学报，2004（6）.

[7] 陈越. 涂尔干与里考纳道德教育理论之比较. 教育评论，2007（4）.

[8] 成然. 纪律与现代性——从韦伯与迪尔凯姆的观点看. 浙江学刊，2005（4）.

[9] 程倩倩. 论科学与道德的统一——孔德实证主义的重新解读. 学术交流，2010（10）.

[10] 戴锐. 思想政治教育共同体的可能、现实与前景——以场域为基本视角的研究. 思想理论教育，2012（17）.

[11] 戴卫义. 大学生思想政治教育的场域探析. 江苏高教，2015（1）.

[12] 邓才彪. 涂尔干道德教育思想述评. 比较教育研究，1989（2）.

[13] 邓云晓，陆志荣. 信任机制在思想政治教育实效中的作用. 学校党建与思想教育，2010（12）.

[14] 甘均先. 怀疑之剑——论蒙田的怀疑思想. 法国研究，2003（1）.

[15] 龚长宇. 国外道德社会学研究述要. 世界哲学，2011（3）.

[16] 顾红亮. 另一种主体性——列维纳斯的我他之辨与伦理学. 天津社会科学，2005（4）.

[17] 顾红亮. 为他责任：走出自我责任与集体责任的困境. 南京社会科学，2006（10）.

[18] 顾红亮. 作为他者的上帝——列维纳斯哲学中的上帝概念. 现代哲学，2007（1）.

[19] 关宝艳. 勒维纳斯及其伦理哲学. 国外社会科学，2000（6）.

[20] 郭菁. 列维纳斯与布伯关于生态伦理的分歧及启示. 自然辩证法研究，2014（11）.

[21] 韩东屏. 追求和谐. 道德与文明，2005（1）.

[22] 韩震. 科学的人学是如何可能的？——论法国启蒙思想家孔多塞的人学思想. 天津社会科学，2001（4）.

[23] 何平. 试论孔多塞的社会历史观. 史学史研究，1986（2）.

[24] 何祥林，张振兴. 思想政治教育实效性研究——基于场域视角. 教育评论，2014（8）.

[25] 胡勇. 论托克维尔的公共道德观. 武汉大学学报，2007（9）.

[26] 黄文忠. 奥古斯特·孔德和他的宗教思想. 青年文学家，2010（20）.

[27] 江伙生. 蒙田和他的〈随笔集〉. 法国研究, 1998 (2).
[28] 姜文闵. 蒙田教育思想评介. 四川师范大学学报, 1988 (2).
[29] 蒋广学, 张勇. 强化"全环境育人"理念推动网络思政教育创新. 中国高等教育, 2014 (22).
[30] 蒋广学. "全环境育人"理念的阐释与思想政治教育的时代创新. 学校党建与思想教育, 2015 (4).
[31] 蒋平. 论高校思想政治教育场域的建构与优化. 现代教育科学, 2013 (3).
[32] 金惠敏. 无限的他者——对列维纳斯一个核心概念的阅读. 外国文学, 2003 (3).
[33] 金泽. 孔德在"人类宗教"中重建社会秩序. 世界宗教研究, 2004 (3).
[34] 李冰, 黄天娥. 涂尔干道德观的社会关联性对德育的启示. 教育导刊, 2010 (10).
[35] 李朝东. 现代教育观念的知识学反思. 教育研究, 2004 (2).
[36] 李海峰. 论思想政治教育概念内涵的发展. 求实, 2012 (12).
[37] 李红满. 语言与符号暴力——多维视野中的布迪厄语言观探索. 外语学刊, 2007 (5).
[38] 李凯. "以理杀人"辨——以列维纳斯的"杀人"概念为参照. 中国文化研究, 2014 (4).
[39] 李明华, 汪汉菊. 孔德社会结构理论批判. 社会学研究, 1986 (5).
[40] 李文华. 涂尔干的人性观、社会观、科学观和方法观. 甘肃社会科学, 2005 (5).
[41] 李义胜, 叶牡丹. "他者"伦理与大学教师的道德主体性. 国家教育行政学院学报, 2013 (12).
[42] 梁民愫, 顾兴斌. 近代西欧社会转型时期人文主义教育及价值取向研究. 江西社会科学, 2004 (3).
[43] 廖小平, 张长明. 论涂尔干道德教育论及其主要特色. 北京师范大学学报. 2007 (4).
[44] 林国基. 托克维尔平等与宗教思想的现代意义. 人文杂志, 1999 (6).
[45] 林华敏. 爱、外在性与责任：列维纳斯的爱的伦理解读. 东南大学学报, 2013 (1).
[46] 林华敏. 从上帝到他人：论列维纳斯现象学神学的内在伦理进路. 世界

宗教研究，2013（1）.
[47] 林建武．无限的责任与艰难的正义——勒维纳斯的伦理政治．道德与文明，2013（5）.
[48] 刘大明．法国大革命立法议会时期的公共教育立法．教育史研究，2006（1）.
[49] 刘辉，王小丁．卢梭自然主义教育及对当代儿童教育的启示．教育发展与研究，2003（1）.
[50] 刘生全．论教育场域．北京大学教育评论，2006（1）.
[51] 刘献君．德育研究要回到基本问题．现代大学教育，2004（1）.
[52] 刘耀辉．论孔多塞的宪政思想．兰州学刊，2005（4）.
[53] 龙静云．论我国公民教育中的四个结合．公民道德建设，2010（1）.
[54] 鲁洁．边缘化、外在化、知识化——道德教育的现代综合症．教育研究，2005（12）.
[55] 骆郁廷．注重大学精神文化的传承与创新．中国高等教育，2012（21）.
[56] 马经伟．奥古斯特·孔德及其社会学思想探析．经济研究导刊，2011（27）.
[57] 马琳．列维纳斯与女性主义．中国人民大学学报，2009（4）.
[58] 马维娜．学校场域：一个关注弱势群体的新视角．南京师大学报，2003（2）.
[59] 马维娜．学校场域：作为教育的一种中介力量．当代教育科学，2004（1）.
[60] 马维娜．指向"改造性实践"的教育反思．教育研究，2002（12）.
[61] 莫飞平．德育场的概念界定与特点探析．学术交流，2005（10）.
[62] 莫飞平．德育场吸引子及其运作规律探微．求索，2005（8）.
[63] 莫飞平．论德育场与德育新思维观．湖南大学学报，2002（2）.
[64] 娜仁高娃，柳海民．基础教育"学习场域"的构建设想与反思．东北师大学报，2010（3）.
[65] 倪娜，鲁宇滴．理解与体验：大学德育方法与道路的探索．东北师大学报，2012（6）.
[66] 潘齐伦，刘娜．涂尔干在社会学对象上对孔德的传承和革新．社科纵横，2007（1）.
[67] 平章起，安祥仁．德育场：大学生德育的新视角——军校德育场评析．学术论坛，2007（5）.

[68] 戚万学，唐汉卫．以人为本的道德和以学生为本的道德．中国教育学刊，2003（1）．
[69] 钱林森．蒙田与中国．外国文学研究，2002（2）．
[70] 钱民辉．教育社会学百年进程．社会学研究，1997（5）．
[71] 钱民辉．孔德的社会学方法论与教育研究．教育理论与实践，2000（10）．
[72] 乔贵平．民主时代的自由之钥——托克维尔对民主与自由关系的调和．云南行政学院学报，2009（5）．
[73] 渠敬东．涂尔干的遗产：现代社会及其可能性．社会学研究，1999（1）．
[74] 上官莉娜，王飞．社区文化场域视角下的青少年道德教育——以武汉市H社区为例．思想政治教育研究，2013（6）．
[75] 上官莉娜，王晓霞．比较思想政治教育研究：历程、议题与发展．思想理论教育，2014（8）．
[76] 上官莉娜，王晓霞．比较思想政治教育研究方法现状与反思．思想理论教育，2016（2）．
[77] 上官莉娜．比较思想政治教育：现状、挑战与发展．思想理论教育，2013（8）．
[78] 邵献平．思想政治教育动力机制新论．探索，2006（5）．
[79] 沈壮海．加强和改进高校宣传思想工作的主线、基础和重点．中国高等教育，2015（6）．
[80] 沈壮海．在立德树人实践中锻造思想政治教育智库．中国高等教育，2014（1）．
[81] 生兆欣．试析我国比较教育话语场域的形构——布尔迪厄场域理论的视角．教育理论与实践，2007（9）．
[82] 石艳．"共同生存"何以可能？——教育场域中信任问题的社会学审思．华东师范大学学报，2007（2）．
[83] 石中英．论蒙田的教育思想．教育科学研究，2001（6）．
[84] 宋可玉．论勒维纳斯责任的出现及其与他者的关系．江西社会科学，2012（7）．
[85] 孙宝云．我国高校德育模式分析．高教探索，2005（6）．
[86] 孙传钊．西方教育社会学的历史和研究领域．社会学研究，1989（3）．
[87] 孙立新，李强．托克维尔论"公共舆论"．理论学刊，2008（11）．
[88] 孙庆斌．从本体论到伦理学——勒维纳斯他者伦理学对西方哲学的批判

性变革. 求是学刊, 2009 (4).

[89] 孙向晨. 莱维纳斯的"他者"思想及其对本体论的批判. 复旦学报, 2000 (5).

[90] 孙向晨. 现象学, 抑或犹太哲学?——对莱维纳斯哲学犹太性的探讨. 哲学研究, 2001 (1).

[91] 唐礼勇. 涂尔干的道德教育思想社会理论. 社会理论, 2006 (2).

[92] 唐旭. 蒙田的道德教育思想初探. 教育史研究, 2000 (3).

[93] 田慧生. 再论学校德育场的若干问题. 教育理论与实践, 1995 (4).

[94] 童志坚. 学校德育场域学生资本分析. 江苏高教, 2013 (4).

[95] 涂艳国. 教师权威与学生自由. 教育理论与实践, 1999 (5).

[96] 汪和建. 再访涂尔干——现代经济中道德的社会建构. 社会学研究, 2005 (1).

[97] 汪堂家. 对海德格尔和列维纳斯死亡概念的比较分析. 江苏行政学院学报, 2007 (3).

[98] 王军, 查永军. 布尔迪厄社会学思想的教育启示. 当代教育科学, 2010 (15).

[99] 王林平. "个人与社会"和"利他与利己"——迪尔凯姆现代性问题解决方案的理论起点探析. 学术交流, 2010 (11).

[100] 王林平. 涂尔干社会学思想百年研究综述. 学术交流, 2008 (9).

[101] 王林平. 涂尔干实证思想的内涵. 学术交流, 2009 (7).

[102] 王令愉. 孔多塞: 法国最后一位启蒙思想家. 华东师范大学学报, 1995 (1).

[103] 王小章. 托克维尔论民主、自由和宗教. 浙江大学学报, 2002 (4).

[104] 王晓辉. 法国由传统教育到现代教育的发展. 外国教育资料, 1993 (2).

[105] 王晓庆. 学生思想政治教育社会化分析——基于布迪厄场域、惯习理论的探析. 现代教育科学, 2008 (3).

[106] 王晓蕊. 他者的借鉴——列维纳斯"他者"理论的教育教学应用研究. 当代教育与文化, 2013 (4).

[107] 吴建平. 论涂尔干的道德个人主义. 社会理论, 2007 (1).

[108] 吴先伍. 共时·历时·悖时——勒维纳斯的时间观念. 北方论丛, 2009 (4).

[109] 吴先伍. 列维纳斯哲学中的"欲望"概念. 哲学动态, 2011 (5).

[110] 吴先伍．未来抑或现在？——勒维纳斯时间视野下的教育指向研究．华东师范大学学报．2014（3）．

[111] 吴兴华．从"所说"到"言说"——勒维纳斯语言观的他者之维．华东师范大学学报，2012（6）．

[112] 谢立中．现代性的问题及处方：涂尔干主义的历史效果．社会学研究，2003（5）．

[113] 谢益民．论教育场域中的文化资本与话语构建：以学生为视角．湖南社会科学，2013（6）．

[114] 许丽萍．为他者，人类的自救行为——对勒维纳斯他者伦理学的几点思考．社会科学战线，2004（5）．

[115] 杨大春．超越现象学——列维纳斯与他人问题．哲学研究，2001（7）．

[116] 虞花荣．我国公民教育的主题与路径．兰州学刊，2010（4）．

[117] 袁锐锷．迪尔凯姆道德教育思想讨论．华南师范大学学报，1991（3）．

[118] 袁锐锷．西方著名德育思想家的德育模式探讨．学术研究，2000（5）．

[119] 詹兆平．试论托克维尔的历史观．史林，1997（3）．

[120] 张崇脉．涂尔干的道德三要素及其现代启示．全球教育展望，2002（2）．

[121] 张家军．中国教育学自主性之思考——基于场域的视角．贵州师范大学学报，2011（6）．

[122] 张菁燕．论学校德育课对话教学"理想型场域"的生成．当代教育科学，2011（5）．

[123] 张盛．论作为德育场的大学文化．思想理论教育，2009（7）．

[124] 张伟强，帅启梅等．大学德育模式的场域选择——人际环境系统．思想政治教育研究，2010（6）．

[125] 张小山．实证主义社会学面临挑战．社会学研究，1991（5）．

[126] 张勇，张莹．蒙田道德教育思想的当代反思．德育与心理健康教育，2009（8）．

[127] 张祖华．论大学文化德育场．当代教育理论与实践，2011（1）．

[128] 赵建伟，康就升．高校网络德育场的构建和运行机制研究．探索，2012（3）．

[129] 郑富兴．列维纳斯的他者伦理学与现代学校道德教育．外国教育研究，2010（3）．

[130] 郑永廷，张艳新．学校德育主导性与多样性发展的失衡与成因．思想

政治教育研究，2008（1）.

［131］朱刚. 伦理学作为第一哲学如何可能？——试析勒维纳斯的伦理思想及其对存在暴力的批判. 南京大学学报，2006（6）.

［132］朱刚. 替代：勒维纳斯为何以及如何走出存在. 哲学研究，2011（11）.

［133］朱刚. 享受：在元素之中存在——试析勒维纳斯的生命现象学. 学术月刊，2013（3）.

［134］朱刚. 一种可能的责任"无端学"——与勒维纳斯一道思考为他人的责任的"起源". 中山大学学报，2010（1）.

［135］朱国华. 场域与实践：略论布迪厄的主要概念工具（下）. 东南大学学报，2004（2）.

［136］朱镜人. 孔德教育思想述评. 教育史研究，2009（9）.

［137］庄鹏涛. 应答的责任：勒维纳斯"对话"伦理思想探赜. 学习与探索，2011（3）.

三、外文文献

［1］ Adriaan Theodoor Peperzak. To the Other: An Introduction to the Philosophy of Emmanuel Levinas. Purdue University Press, 1993.

［2］ Alexis de Tocqueville. Furet F, Mélonio F. The Old Regime and the Revolution, Vol. II: Notes on the French Revolution and Napoleon. University of Chicago Press, 2001.

［3］ Alexis de Tocqueville. Journeys to England and Ireland. Transaction Publishers, 1958.

［4］ Alexis de Tocqueville. Democracy in Americavflle RegneryPublishing, 2003.

［5］ Alexis de Tocqueville, Journeys to England and Ireland. Transaction Publishers, 1958.

［6］ Andrew Wernick. August Comte and the Religion of Humanity: the Post-Theistic Program of French Social Theory. Cambridge University Press, 2001.

［7］ Auguste Comte, Kenneth Thompson. The foundation of sociology. Nelson, 1976.

［8］ Auguste Comte. Auguste Comte and Positivism: The Essential Writings. Transaction Publishers, 1975.

［9］ Auguste Comte. Introduction to Positive Philosophy. Hackett Publishers, 1988.

[10] Auguste Comte. The Positive Philosophy of Auguste Comte, University of Virginia Press, 1968.

[11] K. M. Baker. Inventing the French Revolution: essays on French political culture in the eighteenth century. Cambridge University Press, 1990.

[12] C. Brush. From the Perspective of the Self: Montaigne's Self-portrait. Fordham University Press, 1994.

[13] Emile Durkheim. Education and sociology. Simon and Schuster, 1956.

[14] Emile Durkheim. The Elementary Forms of Religious Life. Oxford Paperbacks, 2008.

[15] Emmanuel Levinas. Outside the Subject. Stanford University press, 1994.

[16] Emmanuel Levinas. Time and the Otherv Duquesne University Press, 1987.

[17] Emmanuel Levinas. Totality and Infinity: An Essay on Exteriority. Duquesne University Press, 1969.

[18] Emmanuel Levinas. Existence and existents. The Hague: Nijhoff, 1978.

[19] Emmanuel Levinas. Otherwise than being or beyond essence. Springer Science & Business Media, 1981.

[20] Emmanuel Levinas. Nine Talmudic Readings. Indiana University Press, 1990.

[21] L. A. Hunt. Politics, culture, and class in the French Revolution. University of California Press, 2004.

[22] L. A. Hunt. Family Romance of the French Revolution. Routledge, 2013.

[23] James G. Frazer. Condorcet on the Progress of the Human Mind. Clarendon Press, 1933.

[24] Jo Cairns, Denis Lawton, Roy Gardner. Values, Culture and Education. Psychology Press, 2001.

[25] Joy A. Palmer. Fifty Modern Thinkers on Education: From Piaget to the Present. Routledge Press, 2001.

[26] Michael Archer, Michalina Vaughan. Social Conflict and Education Change in England and France 1789-1848. Cambridge University Press, 1971.

[27] Mill, John Stuart, Auguste Comte. The Correspondence of John Stuart Mill and Auguste Comte. Transaction publishers, 1995.

[28] N. Noddings. Caring: A Relational Approach to Ethics and Moral Education. University of California Press, 2013.

[29] P. Bourdieu. Social Space and Symbolic Power. Social Theory, 1989, 7

(1).

[30] P. Bourdieu. Practical reason: On the theory of action. Stanford University Press, 1998.

[31] P. Bourdieu, L. Wacquant. An Invitation to Reflexive Sociology. University of Chicago Press, 1992.

[32] P. Bourdieu. In Other Words: Essays toward a Reflexive Sociology. Polity Press, 1990.

[33] P. Bourdieu. Language and Symbolic Power. Harvard University Press, 1999.

[34] P. Bourdieu. Sociology in Question. SAGE Publications Ltd, 1993.

[35] Palmer, Robert Roswell. The Improvement of Humanity: Education and the French Revolution. Princeton University Press, 2017.

[36] J. B. Schneewind. Moral Philosophy: from Montaigne to Kant. Cambridge University Press, 2003.

[37] Steven Hendly. From Communication Action to the Face of the Other: Levinas and Habermas on Language, Obligation, and Community. Lexington Books, 2000.

[38] D. Swartz. Culture and Power: The Sociology of Pierre Bourdieu. University of Chicago Press, 2012.

[39] Williams David. Condorcet and modernity. Cambridge University Press, 2004.

[40] Bruce Dicristina. Durkheim's Theory of Homicide and the Confusion of the Empirical Literature, Theoretical Criminology, 2004 (8).

[41] Datiusz Gafijczuk. The Way of Social: from Durkheim's Society to A Postmodern Sociality. History of the Human Science, 2005 (18).

[42] J. Dechaux. August Comte——Politics and Science. Francaise de Sociologie, 2001 (3).

[43] GertBiesta. Learning fromLevinas: A Response. Studies in Philosophy and Education, 2003 (22).

[44] Gillespie, Michael Allen. Montaigne's Humanistic Liberalism. The Journal of Politics. 1985 (47).

[45] Grassie W. The New Sciences of Religion. Zygon, 2008 (1).

[46] Heck, S. Francis. Montaigne's Conservatism and Liberalism: A Paradox? Romanic Review, 1975 (63).

[47] J. Vella. Quantum Learning: Teaching as Dialogue. New Directions for Adult

& Continuing Education, 2002 (93).

[48] J. S. Schapiro. Condorcet and the Rise of Liberalism. Harcourt, 1934.

[49] Jonathan Friday. Education in Moral Theory and the Improvement of Moral Thought. Journal of Moral Education, 2004 (3).

[50] Lu Jie, GaoDesheng. New Directions in the Moral Education Curriculum in Chinese Primary School. Journal of Moral Education, 2004 (11).

[51] Marilyn Cochran-Smith. Teacher Educators as Researchers: Multiple Perspectives. Teaching and Teacher Education, 2005 (21).

[52] H. W. Matalene. Sexual Scripting in Montaigne and Sterne. Comparative Literature, 1989 (41).

[53] Michael L. Hall. Montaigne's Uses of Classical Learning. Journal of Education, 1997 (179).

[54] M. Nussbaum. Reinveting the Civil Religion: Comte, Mill, Tagore. Victorian Studies, 2011 (1).

[55] Quint David. A reconsideration of Montaigne's Des Cannibales. Modern Language Quarterly, 1990 (51).

[56] Richard Pring. Education as a moral practice. Journal of Moral Education, 2001 (3).

[57] Sharon Todd. Introduction: Levinas and Education: the Question of Implication, Studies in Philosophy and Education, 2003 (22).

[58] Stunkel Kenneth. Montaigne, Bayle, and Hume: Historical Dynamics of Skepticism. European Legacy, 1998 (3).

[59] Timothy Hampton. The subject of America: History and Alterity in Montaigne's Des Coches. Romanic Review, 1997 (88).

[60] Ursula Hofer. "Instruction Publique" in the French Eighteenth Century Discourse of Modernisation. Studies in Philosophy and Education, 1999 (18).

[61] L. P. Williams. Science, Education and the French Revolution. Isis, 1953 (4).

[62] Wolfgang Althof, Marvin W. Berkowitz. Moral Education and Character Education: Their Relationships and Roles in Citizenship Education. Journal of Moral Education, 2006 (11).

后　　记

在思想政治教育这个蓬勃发展的学术园地中，比较思想政治教育吐露芬芳，散发着独特的学术魅力。比较思想政治教育之所以展现生机和活力，逐步确立自己的学科地位，在于它本身所具有的价值独特性和不可替代性，是对时代发展和社会需求的回应。近十年来，我的学术关注点始终围绕法国政治和社会问题，可谓结下了不解之缘。因此在比较思想政治教育的国别研究中，我自然而然地把目光投向了法兰西。在武汉大学马克思主义学院工作期间，我指导的硕士论文选题均以法国德育思想研究为主线，本书各章的作者都曾是我指导的研究生，他们现在已经成为各单位的工作和科研骨干。本书是对以往研究的回顾和总结，是师生相互启迪、切磋、交流的成果，我也会持续关注该领域的研究进展。

由于各章成文时间不一，作者语言风格各异，我进行了统稿和汇总，具体分工如下：导论，上官莉娜；第一章，段立国；第二章，曹萌萌；第三章，杨真真；第四章，张梦；第五章，徐培；第六章，龚承广、骆虹；第七章，李慧；第八章，王晓霞。骆虹、向亦茹对全书的注释和参考文献进行了校对。

本书的写作和出版，得到了武汉大学自主科研（人文社会科学）青年项目的资助，以及武汉大学政治与公共管理学院、马克思主义学院、武汉大学出版社的大力支持，在此，对各方领导的关心以及编辑陈红老师的帮助表示由衷的感谢。

本书参考了国内外诸多学者的研究成果，在注释和参考文献中大多做了说明，对此表示感谢。本书的资料收集整理时间跨度较大、写作时间有限，还存在很多不足，恳请各位专家学者不吝赐教。

上官莉娜

2017 年 8 月 30 日

于武昌珞珈山